自治体内分権と協議会

革新自治体・平成の大合併・コミュニティガバナンス

三浦哲司

東信堂

はじめに

　日本の地方自治をめぐっては、1990年代の地方分権改革ののち、2000年以降だけをみても、実にさまざまなうごきが生じてきた。2000年代半ばには平成の大合併がピークを迎え、その後の第二期地方分権改革には一定の進展があった。2010年代に入ると、これまでの常識では考えられないような新たな政治過程のなかで、大阪都構想に代表されるように、大都市制度のあり方が問われ、法整備もなされた。同時に、自治体間連携への関心も高まり、連携中枢都市圏など新たな枠組みも構築されている。2010年代半ばからは、今度は地方創生の潮流が起こり、全国の自治体は地方版総合戦略や地方人口ビジョンの策定に向き合うこととなった。近年では、『自治体戦略2040構想研究会　第二次報告』といった、未来の自治体の姿を見据え、逆算して今の時点から自治体の大枠を根底から組み替えていくかのような改革案も登場している。

　他方で、自治体の内部に目をむけてみると、住民の身近な生活空間においては、人口減少と高齢化にともない、大半の自治体でコミュニティの弱体化が叫ばれている。実際に、自治会・町内会が解散してしまううごきも増えはじめ、地域防災力を維持できるかが懸念されている。また、人口減少社会の象徴として、空き家の増加が問題視されるようになり、最近では所有者不明土地の急増が話題となった。このほかにも、全国各地では、まちの小売店の閉店が相次いで買い物弱者が増加し、また認知症患者数も増え続ける一方である。彼らの暮らしをどのように支えていけばいいのだろうか。

　最近では、「未来カルテ」(千葉大学・倉阪研究室が作成)という新たな将来シミュレーションのツールも登場し、2040年時点での全国の自治体の姿を誰でも容易に把握できるようになった(現在は2050年版が公表されている)。これをみると、だいたいの自治体の20年後では、人口減少と高齢化がますます

進み、就業者数は縮減する一方、要介護者や認知症患者の数は倍増している。はたして、日本の地方自治は 2040 年の時点で、持続可能なものとなっているのだろうか。あるいは、今の時点からの備えによって、この未来カルテが映し出す悲観的な未来を、明るい未来に転換させることは可能なのだろうか。

こうした日本の地方自治をめぐるさまざまなうごきがあるなかで、わが国では平成の大合併を契機に、自治体内分権への関心が高まるようになった。そこで、2000 年代からの議論を振り返ってみると、これまでにも、自治体内分権のしくみを導入すれば、自ずと地域が抱える課題は解決されていくかのような主張が見受けられた。同様に、今日の人口減少・少子高齢化の状況を見据えた場合、基礎自治体には自治体内分権や地域運営組織のようなしくみが必要で、これさえ整えれば事態が解消されるとも受け取られそうな指摘もなされた。しかし、実際には単に制度を設計・導入するだけでは、事態の打開にはつながらない。むしろ、過剰な期待と現実との乖離がしだいに大きくなり、場合によっては地域の衰退に拍車をかけてしまう。

地方自治の研究では、ときに「問題状況の改善につなげられるのは、いかなる制度か」が追究され、よりよい制度設計が提言される。実際に、学術研究の知見をふまえ、現実社会で何らかの制度が具現化されていくこともある。もっとも、ここでは「たとえ制度が整えられても、それを活かすか否かは地域しだい」という点に留意する必要がある。制度さえ整えられれば、問題状況が解消されるわけではない。むしろ、地域の側が制度とどのように向き合い、制度をどのように活かすかが重要となる。

自治体内分権は、あくまでも何らかの目的や方向性を実現するための「手段」である。そのため、自治体内分権の制度を導入したのちには、これをどのように運用していくかがはるかに重要であり、はるかに労力を要する。この点には常に自覚的であるべきなのだが、実際には制度の導入ありきで議論が進行し、いつの間にか制度の導入そのものが目的化してしまう。結果として、問題状況はなかなか改善されず、行政内部からも住民からも「どうなっているのか」という声が繰り返されていく。

　本書でも扱うように、とりわけわが国では平成の大合併を契機に、自治体
内分権を志向するさまざまな制度が設計され、実際に地域自治区制度や合併
特例区制度が制度化された。自治体独自の自治体内分権の制度も、数多く作
られてきた。ただ、重要なのはこうした制度をいかにして活用し、地域自治
の活性化を図っていくかである。しかし、制度を導入しただけで満足してし
まう例は、実際に合併自治体で少なからず見受けられた。その結果、制度の
運用段階では当初に思い描いていた理想が実現せずに機能不全が顕在化し、
短期間で思い切って制度そのものを廃止する場合もあった。

　それでは、こうした状況に対して、学術研究はどのように向き合ってきた
のだろうか。残念ながら、自治体内分権の現場の混乱を解消させることへの
貢献は、なかなかできてこなかったのではないか。むしろ、熱心に協議会活
動を展開している稀有な事例を取り上げ、その動向を発信する作業が多かっ
た。もちろん、先駆事例の検証によって、自治体内分権の制度を機能させる
何らかの要因が抽出されるのであれば、価値ある学術研究といえよう。しか
し、現実の地域自治の現場というのは、形式論・建前論では物事が進んでい
かない。こうした現実から目をそらすことなく、真摯に向き合わなければ、
いつまでたっても学術研究は机上の空論に終わってしまう。

　本書を通じてこうした状況を少しでも改善し、学術研究と地域自治の現場
を橋渡しする役割を果たしたい。自治体内分権の研究に今、求められるのは、
学術研究の進展とともに、新たな視点や発想の提示による自治体内分権の現
場への貢献である。

　そこで、本書はわが国の自治体内分権に注目し、時代の変遷や地域特性を
意識しながら事例の検証を進める。とりわけ、地域分権に焦点を当てて、受
け皿としての協議会型住民自治組織の現場が直面するさまざまな問題状況に
対し、これを解決するうえで有益な視点・発想の提供をめざす。事例ごとに「マ
ネジメント」「パートナーシップ」「エンパワーメント」という3つの分析視点
からアプローチし、比較・考察を行なったうえで、協議会型住民自治組織の
運営に寄与する示唆を提示したい。

　ところで、本書の執筆中には世界的に新型コロナウイルスがまん延し、わが国の自治体や地域コミュニティもこの危機に向き合う状況が今も続いている。本書においては、新型コロナウイルスが自治体内分権の現場に与える影響までには、検討が及んでいない。しかし、今後においては、いわゆる「新しい生活様式」による人々の生活が当面は続くだろうし、すでに地域活動にもさまざまな影響が生じはじめている。そうであるならば、自治体内分権の現場においても、数々の影響が生じることは避けられないであろう。こうした局面においては、なおのこと学術研究は現実社会への貢献が求められるだろうし、また学術研究と地域自治の現場との架橋が問われるのではないだろうか。

　なお、本書は日本学術振興会平成 27 年度科学研究費補助金（若手研究 (B)「人口減少時代の大都市における地域住民協議会の比較研究」、課題番号：15K16982、研究代表者：三浦哲司）による研究助成を活用した成果の一部でもある。

目次／自治体内分権と協議会
　　──革新自治体・平成の大合併・コミュニティガバナンス

はじめに ………………………………………………………………… i

序　章　自治体内分権を拓く ……………………………… 3

　1　なぜ自治体内分権の研究なのか ……………………………… 3
　　1-1　問題の所在　3
　　1-2　研究の目的　4
　　1-3　研究の問い　6
　2　自治体内分権とは何をさすのか ……………………………… 7
　　2-1　自治体内分権とは　7
　　2-2　本書における自治体内分権　8
　　2-3　自治体内分権の可能性と留意点　10
　3　自治体内分権はどのような歩みをたどってきたか ………… 12
　　3-1　日本の自治体内分権の変遷　12
　　3-2　自治体内分権のふたつのパラダイム転換　14
　　3-3　先行研究の到達点と課題　16
　4　本書の内容と研究方法 ………………………………………… 18
　　4-1　本書の構成　18
　　4-2　各事例の位相　20
　　4-3　研究の方法　24
　　注　25

第1章　関係概念と分析視点 …………………………… 29

　1　自治体内分権の関係概念 ……………………………………… 29
　　1-1　自治体内分権に関わる諸概念　29
　　1-2　参加、利害調整、意思決定と自治体内分権　30
　　1-3　協働、公共サービスと自治体内分権　31
　　1-4　コミュニティ、ガバナンスと自治体内分権　33

1-5　住民自治、地域自治と自治体内分権　35

2　自治体内分権の論点整理 ……………………………………37

2-1　自治体内分権をめぐる論点　37

2-2　自治体内分権のしくみ全般をめぐる論点　37

2-3　協議会型住民自治組織をめぐる論点　41

2-4　基礎自治体行政をめぐる論点　44

3　分析の視点 ……………………………………………………46

注　49

第2章　革新自治体の隆盛と自治体内分権 ……………… 51

1　地・住構想の位相と革新区政 ………………………………51

1-1　大都市における住民自治拡充の要請　51

1-2　中野区の地・住構想と革新区政　52

2　地・住構想とその概要 ………………………………………53

2-1　中野区と地・住構想　53

2-2　地・住構想の展開　55

2-3　住区協議会の反応　57

3　野方住区協議会とその実践 …………………………………58

3-1　野方住区協議会の発足　58

3-2　野方住区協議会の活動展開　59

3-3　本書の分析視点からの検証　61

4　江古田住区協議会とその実践 ………………………………62

4-1　江古田住区協議会の発足　62

4-2　江古田住区協議会の活動展開　64

4-3　本書の分析視点からの検証　66

5　比較と考察 ……………………………………………………68

5-1　2事例の比較　68

5-2　考察　71

6　大都市における協議会型住民自治組織のこれから …………72

注　74

第3章　平成の大合併への対応と自治体内分権 ………… 77

1 平成の大合併の潮流 ……………………………… 77

2 地域自治組織の導入 ……………………………… 79

2-1 地域自治組織の制度化　79

2-2 地域自治区制度の概要　80

2-3 地域自治区制度の現状　82

3 甲州市の地域自治区制度の廃止——勝沼地域自治区を例に ……85

3-1 甲州市と地域自治区制度　85

3-2 勝沼町と地域協議会の活動展開　86

3-3 本書の分析視点からの検証　90

4 豊田市の地域自治区制度の実践——足助地域自治区を例に ……91

4-1 豊田市と地域自治区制度　91

4-2 足助町と地域会議の活動展開　93

4-3 本書の分析視点からの検証　98

5 比較と考察 ……………………………………… 100

5-1 2事例の比較　100

5-2 考　察　103

6 先行事例から何を学ぶか ………………………… 104

注　106

第4章　合併後の制度導入と自治体内分権 ……………… 109

1 ポスト合併時代における地域運営組織への注目 …………… 109

2 飯田市の地域自治区制度の相克——千代地域自治区を例に ……111

2-1 飯田市と地域自治区制度　111

2-2 千代地区と地域協議会・まちづくり委員会の活動展開　113

2-3 本書の分析視点からの検証　122

3 新城市の地域自治区制度の挑戦——作手地域自治区を例に ……123

3-1 新城市と地域自治区制度　123

3-2 作手地区と地域協議会の活動展開　127

3-3 本書の分析視点からの検証　132

4 比較と考察 ……………………………………… 133

  4-1　2事例の比較　133
  4-2　考　察　137
 5　ふたつの事例から何が示唆されるか …………………………………139
 　注　141

第5章　コミュニティガバナンスへの期待と自治体内分権 … 143
 1　大都市における協議会型住民自治組織への注目 ……………143
 2　大阪市の地域活動協議会とその推移 ……………………………146
  2-1　大阪市の地域活動協議会の概要　146
  2-2　大阪市における地域活動協議会の推移　147
  2-3　地域活動協議会に対する反応　149
 3　緑地域活動協議会 (鶴見区) の実践 ……………………………150
  3-1　緑地域と地域活動協議会の設立　150
  3-2　緑地域活動協議会の概要　151
  3-3　緑地域活動協議会の活動展開　152
  3-4　本書の分析視点からの検証　155
 4　南市岡地域活動協議会 (港区) の実践 ……………………………157
  4-1　南市岡地域と地域活動協議会の設立　157
  4-2　南市岡地域活動協議会の概要　159
  4-3　南市岡地域活動協議会の活動展開　162
  4-4　本書の分析視点からの検証　164
 5　比較と考察 ……………………………………………………………165
  5-1　2事例の比較　165
  5-2　考　察　168
 6　地域活動協議会の可能性 ……………………………………………169
 　注　171

第6章　海外の自治体内分権 ……………………………… 173
　　　　──イタリア・トリノ市を例に
 1　政令市における行政区単位の協議会型住民自治組織 …………173
  1-1　行政区単位の協議会型住民自治組織への注目　173
  1-2　行政区単位の協議会型住民自治組織の広がり　175

2　トリノ市における地区 ……………………………………176
　2-1　イタリア地方自治制度と地区　176
　2-2　トリノ市と都市再生　177
　2-3　トリノ市の地区の位相　178
3　旧第二地区における地区住民評議会 ……………………181
　3-1　旧第二地区の概要　181
　3-2　地区住民評議会の概要　182
　3-3　地区住民評議会の活動　183
4　地区住民評議会とプロジェクトの関わり ……………………185
　4-1　地区住民評議会との接点　185
　4-2　旧第二地区におけるエコミュージアムプロジェクト　187
5　地区再編とその影響 ……………………………………188
　5-1　地区再編問題の台頭　188
　5-2　再編の推移と再編後の新第二地区　189
　5-3　住民生活への影響　193
6　海外の自治体内分権から何を学ぶか …………………………194
　注　196

終　章　自治体内分権の展望 ……………………………… 199
1　何をどこまで明らかにしたのか ……………………………199
　そもそも、各自治体における自治体内分権のしくみはどのような
　　ものか　199
　運用実態はどうなっており、運用の結果としてどのような成果が
　　あがっているのか　200
　これからの自治体内分権には、いかなる視点や発想が必要なのか　201
2　残された研究課題は何か ……………………………………204
　本書の成果　204
　残された研究課題　206

参考文献・参考資料 …………………………………………209
謝　辞 …………………………………………………………227
索　引 …………………………………………………………231

自治体内分権と協議会

—— 革新自治体・平成の大合併・コミュニティガバナンス

序　章　自治体内分権を拓く

　本章ではまず、本書における問題の所在、研究の目的、研究の問いを明示する。続いて、自治体内分権の意味内容を明らかにし、可能性と留意点を把握していく。あわせて、わが国の自治体内分権の変遷、先行研究の到達点と課題を確認する。そのうえで、本書における全体の構成、事例の位相、研究の方法に触れておきたい。

1　なぜ自治体内分権の研究なのか

1-1　問題の所在

　2000 年以降のわが国では、地域自治を活性化させる方策として、自治体内分権への注目が高まった。その契機として指摘できるのは、いわゆる地域自治組織の制度化と導入が進んだことだろう。合併後の新自治体で、とりわけ中心部のみが発展し、周辺部が衰退していく状況を防ぐ期待を込め、合併自治体のいくつかが自治体内分権のしくみに関心を寄せた。

　もちろん、自治体内分権は何も合併自治体のみで問題になるわけではない[1]。今日ではむしろ、大都市で自治体内分権が要請されている。このような背景としては、大都市自治体の多くで地域活動の担い手の高齢化や後継者不足が顕在化する一方、地域が抱える課題がますます多様化し、従来とは異なる形態での対応が求められている事情を指摘することができる。同時に、多くの自治体が予算配分や人員配置の見直しに迫られ、今日では行政として

あらゆる地域課題への対応が困難となっている現実もある。そのため、自治体内分権のしくみを導入し、協議会型住民自治組織を設けることで住民による地域活動への主体性を引き出して、地域の課題解決力を高めていくことが期待されている。

　他方で、制度を運用する自治体の現場では、数多くの問題状況が顕在化している現実もある。いわゆる「小さな自治」を志向する自治体内分権は、そのしくみが当初の想定どおりに機能せず、制度運用で自治体関係者を悩ませている。協議会型住民自治組織の活動に参加する地域住民からも、しだいに「何かやっている意味はあるのか」など、制度に対する疑問の声も高まる。こうした事情もあって、第3章で取り上げる山梨県甲州市のように、早々と制度の廃止を決断する自治体の動向が観察される。

　自治体行政の側の意向・都合で自治体内分権の制度を導入したにもかかわらず、地域自治の現場ではこれが必ずしも想定どおりには機能せず、住民の側にも導入意義が見出されないまま運用が続いてしまっている現実がある。ここに、問題の所在を求めることができる。

　とはいうものの、地域自治の現場をつぶさに観察してみると、主体的に自治体内分権のしくみを活用して、これまでみられなかった成果を上げている例も確認される。たとえば、第5章で取り上げる大阪市の地域活動協議会の2事例の場合、協議会の枠組みでNPO法人格を取得し、大阪市から事業を受託して自主財源を確保し、小学校区での親睦・交流の活動を展開している。こうしたうごきの背景には、どのような事情があるのだろうか。

1-2　研究の目的

　本書の目的は、日本の自治体内分権における協議会型住民自治組織に焦点を当て、一連の動向が地域社会にどのような影響を与えてきたのかを明らかにする点にある。

　わが国の自治体内分権は、今日までに小・中学校区や行政区、旧市町村など多層の範域において、多様なしくみと展開が観察される。また、自治体内

分権に関する学術研究の蓄積も進み、諸外国との比較も試みられるように
なってきている。

　こうしたなかで、今日のわが国の自治体内分権の研究は、詳細は後述する
が、協議会型住民自治組織への地域分権に関心が高まっている。ここでいう
協議会型住民自治組織とは、小学校区や中学校区、旧市町村などの範域にお
いて、地縁組織の関係者や市民活動団体の関係者など多様な主体の参加を基
盤とする、地域課題の解決を目的とした協議会、を意味する。その具体的な
かたちはさまざまだが、本書で取り上げる東京都中野区の住区協議会、山梨
県甲州市・愛知県豊田市・長野県飯田市・愛知県新城市の地域協議会、大阪
市の地域活動協議会は、いずれもこれに該当する[2]。

　さて、本書が協議会型住民自治組織のうごきに注目するのは、以下の3点
に由来する。第一は、周知のとおり、わが国では現在、自治会・町内会をは
じめとする従来型の地縁組織を取り巻く状況が変化し、地域社会の持続可能
性が問われている点である。筆者はしばしば自治会・町内会の役員、あるい
は自治体行政のコミュニティ担当者と意見交換する機会を持つが、彼らの多
くが「役員の固定化・高齢化、活動の担い手不足」という状況に悩んでいる。
本書は、こうした事態の改善に少しでも寄与したいという「現実社会への貢
献」を意図している。

　第二は、自治体内分権には多様な形態が存在し、できる限りそれらを包括
的に扱った総合的な研究が求められている点である。平成の大合併を契機と
して「自治体内分権とは何か」が問われ続け、そのあり方は自治体ごとに多
様であり、常に新しいしくみや実践が生まれている。こうした結果として、
多様な自治体内分権のかたちが重層的に登場し、それらを有機的に結び付け、
機能連携や役割分担を図っていく姿勢が要請される。もっとも、既存の学術
研究は個々の自治体内分権の事例を扱っている場合が多く、研究としての体
系性に乏しい。本書は、こうした学術研究の課題に対処したいという「学術
研究への貢献」も意図している。

　第三は、山積する課題に悩み続けるわが国の地域自治の現場と、自治体内

分権の理想的なモデルを追究する学術研究との結合が要請されている点である。現場で活動する人々と意見交換するなかで、筆者はよく「学者の言うことは机上の空論で、現場では何の役にも立たない」との感想を聞くことがある。他方で、研究者の側は「個々の事例は数ある事例のひとつに過ぎないのであって、普遍化・一般化には慎重であるべきだ」という立場を取る。こうした双方の事情にかんがみ、本書はできる限り現場起点、事例検証を中心に据えつつ、学術研究の知見も反映させる。本書は、現実社会からの要請と、学術研究による知見の双方を橋渡しするという、「現実社会と学術研究との有機的な結合」をめざしている。

1-3　研究の問い

　本書では、全国各地のさまざまな自治体内分権の動向を手がかりにして、それぞれの現場で何が起こっているのかをみていく。上記のとおり、自治体内分権のしくみを運用する過程で数々の困難が生まれ、試行錯誤を繰り返す自治体も少なくない。そこで、本書では各自治体における自治体内分権の制度把握を行なうために、まずは「そもそも、各自治体における自治体内分権のしくみはどのようなものか」をみていく。「自治体内分権」という言葉自体も多様な解釈があり、結果として自治体ごとに多様なしくみを導入している。換言するならば、自治体内分権の制度設計では自治体ごとで特色を打ち出すことも可能であるし、実際には地域事情に即した創意工夫ができるかどうかがひとつのポイントといえる。

　同時に、単にしくみを整理するだけにとどめず、それらが地域自治の現場において、実際にはどのように運用されているのかも明らかにする。そこで、「自治体内分権のしくみの運用実態はどうなっており、運用の結果としてどのような成果があがっているのか」も問うことになる。このように、まずは制度と実態の両面がいかなる状況であるのかを、丹念に把握・整理していく。

　これらの問いは、いずれも本書の第2章から第6章にかけて扱っていく。そのうえで、最終的には、本書の全体を貫く問いとして、「これからの自治

体内分権には、いかなる視点や発想が必要なのか」という要件を明示したい。自治体内分権には今後、どのような将来展望を描くことができるのだろうか。

2　自治体内分権とは何をさすのか

2-1　自治体内分権とは

　そもそも本書が扱う「自治体内分権」とは何を意味するのか。類似する言葉として「都市内分権」「地域内分権」「市域内分権」などもあるが、その意味内容やめざす方向性は、基本的に同様ととらえて差し支えない。もっとも、「都市内分権」という表現を用いた場合には、「都市自治体以外には、この概念が当てはまらないのではないか」との疑問が提示されうる。本書では都市部のみならず農山村部も事例として扱うので、これら双方を包含するねらいで「自治体内分権」という表現を用いる。

　それでは、自治体内分権の「自治体」とは、いったい何をさすのか。周知のとおり、日本の自治体には、広域自治体としての都道府県と、基礎自治体としての市区町村のふたつが存在する。このうち、少なくとも自治体内分権における自治体とは、基礎自治体としての市区町村を想定している。たとえば、地域自治区制度や合併特例区制度などが、自治体内分権のしくみとして位置づけられる。換言すると、広域自治体としての都道府県が、その範域内の出先機関に対して行財政権限の委譲を進めたとしても、一般的には自治体内分権としては扱われない[3]。

　むしろ、豊富な論点を含むのは、「分権」の側である。基礎自治体の内部において、どこからどこに対して、何を、誰が主導して、どのように、何のために、いつからいつまでに、分権するのかが問われる。そもそも「分権」というと、まずは「地方分権」がイメージされよう。地方分権に関する経緯や動向に関しては、すでに豊富な研究の蓄積がある[4]。こうした地方分権の場合には、国から都道府県・市区町村に対して、国の各府省が保有する権限・財源を、できるだけ住民に身近なところで意思決定と活動が可能となるよう

に、委譲を進めることになる。

さて、自治体内分権に関しては、地方自治に関連する多くの言葉と同様で、時代の変遷とともに意味内容が変化してきたといわれる[5]。そのため、議論自体は古くても、自治体内分権は新しい課題との指摘が看取される[6]。ただ、自治体内分権は必ずしも明確な定義付けがなされているわけではなく、論者によってとらえ方がさまざまである。

たとえば、わが国で自治体内分権の研究をリードしてきた名和田是彦は、広域化した自治体の区域をいくつかの地域に区分し、そこに支所を置く(これを「分散」という)とともに、民主的代表としての性格を持った住民組織を置く(これを「分権」という)しくみが自治体内分権である、という認識を示している[7]。また、海外に目をむけると、イギリスで長年にわたり自治体内分権の研究を進めてきた V. ラウンズは、行政サービスの質的改善を目的としてサービス供給に関する一定の責任と権限を地区の行政機関に委譲する「管理上の分権」と、地域民主主義の強化・成熟のために一定の政策決定権を地区の協議会に委譲する「政治上の分権」というふたつのながれから自治体内分権は構成される、と説く[8]。

2-2 本書における自治体内分権

このようにみると、**図序 –1** のとおり、自治体内分権はふたつのながれからとらえられる。第一には、基礎自治体の本庁から、わが国でいう区役所や支所・出張所など地域の行政機関へと権限委譲・財源委譲を進めるという「行政組織内分権」のながれである[9]。第二には、本庁から、地域住民によって構成される協議会(本書では「協議会型住民自治組織」と総称する)へと権限委譲・財源委譲を進めるという「地域分権」のながれとなる。

このうち、前者はより具体的にいうと、基礎自治体の首長から地域の行政機関の長(支所長など)に対する地域予算執行権や裁量権などの委譲を進めることに相当する。このながれの分権を推進するねらいは、地域住民に対して供給されるサービス内容を、より彼らのニーズに即したものへと改善する点

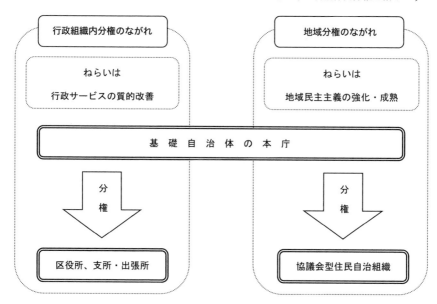

図序 –1　自治体内分権のふたつのながれ

筆者作成

にある[10]。

　他方、後者の「地域分権」の具体的なイメージとしては、たとえば首長や各部局の責任者に対して地域の意向を伝達することが協議会型住民自治組織に認められている、あるいは一定の枠内での地域の諸問題に関する意思決定の役割が協議会型住民自治組織に委ねられている、などにあたる。いいかえると、地域住民に何らかの義務を課すような意思決定の権限までは委ねられていない。このようにみると、何らかの役割を委ねることに加えて、行政によるエンパワーメントの意味合いも含まれるのである[11]。したがって、このながれを進めるねらいは、住民自身で地域の課題に対する解決策を協議していくといった地域民主主義の強化・成熟に求めることができよう。

　こうした自治体内分権には、ふたつの意義を見出すことができる。第一は、地域の実情に即したサービス供給が実現しうる点である。地域社会の実態が

多様化・複雑化した今日、もはや画一的な公共サービスの供給では、地域課題への対応は困難となる。こうした状況のなか、より住民に近い位置で公共サービスが供給されれば、その有効性は高まるだろう。

　第二は、恒常的な住民参加の機会を保障する点である。わが国の住民参加は、住民運動の隆盛を経て 1970 年代に台頭したが、ときどきの自治体の意思決定過程において、住民参加の機会が設けられるものであった。そのため、こうした機会に市民教育機能を期待することには限界があった。しかし、自治体内分権のしくみをとおして恒常的に住民参加の機会が設けられれば、そこに住民が参加することで、いっそう有効な市民教育機能が果たされるだろう。1970 年代に住民参加を提唱した論者たちが、単に参加の機会が保障される「手続的住民参加」ではなく、むしろ参加をとおして住民のなかに自らの地域社会に対する自治意識が育まれる機能に、住民参加の意義を求めていた点は看過してはならない [12]。

　ここまでみてきたように、自治体内分権は必ずしも明確に定義づけられているわけではない。ただし、「行政組織内分権」「地域分権」というふたつのながれからとらえる点は共通している。また、「基礎自治体をいくつかの範域に区分すること」「区分された範域ごとに支所・出張所など地域の行政機関を置くこと」「区分された範域ごとに住民からなる協議会型住民自治組織を置くこと」といった点も共通項として把握されよう。

　そこで、本書は自治体内分権を、基礎自治体内部をいくつかの範域に区分し、それぞれに支所・出張所など地域の行政機関、および地域住民をはじめとする多様な主体によって構成される協議会型住民自治組織を設置して、双方に本庁から一定の権限・財源の委譲を進める方策、として理解したい。

2-3　自治体内分権の可能性と留意点

　こうした自治体内分権は、はたしてどのような可能性があるのか。まず、基礎自治体の行政にとっては、自治体内分権の実践に関わるなかで地域社会の多様な主体と接点を持つことで、職員自身の資質向上につながる。基礎自

治体で地域社会の問題を担当する行政職員に必要なのは、複雑多様な地域社会の現場事情を知ることである。行政職員として自治体内分権の実践に携わることは、自己研鑽と経験蓄積の格好の機会となる。同時に、住民が持つ地区情報を把握する契機にもなる。かつて足立忠夫は、地域社会で日々生活を送る住民は「一種の専門家」[13]であり、彼らを起点として地域課題の解決を図る重要性を説いた。一方的な対応ではなく、自治体内分権の実践を通じて住民と向き合い、地域情報を引き出して施策に反映させることが、有効な地域課題の解決に結びつく[14]。

　また、地域住民にとっては、恒常的な住民参加の機会が確保され、地域民主主義の強化や住民自治の充実につながる可能性が見出される。とりわけ、協議会活動への参加と実践から得られる経験は、地域社会を支える担い手としての意識の醸成に寄与しよう[15]。同時に、協議会型住民自治組織の活動に目をむけることで、地域住民は自らの地域が抱える問題や課題を知る契機にもなる。住民のなかには、自分が住む地域でどのような問題が生じ、何が課題となっているのかを把握することが困難な者が多い。協議会型住民自治組織が地域課題の解決にむけた活動を実践し、その状況を広く発信すれば、多くの住民が自らの地域をよりよく知る機会が提供される。

　自治会・町内会といった地縁組織、あるいは NPO に代表される市民活動団体にとっては、協議会型住民自治組織は同じ地域内の活動主体との「出会いの場」となる。地域社会におけるプラットフォーム形成の重要性は以前からも提唱されてきたが、地縁組織と市民活動団体の活動原理のちがいから、試行錯誤する場合が多いといわれる[16]。ただ、ここで重要なのは、双方が自らを相対化させる姿勢である。地縁組織は現在、自らの持続可能性が問われている。他方で、市民活動団体は地縁組織との連携を望んだとしても成就することは稀といわれる。こうした不幸な状況は、多様な主体との関係において各々が自己を相対化させ、自らの現実に対して真摯に向き合うことで、はじめて打開への道を切り開くことができる。

　なお、自治体内分権は何らかの目的を実現させるための「手段」であり、

それ自体が「目的」ではないことを、常に自覚する必要がある。自治体内分権のしくみを導入すれば、あたかも地域自治が活性化するかのような幻想が抱かれる場合があるが、そのようなことはない。重要なのはむしろ、あらかじめ市議会や地域社会で活動する多様な主体との関係を含め、総合計画などで市政全般における自治体内分権の位置づけを明確にし、自治体内分権のしくみを整えたのちにどのように運用していくかを見据える姿勢である。たとえば、第3章で扱う豊田市では、自治体内分権のしくみづくりを進めた際にローカル・ガバナンスの全体像を提示し、地域自治区制度の位相の明確化につとめた[17]。市全体のレベル、あるいは地域社会レベルでさまざまな主体が活動し、複雑に相互作用する実態をふまえ、こうした姿勢を持つことが重要となろう。

　地域の行政機関や協議会型住民自治組織の設置は、自治体内分権の前提条件にすぎない。重要なのは「どの領域において、どのような内容の権限や財源を、どの程度まで委譲し、何をめざすか」である。自治体内分権は基礎自治体としての一体性と、地域ごとの多様性の狭間において、どの位置に均衡点を求めるかが問われることになる。

3　自治体内分権はどのような歩みをたどってきたか

3-1　日本の自治体内分権の変遷

　ところで、本書は自治体内分権のふたつのながれのうち、特に「地域分権」に焦点を当てる。そのため、各自治体における地域分権の動向については、第2章以降での検討に譲ることにしたい。ここではひとまず、行政組織内分権から地域分権にいたるまでの変遷をたどっておこう。

　わが国ではこれまで、「自治体内分権＝行政組織内分権」という認識が広く浸透していた時代が長く続いた[18]。そこでは、政令市の本庁と区役所との行財政権限の配置をどうするかが、中心的な論点だった。地方自治法第252条の20は、政令市は市長の権限に属する事務を分掌するために、条例でそ

の区域を分けて区を設け、区の事務所を置くものと規定する。この条文を根拠に、周知のとおり政令市では市域内に複数の行政区を設置している。同時に、各行政区には区役所を置くことになっている。場合によっては、区役所の支所や出張所を置くことも可能である。ともあれ、この政令市の区役所機構のあり方をめぐって類型化が試みられた際に、「大区役所主義か、それとも小区役所主義か」という基準が提示された。

　このうち、大区役所主義とは、行政区におけるまちづくりなどの拠点として、土木や福祉といった事業部局や政策形成を担う企画部局を含むなど、総合的な機能を備えている区役所のあり方、ととらえることができる。他方で、小区役所主義とは、行政区内の住民にとって最低限必要な窓口機能の配備にとどめ、住民サービスの利便性の向上に主たる設置意義を見出している区役所のあり方、となる。もっとも、名和田是彦が指摘するように、「大区役所主義」「小区役所主義」という言葉は、学術研究では必ずしも確立されたわけではなく、実務上も明確な定義づけがなされているわけでもない[19]。

　また、注意を要するのは、区役所機構のあり方が小区役所主義的であるからといって、そこでは「行政組織内分権が進行しておらず、自治体内分権の進展度合いは芳しくない」という議論は成立しない点である。というのも、たとえ小区役所主義的であったとしても、区役所の成り立ちには自治体ごとに異なる背景や事情があり、その点を勘案しないで行政組織内分権の進展度合いを判断するのは困難だからである。換言すると、仮に小区役所主義的であったとしても、地域社会の第一線で住民と向き合う職場の職員[20]に対して、裁量権が大幅に認められている場合も考えられなくもない。そうだとすれば、区役所機構のあり方ばかりに着目して良否を判断すると、「木を見て森を見ず」の状態に陥る可能性がある。要するに、「大区役所主義──小区役所主義」を議論する際には、相対的な視点に立って[21]、多面的に区役所のあり方をとらえる必要がある。

　こうした「大区役所主義──小区役所主義」という区役所機構のあり方に関する資料として、千葉市と地方行政システム研究所が共同で作成した調査

研究報告が存在する。以下では、これを手がかりにして変遷を整理しておこう[22]。

1956年の地方自治法の改正によって妥協的に政令市が成立し、その特例として当時の五大都市（横浜市、名古屋市、京都市、大阪市、神戸市）には行政区が設置された。そこでの区役所は、いずれも窓口サービスを中心的な機能としており、小区役所主義的な機構であった。その後、1972年には札幌市と福岡市が、1980年には広島市が、それぞれ政令市となったが、いずれも採用されたのは、大区役所主義的な区役所機構であった。というのも、政令市への移行前の合併による市域拡大によって、編入区域に不便が生じないように配慮する必要があったからである。その結果、区役所は窓口サービスに加えて、まちづくりに関する多岐の事務を担当するかたちとなった。こうしたうごきに並行して、その後の五大都市は人口増加や地域課題の多様化もあいまって、区役所の位置づけを地域づくりの拠点へと変更させていった。1990年代からは、先の大区役所主義的な機構のあり方をひとつのモデルとして、独自に行政区改革を進めた市もみられた[23]。

3-2　自治体内分権のふたつのパラダイム転換

このように平成の大合併のながれが本格化する以前は、自治体内分権は多くの場合に「行政組織内分権」としてとらえられてきた。当時の自治体内分権の先行研究は件数も限られ、毎年いくつかの論稿が公表される程度であった。自治体行政や地方自治の専門雑誌で特集が組まれたのは、雑誌『都市問題』2003年4月号くらいである[24]。

わが国で自治体内分権が注目を集めるようになったのは、平成の大合併のながれのなかで地域自治組織をめぐる議論が台頭し、実際に地域自治区制度や合併特例区制度として制度化されたことに由来する[25]。あわせて、基礎自治体が独自に自治体内分権のしくみを導入するうごきも生じた。このような一連の動向に連動し、制度設計や実態を整理する研究が登場するようになった。この時期に自治体内分権は「行政組織内分権」「地域分権」というふたつ

のながれから把握されるようにもなり、わが国の自治体内分権の研究における第一のパラダイム転換としてとらえることができよう。

　あわせて、アメリカの近隣政府やネイバーフッドカウンシル、イギリスのパリッシュ、ドイツの近隣自治機構や地区評議会、フランスの住区評議会、イタリアの地区住民評議会など、海外の自治体内分権の動向を取り上げて、日本への示唆を提示する学術研究の蓄積も進んだ。とりわけ、名和田らによる国際比較研究は、わが国の自治体内分権の研究にとってひとつの到達点であった[26]。

　このような学術研究の動向のなかで、特に留意しておきたいのは、以下の２点である。第一は、日本都市センターのなかに設置された「市民自治研究委員会」（座長・寄本勝美）が公表した、近隣政府に関する研究報告書の存在である。この委員会は地域コミュニティに関する調査研究を進めたうえで、2001 年には『近隣自治とコミュニティ――自治体のコミュニティ政策と「自治的コミュニティ」の展望』という報告を、2002 年には『自治的コミュニティの構築と近隣政府の選択』という報告を、それぞれ公表している[27]。

　これらの報告書は、従来のわが国のコミュニティ政策をふまえたうえで、自治的コミュニティの構築の必要性を説き、その具体的な方策として近隣自治機構を提示する内容である。ここには、大きくふたつの意義を見出すことができる。第一は、二度にわたる自治体内分権やコミュニティの問題の全国調査、さらに先駆的にコミュニティ施策を展開してきた自治体の現地調査を基盤とした内容となっている点である。第二は、平成の大合併の潮流以前の時期に、コミュニティの活性化や近隣政府の創設が重要という独自の問題認識に立脚して調査研究を遂行し、具体的な制度設計の提示にまで踏み込んでいる点である。

　研究動向で留意したい第二は、名和田是彦により、地域分権の受け皿としての協議会型住民自治組織の機能として、「参加」「協働」というふたつの視点が取り入れられるようになったことである。名和田は自治体内分権のしくみにおける住民組織の機能・役割として、大きく「参加」と「協働」に区分す

る[28]。このうち、「参加」は地域内の利害調整や意思決定に相当し、「協働」は地域内の公共サービスの供給や調整に相当する。たとえば、本書の第3章と第4章で扱う、地方自治法に基づく地域自治区制度のなかの地域協議会でいうと、「合併等によって大規模化した基礎自治体において、議会によっては十分に代弁されない小さな地域的まとまりの住民たちの創意を表明するという公共的意思決定の機能と、当該地域の住民たちが幸福に生きていくための公共サービスの提供が行われるように『多様な意見の調整を行い』、まさに『協働の活動の要となる』という公共サービスの組織の機能とが、ともに期待されている」[29]とみる。

　このように、協議会型住民自治組織が担う機能・役割を「参加」「協働」の視点からみると、時代の変遷とともに重きが置かれる部分は変容している実態が浮かび上がってくる。もちろん、現実には「参加」か「協働」かという完全な二項対立ではなく、協議会型住民自治組織は少なからず双方の機能・役割を持つことになる。それでも、こうした「参加」「協働」の視点から協議会型住民自治組織をみることで、協働の性格が強いという日本型の自治体内分権の位相を明らかにしたことは、自治体内分権の研究の進展にとって特筆すべきだろう。このように、地域分権の概念を多元化させた点に、第二のパラダイム転換を求めることができよう。

　もっとも、こうした貴重な研究の提示ののちも、自治体内分権の現場の状況は常に進化してきた。この間には、わが国の自治体を取り巻く状況も大きく変化し、地域自治の現場ではいっそう多様な課題が山積していった。そこで、現実社会の動向、および既存の先行研究をふまえたさらなる研究の進展が望まれる。

3-3　先行研究の到達点と課題

　上記で触れた先行研究のほかにも、わが国では自治体内分権に関するさまざまな研究成果が存在している。たとえば、日本都市センターは2000年代前半以降にも、自治体内分権に関心を抱いて断続的に研究会を開催し、2014

年から 2016 年にかけて、調査・研究の成果を公表している[30]。このなかで
は、民主的統制やコミュニティガバナンスのあり方、近年の地域自治区制度
における地域協議会の活動などについて整理・検討がなされている。ともあ
れ、ここでわが国における自治体内分権の先行研究のすべてを扱うのは避
け[31]、先行研究の到達点と課題を整理するかたちにとどめたい。

　このうち、先行研究の到達点としては、今日にいたっては地域分権の動向
にも射程を広げてきた点である。上記のとおり、わが国の自治体内分権はか
つて、「自治体内分権＝行政組織内分権」としてとらえられてきた。換言す
ると、自治体内分権のふたつのながれのうち、片方のみを扱ってきたのであ
る。しかし、現在は地域自治組織への注目の高まり、日本都市センターや名
和田による学術研究の進化、さらには地域自治の現場での実践の蓄積にとも
ない、地域分権に焦点を当てる学術研究もしだいに増えてきている。そのた
め、より大局的にみるならば、本庁と区役所ないしは本庁と支所・出張所と
の行財政権限の配置という行政管理の問題にとどまっていた自治体内分権の
学術研究は、行政と住民との関係ないしは行政と地域社会で活動する多様な
主体とのあいだの参加・協働の問題までをも包含するようになったといえよ
う。

　他方で、地域分権の動向に関心を寄せる先行研究は、単一事例について検
証する場合が少なくない。そのため、同じ制度的な枠組みのなかで、地域分
権の展開の比較には対応できていない。このようにみると、わが国の自治体
内分権の研究は、依然として体系性や総合性という面では、未だ課題を抱え
ているといわざるをえない。最近では、「合併自治体における自治体内分権は、
基礎自治体の大幅な広域化という事態への対応が要請した、ある意味必然の
流れであったが、まさにその必然ゆえに、検証研究においては住民目線のつ
ぶさな実態よりも、制度設計や運用面などのいわば『前のめり』な政策論に
やや傾斜してきた感が否めない」[32]との指摘も看取される。

　こうした内容を念頭に入れ、本書においては革新自治体の隆盛(1970 年代
以降)、平成の大合併への対応(2000 年代以降)、コミュニティガバナンスへ

の期待(2010年代以降)という3つの時代区分を意識して事例研究に取り組む。一方で、地域特性については都市部の自治体のみならず、農山村部の動向も扱い、さらには海外の事例も取り上げることで、自治体内分権をいっそう幅広い角度から検討していく。同時に、同じ制度的な枠組みのなかでの比較(差異比較、一致比較)を重視し、より相対的に自治体内分権の動向をみていくことにしたい。

4　本書の内容と研究方法

4-1　本書の構成

　本書の構成は、以下のとおりである。「第1章　関係概念と分析視点」ではまず、「参加、利害調整、意思決定」「協働、公共サービス」「コミュニティ、ガバナンス」「住民自治、地域自治」など本書に関連する概念と、自治体内分権との関係について整理する。続いて、自治体内分権をめぐるさまざまな論点の整理を行なう。そのうえで、本書の分析視点として、「マネジメント」「パートナーシップ」「エンパワーメント」のそれぞれをみていく。

　「第2章　革新自治体の隆盛と自治体内分権」では、中野区の「地域センター及び住区協議会構想」というわが国の初期の自治体内分権について検証を進める。この構想の概要を確認したうえで、江古田住区協議会と野方住区協議会というふたつの事例を取り上げ、それぞれの一連の動向を明らかにする。興味深いことに、同じ枠組みであったにもかかわらず、双方を比較してみると、時間的経過とともに協議会の活動内容と性格が大きく変化していった。

　「第3章　平成の大合併への対応と自治体内分権」では、平成の大合併が進むなかで制度化された地域自治組織を取り上げる。なかでも、合併に合わせて、地方自治法に基づく地域自治区制度を導入した豊田市と甲州市に注目し、地域協議会の活動をみていく。地域自治区をめぐっては、合併以前はひとつの基礎自治体として歩んできたが、制度の導入によって、市内の一地域自治区へと移行していったケースも少なくない。一連の検証を進めると、あ

る種の「自治権の喪失」のなかで、制度を活かして活動する地域協議会の事例と、必ずしもそうはならずに試行錯誤する場合とが観察される。

　「第4章　合併後の制度導入と自治体内分権」では、合併から一定期間を経た時期に、あえて地方自治法に基づく地域自治区制度を導入した飯田市と新城市を取り上げる。一般的に、地域自治区制度は合併に合わせて導入するが、この2事例は合併後の制度導入までに一定の時間的経過がある点に、特徴を求めることができる。同時に、地域自治を保障するさまざまな制度があるなかで、あえて地方自治法に基づく地域自治区制度を選択している。こうしたうごきの背景には、いかなる事情があるのか。また、このような場合の地域自治区の現場で、地域協議会はどのような活動を展開し、成果をあげているのか。

　「第5章　コミュニティガバナンスへの期待と自治体内分権」では、めまぐるしく変化する大都市の地域社会に着目し、変化への対応をめざして導入が進む協議会型住民自治組織の動向をみていく。なかでも、大阪市の地域活動協議会を取り上げ、緑地域活動協議会(鶴見区)および南市岡地域活動協議会(港区)の活動を検証する。いずれも小学校区を範域とし、多様な主体が運営・活動に参加している点で、コミュニティガバナンスのひとつのかたちといえる。同時に、NPO法人格を取得して多様な自主事業を展開し、住民生活を支える点で、近年に注目を集める地域運営組織(Region Management Organization)の都市版ともいえる。

　ここまでのわが国の動向をふまえつつ、「第6章　海外の自治体内分権」では、日本の政令市における行政区単位の協議会型住民自治組織の運用に寄与する示唆を得るねらいで、イタリア・トリノ市を事例に地区住民評議会の動向を扱う。世界にはさまざまな自治体内分権のしくみが存在しているが、そのなかであえてイタリアを選択したのは、上記で触れた名和田らによる国際比較研究ではイタリアの地区住民評議会は研究対象にできていない点にも由来する[33] トリノ市では「地区」(circoscrizione)ごとに地区住民評議会(consiglio di circoscrizione)を置き、ここが住民生活の身近な問題について主体的に協議

20

し、解決策を模索する場となっている。日本とイタリアの地方自治のしくみ
自体は大きく異なる。ただ、現在は審議会の性格にとどまる行政区の協議会
型住民自治組織を、今後にどのように位置づけ、機能させていくかを考える
うえでは、ひとつの参考例となるだろう。

　こうした各章の議論をふまえ、最後に「終章　自治体内分権の展望」では、
本書の研究を通じて明らかとなった成果と残された研究課題を提示したい。

4-2　各事例の位相

　上記のとおり、本書においては自治体内分権のさまざまな事例を取り上げ、
検証を試みる。第2章では中野区の「地域センター及び住区協議会構想」（地・
住構想）、第3章では甲州市・豊田市における地方自治法に基づく地域自治
区制度、第4章では飯田市・新城市における地方自治法に基づく地域自治区
制度、第5章では大阪市の地域活動協議会、第6章ではイタリア・トリノ市
の地区住民評議会が登場する。あらかじめ各事例を選択した意図についても、
ここで確認しておこう。

　中野区に関しては、1970年代の革新区政期に、独自のしくみとしての地・
住構想を区内全域で実践し、参加民主主義の理念の具現化をめざした。先行
研究では、制度設計および一連の実践にかかり、いくつかの課題が指摘され
ているものの[34]、この地・住構想を検証してみると、たしかに自治体内分権
を志向している状況がうかがえる。そのため、本書では中野区の地・住構想
を、わが国の自治体内分権の先行事例として位置づけた。

　甲州市と豊田市については、合併と同時に地方自治法に基づく地域自治区
制度を導入した例で、このこと自体は必ずしも特徴的なわけではない。ただ、
甲州市に関しては、2年の運用の末、制度そのものを廃止させている。他方
で、豊田市では地域協議会（地域会議と呼んでいる）の活動が停滞しないように、
独自のしくみを設けている。こうした相違を生んだ背景や経緯を明らかにす
ることで、地域協議会を機能させるうえでの示唆が得られることを期待して、
この2事例を取り上げてみたい。

　飯田市と新城市については、豊田市や甲州市をはじめとする、他の地域自治区制度の導入自治体に照らすと、制度導入をめぐる時期に大きな特徴がある。また、制度設計や行政の支援方策、実際の制度運用にも 2 事例それぞれでいくつかの特色もみられる。こうした事例の検証を通じて、地域自治区制度を運用するうえでの創意工夫のかたちが明らかとなる可能性があり、この 2 事例に注目した。

　大阪市に関しては、従来の自治会・町内会の運営が行き詰まるなかで、独自の協議会型住民自治組織としての「地域活動協議会」を市内全域で設立し、地域特性に応じた運用が広がりつつある。未だ試行錯誤の状況も続いているが、本書で取り上げる NPO 型地域活動協議会の 2 事例の動向からは、大阪市内の他の地域活動協議会はもちろん、他の大都市の協議会型住民自治組織に対して、一定の含意や示唆が獲得できよう。

　トリノ市に関しては、上記のとおり日本のしくみとのちがいに配慮しつつ、地区住民評議会の動向をみていく。イタリアの地区住民評議会は、長年にわたる活動の蓄積を持つ。そのため、審議会の役割にとどまる政令市の行政区における協議会型住民自治組織をどのように位置づけ、機能させていくかを考えるうえで、参考になるところも少なくない。それゆえに、海外の事例ではあるが、あえて本書においても取り上げることにした。

　これらのうち、トリノ市の地区住民評議会を除く国内の各事例について、「時代背景」「協議会の活動範囲」「対象地域の特性」という 3 つの視点から整理すると、**表序 –1** のとおりとなる。この表からもわかるように、「時代背景」については、中野区の地・住構想では 1970 年代の革新自治体の隆盛、甲州市・豊田市・飯田市・新城市の地域自治区制度では 2000 年代の平成の大合併への対応、大阪市の地域活動協議会では 2010 年代のコミュニティガバナンスへの期待、と時代を追うごとに背景や事情が変容している点を指摘することができる。また、「協議会の活動範囲」に関しては、中野区の地・住構想は主に中学校区、地域自治区制度は主に旧市町村、大阪市の地域活動協議会は小学校区と、事例ごとに多様な範域が設定される。「対象地域の特性」につ

表序 -1　本書の対象事例の特徴

	時代背景	協議会の活動範域	対象地域の特性
地・住構想 （中野区）	革新自治体の隆盛 （1970年代〜）	主に中学校区	東京都心のベッドタウン （都市部）
地域自治区制度 （甲州市、豊田市、 飯田市、新城市）	平成の大合併への 対応（2000年代〜）	本書で扱う事例は主 に旧市町村（飯田市の 千代地区は1960年代 の合併前に千代村）	本書の事例はいずれも農 山村部
地域活動協議会 （大阪市）	コミュニティガバ ナンスへの期待 （2010年代〜）	小学校区	本書の事例はいずれも大 阪市内中心部に比較的近 いエリア

筆者作成

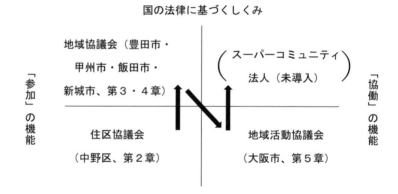

図序 -2　本書の対象事例の位相

筆者作成

　いても、中野区の地・住構想は東京都心のベッドタウン、地域自治区制度は
農山村部（本書の事例）、大阪市の地域活動協議会は大阪市内中心部に比較的
近いエリアと、都市部と農山村部の双方にまたがる。
　なお、上記においては、名和田による協議会型住民自治組織の機能に関す
る「参加」「協働」という視点に触れた。ここに、制度設計が何に由来するの

かという「自治体独自──国の法律」の軸を掛け合わせると、**図序-2** のとおりに整理できる。

　詳しくは第 2 章以降に譲るが、ここにあるように、革新自治体の隆盛（1970年代〜）を背景とする中野区の地・住構想の場合、中野区独自の「住区協議会事務取扱要領」を根拠に、住区協議会は主に参加の機能が期待された。また、平成の大合併への対応（2000 年代〜）を背景とする、豊田市・甲州市・飯田市・新城市の場合、いずれも地方自治法に基づく地域自治区制度で、地域協議会が担うのは主として参加の機能だった。もちろん、先のとおり「地域協議会は、合併等によって大規模化した基礎自治体において、議会によっては十分に代弁されない小さな地域的まとまりの住民たちの総意を表明するという公共的意思決定の機能と、当該地域の住民たちが幸福に生きていくための公共サービスの提供が行われるように『多様な意見の調整を行い』、まさに『協働の活動の要となる』という公共サービスの組織の機能とが、ともに期待されているといってよいであろう」[35] との指摘もみられる。また、地域協議会とともに「地域まちづくり推進委員会」を置き、全体的には「協働」の基調が強い宮崎市の例もある [36]。ただ、本書の地域協議会の 4 事例はいずれも「参加」の性格が強く、このように位置づけることにした。

　その後のコミュニティガバナンスへの期待（2010 年代〜）を背景とする大阪市の地域活動協議会は、法律に基づくのではなく、独自のしくみである。それゆえに、根拠規定としては「地域活動協議会に対する補助金の交付の基準に関する要綱」などが存在し、協議会が担うのは協働の機能となる。

　ちなみに、本書では詳細を扱うことができないが、一部の自治体では現在、いわゆる「スーパーコミュニティ法人制度」の創設を求めて、国に対する法改正の働きかけを行なっている。スーパーコミュニティ法人制度とは、主に中山間地域において持続可能な地域経営を担いつつ、寄付金税制優遇措置の適用などが受けられるという新たな法人制度に相当する。この制度の枠組みにおけるスーパーコミュニティ法人を、協議議会型住民自治組織の一形態としてとらえるならば、今後においては「協働×国の法律」という象限に該当

する形態もあらわれるかもしれない（実際には協働のみならず参加の機能も担う
だろうが）。

　なお、たとえば1990年代から「自治体独自のしくみ」として「協働」の機能
を担う協議会型住民自治組織づくりを進め、自治体内分権を実践した事例も
存在する。この場合は、図序-2の時代整理とはズレが生じてくる。そのため、
図序-2に関しては、あくまでも本書で取り上げる事例の位相を整理したも
のにすぎない点には留意されたい。

4-3　研究の方法

　このように本書では、「時代背景」「協議会の活動範域」「対象地域の特性」
のそれぞれが多岐にわたる対象事例について、次章で扱う分析視点に沿って
検証を進めていく。もっとも、対象事例を羅列したのみでは、単なる事例紹
介にとどまってしまう。そこで、研究方法としての「比較・考察」の作業が
重要となる。

　ただ、第2章から第5章の各事例について、相互に比較・考察を進めるの
は困難である。というのも、上記のとおり時代背景・活動範域・地域特性が
異なり、比較を通じて析出される視点・知見がどれほどの意味を持つかは判
然としないからである。たとえば、中野区の地・住構想における住区協議会
と、大阪市の地域活動協議会とを比較するにしても、時代背景や活動範域が
異なり、比較可能性が薄まる。そこで、本書では各章内で協議会型住民自治
組織の比較・考察に取り組むことにしたい。章ごとに一致比較を採るか、差
異比較を採るかのちがいはあるが、各章で事例の比較・考察に取り組むこと
で、それぞれが相対化され、また類似事例に対して一定の示唆や含意が示さ
れる。

　ちなみに、第6章に関しては、次章で扱う分析視点に沿っておらず、また
こうした比較・考察の方法も採らずに、単一事例の検証となっている点は、
ここであらかじめ述べておく。背景には、第6章で取り上げるように、トリ
ノ市での地区再編のうごきがあり、未だ状況が流動的であって、分析視点に

沿った事例比較に取り組めるほどの環境が整っていないという制約があった。

　なお、本書で採った手順もここで確認しておくと、以下のとおりとなる。第一は、文献研究である。とりわけ、本書の鍵概念である「自治体内分権（都市内分権、地域内分権を含む）」「参加、利害調整、意思決定」「協働、公共サービス」「コミュニティ、ガバナンス」「住民自治、地域自治」などを扱った研究書や研究論文を参照している。それらは末尾の参考文献一覧に掲載しているが、いずれも本書の記述を進めるにあたり、大いに役立った。もっとも、自治体内分権に関していうと、それ自体を中心的な研究対象として扱った研究書の数は、決して多くはない。そのため、研究論文に依拠したところが大きい。

　第二は、各種資料の利用である。日本都市センターをはじめとする研究機関、および基礎自治体が発行する自治体内分権についての報告書を参照した。また、本書の事例研究においても、各基礎自治体に関連する情報を得るために、統計集や報告書などを数多く活用した。さらに、要所ごとに新聞や広報誌なども利用し、できるだけ情報が充実するようにつとめた。とはいうものの、このような資料を検討するだけでは不十分な点が残るのも事実である。

　そこで第三には、主に半構造化面接法を用いて、関係者に対するヒアリング調査を実施した。なかでも、本書の事例研究で登場する基礎自治体の本庁や支所ないし区役所のなかで政策企画、市政改革、まちづくり、コミュニティ、市民協働などの業務を担当する職員に協力を得て、さまざまな話を聴取することができた。また、必要に応じて、退職した職員へのヒアリング調査も実施した。あわせて、自治体内分権の最前線で活動する、協議会型住民自治組織の関係者に対しても、繰り返しヒアリング調査を行なっている。

注

1　牛山 2004：129-131
2　日本都市センターによる調査報告書における協議会型住民自治組織に照らすと、中野区の住区協議会は「特に文書により定めていない協議会型住民自治組織」、甲州市・豊田市・飯田市・新城市の地域協議会は「地方自治法第 202 条の 4 で規

定される地域自治区の地域協議会」、大阪市の地域活動協議会は「要綱に基づき、貴自治体で独自に規定している協議会型住民自治組織」に相当しよう（日本都市センター 2014：228）。

3　なかには、東京都と特別区との関係において、特別区は自治権に一定の制限が加えられてきた特殊性にかんがみ、東京都から特別区への権限移譲を自治体内分権（都市内分権という表現を用いている）としてとらえる研究もある（土岐 1999：35-55）。

4　代表的な研究成果としては、西尾 2007 があげられよう。

5　岩崎 2003：5

6　牛山 2004：129-131

7　名和田 2002：21

8　Lowndes 1992：53-54, Lowndes 1994：1-2

9　行政組織内分権の動向に関しては、大杉 2009：14-31 を参照した。

10　行政組織内分権は「行政サービスの質的改善」以外に、「地域での説明能力の強化」「地域ごとの目的の達成」「政治的認識の促進」「職員の育成」「コスト管理」などもねらいとなる（Burns, Hambleton, Hoggett 1994：87-88）。

11　岩崎恭典は「民への分権」という表現を用い、自治体内分権におけるエンパワーメント機能の重要性を説いている（岩崎 2008：25-27）。

12　武蔵野市をはじめとする全国の自治体で住民参加を主導した佐藤竺は、「住民参加とは、例えば住民の利害が対立して簡単に調整がつかず、事業が進まないごみ処理場の建設に対して、住民が他人事のような傍観者の立場を取ることなく、積極的にその調整に乗り出して主人公としての責任を果たすといったことを指すのである」（佐藤 1990：130）と述べる。住民参加はその機会が確保されるだけの「手続的住民参加」の段階にとどまってはならないことが、あらためて把握される。むしろ、住民参加の本質は「地域社会への責任と自覚という公共心を持った主体的な住民の育成」に求められる。このようにみてみると、住民参加は市民教育（シティズンシップ）との関わりを有していることがわかる。

13　足立 1981：49

14　もっとも、この点に関しては「自治体内分権に係わって、行政はよく『地域のことは地域が一番良く知っている』という、一見もっともらしい言説を持ち出すが、そもそも『地域』とは誰のことなのか、どのエリアを指すのか。住民の意思とはそれほど簡単に集約できるものではない」（役重 2019：244）という指摘には留意する必要がある。

15　Pateman 1970

16　今里 2003：169-170

17　今川 2008：165

18　行政組織内分権としての自治体内分権を検討した研究成果としては、たとえ
　　ば江藤俊昭による世田谷区の総合支所のあり方をめぐる研究がある（江藤 1996：
　　53-89）。江藤自身は「都市内分権」という表現を用いているが、ふたつのながれ
　　からとらえたうえで行政組織内分権について検討している。なお、行政組織内
　　分権の文脈での研究ではないが、行政組織における役職ごとの裁量権の幅に焦
　　点を当てて比較した田尾雅夫の研究もある（田尾 1990：66-74）。田尾の研究は組
　　織内部の権限配置を考察したものであるが、行政組織内分権の研究にとっては
　　示唆に富む。

19　名和田 2000：175

20　第一線職員に関しては、M. リプスキーの研究（Lipsky 1980）が示唆を与える。

21　この点は、政府間関係における分権――集権は「程度の問題」である、という
　　西尾勝の指摘と共通しよう（西尾 1990：404）。

22　千葉市・地方行政システム研究所 1985

23　岩崎・原田 2003：54

24　このときには、「都市内分権と住民自治」というテーマで、地方自治の研究者
　　や自治体行政の実務家が「都市内分権」や「狭域自治」を共通のテーマにして、論
　　稿を寄稿した。

25　なお、村上順によると、昭和の大合併の際にも一部では市町村区域内におけ
　　る自治的組織の必要性の主張もみられたものの、この時期には新市町村の一体
　　性が重視され、そうした主張は市町村の一体性の名の下に否定されるべきもの
　　として認識されていたという（村上 2001：48-56）。

26　名和田編 2009

27　これらの報告書に関しては、のちに地域自治区制度や合併特例区制度へとつ
　　ながることになる第 27 次地方制度調査会の『今後の地方自治制度のあり方につ
　　いての中間報告』（2003 年 4 月公表）に対して、地域自治組織に関する内容の部分
　　にも一定の影響を与えたという（西尾 2005：275）。

28　名和田 2009a：9-11

29　名和田 2009b：27

30　日本都市センター 2014、同 2015、同 2016

31　なお、わが国の自治体内分権に関する先行研究は、2010 年以降に出版された

28

　書籍でも、石平 2010、丸山 2015、役重 2019 などがある。また、海外の自治体内
　分権の動向を扱った先行研究は、宗野 2012、中田 2015、大内 2017 などがある。

32　役重 2019：33

33　名和田 2009b：16

34　名和田 1998：110

35　名和田 2009b：27

36　同上：33-35

第1章　関係概念と分析視点

　本章ではまず、自治体内分権を考えるうえで関連する諸概念について、相互関係の整理を行なう。続いて、自治体内分権をめぐる論点を明示する。そのうえで、本書の分析視点として「マネジメント」「パートナーシップ」「エンパワーメント」の3つを提示したい。

1　自治体内分権の関係概念

1-1　自治体内分権に関わる諸概念

　序章でみたとおり、本書では自治体内分権を、基礎自治体内部をいくつかの範域に区分し、それぞれに支所・出張所など地域の行政機関、および地域住民をはじめとする多様な主体によって構成される協議会型住民自治組織を設置して、双方に本庁から一定の権限・財源の委譲を進める方策、ととらえる。こうした自治体内分権はいうまでもなく、地方自治のさまざまな概念と大きく関わりを持つ。

　本書は自治体内分権のふたつのながれのうち、地域分権に焦点を当てて検討を進める。そのため、本書の事例研究では、「参加民主主義」「コミュニティガバナンス」「住民自治」などが関連してくる。そこで、本節では自治体内分権を考えるうえで重要となる諸概念をいくつか取り上げ、相互の関係を整理しておきたい。

　ここで注目するのは、「参加、利害調整、意思決定」「協働、公共サービス」「コ

ミュニティ、ガバナンス」「地域自治、住民自治」のそれぞれである。いずれ
も地方自治の鍵概念であるが、その意味内容は常に問いなおされ続けており、
こうした事情も念頭に置きながら、自治体内分権との関係を中心に整理して
おこう。

1-2　参加、利害調整、意思決定と自治体内分権

　政治学にとっても、地方自治論にとっても、「参加」の概念は古くから論
じられ、現在でも重要な鍵概念のひとつといえる。政治学でいうと、「政治
参加」をめぐる研究は現在でも盛んに行なわれ、インターネット環境の発達
や世界的なデモの広がりもあって、政治参加のあり方が多様化している。ま
た、地方自治論でいうと、「住民参加」をめぐっては従来の形式的・手続的
な次元にとどまらない、新しい参加のかたちが追究されている。

　すでに序章で指摘したように、地域分権のながれにおける協議会型住民自
治組織は、恒常的な住民参加の機会としての意義を有する。しかし、単に参
加の機会が設置されるだけでは、これまでの形式的・手続的な次元にとどまっ
てしまう。重要なのは、「参加の質」を向上させることであり、そこでは参
加者の多様性はもとより、参加し議論した内容の活用可能性、参加者自身の
経験蓄積と行動変革の可能性、などが問われることになろう。

　自治体の審議会や委員会のなかには、単に行政に対して「お墨付き」を与
えるかのような性格のものも少なくない。そのため、協議会型住民自治組織
がそうした状況に陥らないように、何らかの工夫が要請される。自治体内分
権のしくみが機能するか否かは、協議会型住民自治組織のあり様しだいとい
える。自治体内分権のしくみにおいて活動の起点となる協議会が停滞してし
まうならば、しくみそのものの存在意義が問われかねないからである。また、
一部の特定の団体や住民の利害が優先される事態も、回避しなければならな
い。

　「参加」の先では、当然ながら協議会型住民自治組織のなかで「利害調整」
が図られ、「意思決定」が行なわれることになる。ここで留意したいのが、

以下の 2 点である。第一は、協議会への参加者はさまざまな属性であり、自らの所属団体の事情も相まって、ときには利害対立も生じる点である。地域社会で活動する多様な主体が集い、地域の課題について協議して解決策を模索する姿は、あくまでも理想型である。協議会型住民自治組織の現場を観察していると、実際にはさまざまな利害が錯綜し、そこに人間関係が複雑に絡み合い、しばしば意見対立が起こり、理想と現実の乖離が発生してしまう。何ら意見も出ず、あらゆる案件が議論されることなく自治体行政の提案どおりに粛々と決まっていくという「協議会型住民自治組織の形骸化」よりは、まだ状況は良好かもしれない。しかし、協議会を起点にして自治体内分権のしくみを有効に機能させようとするならば、水平的な利害調整機能が発揮されるように[1]、協議会自身のマネジメントと自治体行政によるエンパワーメントが問われることになる。

　第二は、協議会型住民自治組織として利害調整を経て「意思決定」した内容は、実質的には「合意形成」のレベルにとどまらざるをえない点である。周知のとおり、わが国では基礎自治体の議事機関はあくまでも自治体議会であって、協議会が法的拘束力をともなう決定ができるわけではない。そのため、当該地域内にのみ適用され、強制力をもって地域住民の生活を規制するようなルールを、協議会型住民自治組織として作ることはできない。実態としては、たとえば自治体行政から当該地域に配分される予算の使途を、協議会として検討（利害調整、合意形成）して提案し、自治体行政の側がこれを受けて首長が議会に予算提案する、というかたちである。こうした点をふまえ、しばしば「実質的な決定権を有する」と表現されることになる。他方で、協議会型住民自治組織は民主的正統性の事情から、自治体による大胆な権限委譲は難しく、何とも中途半端なものである、との見方もある[2]。

1-3　協働、公共サービスと自治体内分権

　わが国では 1990 年代初頭から「協働」への関心が高まり、「協働」の概念は広く受け入れられている。学術研究においては、荒木昭次郎による研究[3]を

契機に、この概念への注目が高まって多くの研究成果が生まれた。協働に注目する研究者の数が増えるにしたがって、さまざまな角度から協働のあり方を議論する「日本協働政策学会」も 2009 年に設立された。

　自治体行政の現場でも、しだいに協働の意義と重要性が浸透し、「協働のまちづくり」というスローガンが看取されるようになった。今日では多くの自治体で、庁内には「市民協働課」「協働推進課」などの名称で協働を所管する部署が作られ、ここが「協働型市民提案事業」のような新しい試みを担当している。

　こうした協働について、自治体内分権との関連でいうと、たとえば地域自治区制度における地域協議会は、「協働活動の要」と位置づけられてきた。協議会型住民自治組織としての地域協議会には、協働の起点となることが期待されているといえよう。実際に、本書で登場する豊田市や新城市のように、地域協議会が自治体行政の担当部署と協働し、地域自治区に関連する予算を提案するという新たな実践も広まりつつある。

　もっとも、ここで留意する必要があるのは、「協働」自体はあくまでも大きな方向性であり、重要なのは「何を実践するのか」という点である。「住民参加のまちづくり」と同様に、「市民協働のまちづくり」と掲げても、どのような領域において、誰と誰が協働して、どのような目的のために、いつからいつまでの期間で、何に取り組むのか、が問われる。そのため、「協働」は各事業部局に通底させるべき横串の理念としてとらえることができよう。

　そこで、自治体内分権の文脈で協働を考える際に関わりが生じるのが、「公共サービス」である。もともと協働と公共サービスは親和的な関係にあり、学術研究では協働型の公共サービス供給のあり方が検討され、現実社会でもその実践が観察される。たとえば、名和田の整理でいう協働を主に担う協議会型住民自治組織を例に考えよう。ここに配分される一括交付金などを活用し、警察署や自治体行政の地域安全担当部局と連携しながら、青色防犯パトロールに取り組む場合、協議会として防犯・治安維持という公共サービスの一端を担うことになる。第 5 章で扱う大阪市の緑地域活動協議会のように、

大阪市からの委託を受け、実質的な学童保育の機能・役割を果たす場合も、保育・子育て支援という公共サービスの一翼を担っているとみることができる。

このような協議会型住民自治組織と公共サービスとの関わりをみると、協議会が実行組織として公共サービス供給を直接的に担う場合と、主に公共サービスの「調整」の役割を担う場合があることがわかる。ここでいう公共サービスの「調整」とは、サービス供給の担い手、サービスの量と質、サービス供給の管理と評価など、さまざまな視点から協議会としてサービスのあり方を検討し、よりよいサービス供給へと改善していくことを意味する。もちろん、一口に公共サービスといっても、現実には多種多様なサービスのかたちが存在し、協議会としての調整機能が及ぶ領域も、自治体ごとに大きく変わってこよう。

活動の範域という観点から考えてみると、ひとつの傾向として、小学校区や中学校区を範域に設置される協議会型住民自治組織は、サービス供給とサービス調整の双方を担う場合が多い。一方で、旧市町村や行政区を範域に設置される協議会は、主にサービス調整の役割を担う場合が多い点を指摘することができる。もっとも、サービス調整といった場合にも、協議会の判断のみでサービス量の増減が可能な領域と、そうでない領域が存在する点に留意を要する。たとえば、ごみ収集のような自治体全域にまたがる公共サービスについて、協議会の判断として当該地域のみを対象に、収集日や収集回数の変更を調整することは困難である。そのため、実際には協議会がサービスの担い手であり、かつ主導権と裁量が大きく与えられている場合に、協議会としての実質的なサービス調整機能が発揮できるといえよう。

1-4　コミュニティ、ガバナンスと自治体内分権

地域社会について考えるうえでコミュニティの問題は避けられず、わが国では地域コミュニティとしての自治会・町内会が存在している。1970 年代からの日本のコミュニティ施策においても、地域社会の現場でコミュニティ

活動の中核を担ったのは、長年の歴史を有する自治会・町内会であった。このことは、日本の地域社会の問題を考えるうえでは、自治会・町内会の存在は無視しえない事情を意味しよう[4]。

このような自治会・町内会は、全国に30万ほどが存在するといわれる[5]。そこに共通するのは、①世帯単位で加入する、②当該地域に住むと原則として加入する、③地域の事柄に対して包括的な機能・活動を担う、④行政に対して補完的な機能・活動を担う、⑤当該地域に存在するのはひとつの自治会・町内会のみで地域的重複はみられない、⑥（例外はあるものの）全国で普遍的に存在する、といった特質である[6]。もっとも、現在は担い手の高齢化や後継者不足ゆえに、全国的に自治会・町内会は存続が危ぶまれ、「いかにして自治会・町内会の持続可能性を高めていくか」が問われている[7]。本格的な人口減少社会を迎えた今日、自治会・町内会は大きな岐路に立っているといえよう。

自治体内分権に関連づけていうと、地域分権の受け皿としての協議会型住民自治組織を形成するにしても、すでに地域社会で数々の活動を実践している自治会・町内会を抜きにしては、検討が進まない現実がある。とはいうものの、上記のとおり、地域社会の現場においては自治会・町内会の存続が危ぶまれている。こうしたなかで、既存の自治会・町内会よりも広域な小学校区や中学校区に注目し、この範域で活動する多様な主体が集い、協働の起点となる新たなプラットフォームの形成が進みつつある。もちろん、本書で扱う協議会型住民自治組織はそのひとつのかたちで、自治会・町内会のみの力量では対応できない地域課題の解決をめざすことになる。こうした協働の空間は、地域社会における「ガバナンス」としてとらえることができよう。

ガバナンスをめぐっては、行政学や地方自治論のみならず、政治学でも広く扱われており、さらには社会学や経済学でも登場する概念である[8]。それらのすべてをここで検証するのは困難であるが、ガバナンス論は少なくとも以下の3点で共通している。第一には、単一の主体の力量のみでは山積する問題への対応が困難であり、多様な主体の協働を基盤にして問題解決を図っ

ていく方向性を志向している点である。第二には、このように協働型の問題
解決が問われているゆえに、その前提として多様な主体同士のネットワーク
が求められる点である。第三には、ガバナンスそれ自体が実態を提示する概
念でもあり、理想型としての概念でもある点となる。

　いずれにしても、地域コミュニティに根ざし、地域のガバナンスを機能さ
せる舞台として運営できるかどうかが、協議会型住民自治組織には求められ
る。また、市政全体との関連でいうと、自治体内分権とローカル・ガバナン
ス（単一の基礎自治体としてのガバナンス）との関係もまた、重要となる。なお、
ここまでみてきた「コミュニティ」と「ガバナンス」に関しては、双方を連結
させた「コミュニティガバナンス」という概念が、2000年頃から国内外で注
目されるようになっている[9]。その意味するところは「地域社会におけるガ
バナンス」であり、「地域ガバナンス」とも表現される。本書においてもコミュ
ニティガバナンスのひとつのかたちとして、第5章で大阪市の地域活動協議
会を扱う。

1-5　住民自治、地域自治と自治体内分権

　自治体内分権のしくみは、しばしば「住民自治」や「地域自治」を活性化さ
せることが目的といわれる。「住民自治」は「地方自治の本旨」との関係にお
いて、また「地域自治」はコミュニティとの関わりで議論される場合が多いが、
自治体内分権にとってもまた、いずれも重要な概念といえる。

　周知のとおり、日本国憲法第92条には「地方自治の本旨に基いて」とあり、
地方自治の教科書にはしばしば、団体自治の原理と住民自治の原理によって
「地方自治の本旨」が構成される、との説明がみられる。他方で、「団体自治
と住民自治は、地方自治の本旨にとって車の両輪」というとらえ方に対して、
以前から住民自治を起点とする地方自治の構築の必要性が主張されている[10]。

　自治体内分権との関連でいうと、たとえば第6章で触れる、政令市で行政
区ごとに設置される協議会型住民自治組織は、「住民自治の拡充」がねらい
である。この源流には第30次地方制度調査会での議論があり、このときに

も自治体内分権（文面は「都市内分権」という表記）との関連で「住民自治の拡充」
が謳われている。もっとも、ここでいう住民自治とは、従来の地方自治論に
おける住民自治の意味合いである。そのため、たとえば住民の意思によって
特別職の区長を解職するための制度をどう設計していくか、などが論点で
あった。

「地域自治」に関しては、たとえば「地域自治組織」「地域自治区制度」のよ
うに、何らかのしくみの名称において用いられる場合が多い。学術研究では
「地域自治会」「地域自治法」のように、研究者が名称を付した独自の概念も
看取される[11]。もっとも、「そもそも、地域自治とは何か」に関しては、必ず
しも合意があるわけではない。そのため、論者によって定義やとらえ方は一
様ではなく、さまざまな意味内容で語られている。

自治体行政の現場では、「市民協働課」「協働推進課」ほどの数ではないが、
たとえば「地域自治推進室」（京都市）、「地域自治課」（静岡県沼津市）など、地
域自治を掲げる部署も見受けられるようになった。地域自治の意味内容に関
しては、「地域のことを一番よく知る住民が、自分たちの地域の特性に応じて、
必要な取組みを話し合い、協力しながら進める」（大阪府豊中市）などが確認で
き、地域コミュニティレベルでの幅広い活動が想定されている。そのため、
地域自治でいう「地域」とは、主に小学校区や中学校区、場合によっては旧
市町村の範域が射程にあり、それ以上の広範囲は基本的に地域自治の範疇外
といえよう。換言するならば、単一市町村の範域、郡域、支庁管轄域、都道
府県域は地域自治の範囲には位置づけられない。自治体内分権との関連でも、
すでに触れたとおり、一般的にこうした範域が自治体内分権の単位として設
定されることはない。

なお、「住民自治」にも「地域自治」にも共通する「自治」という概念につい
ては、地方自治論のみならず、政治学や社会学でも幅広く研究されてきた。
本書は自治概念をめぐる検討が主眼ではないので、ここでは以下の点を確認
するのみにとどめておこう。すなわち、「自治」は「自律」と「自己統治」とい
うふたつの概念から構成され、このうち「自律」はある個人ないしは集団が

外部の統制を受けずに自らの規律を定め、自らの行為を律していくことを意味し、「自己統治」はある集団が構成員の参加と同意に基づき、自らの規律を定めることに相当する[12]。自治体内分権に関連づけると、協議会型住民自治組織への参加者が、議論を重ねて「自ら決定」し、直接的・間接的に決定内容を「自ら実行」に移し、その結果について「自ら責任」を果たす、という3要素が要件といえる。

2　自治体内分権の論点整理

2-1　自治体内分権をめぐる論点

　制度設計や制度運用に関連して、自治体内分権には多様な論点が存在する。後述する分析視点の設定も視野に入れ、ここで自治体内分権をめぐる論点を整理・把握しておきたい。

　自治体内分権の論点を整理すると、**表1-1**のとおりとなる。ここにあるとおり、「自治体内分権のしくみ全般」「協議会型住民自治組織」「基礎自治体行政」について、「制度設計」と「制度運用」に関する論点が存在する。これらをひとつずつ確認していきたい。

2-2　自治体内分権のしくみ全般をめぐる論点

制度設計に関連する論点

　自治体内分権のしくみ全般をめぐる論点のうち、「制度設計」に関連する論点は、「区域設定」「区域名称」「法人格の有無」「根拠規定」の4つがあげられる。このうち、「区域設定」とは「自治体内分権の地理的な区域設定は何を基準とするのか」という論点である。具体的には、たとえば地域自治区制度の場合、昭和の大合併以前の地域社会のつながりを基準とする、あるいは平成の大合併以前の旧市町村単位を基本とする、などさまざまである。本書の地域自治区制度の例でいうと、甲州市は旧市町村単位で地域自治区の区域を設定し、また新城市や飯田市は歴史的な経緯をふまえて区域設定を行なって

38

表1-1　自治体内分権の論点

	論点		内容
自治体内分権のしくみ全般	制度設計	区域設定	自治体内分権の地理的な区域設定は何を基準とするのか
		区域名称	自治体内分権の単位・区域をどのような名称とするのか
		法人格の有無	自治体内分権の単位ごとに法人格を付与するのか
		根拠規定	自治体内分権のしくみの根拠規定を何に求めるのか
	制度運用	導入過程	同時期に全域で自治体内分権のしくみを導入するのか、希望する一部の地域のみを対象にしくみを導入するのか
		均一性・多様性	それぞれの地域が均一的に発展していく状態をめざすのか、それとも地区ごとによい意味でのちがいを尊重するのか
		一体性	自治体内分権の単位に行財政権限の委譲を進める一方で、単一の基礎自治体として一体性をどのように確保するのか
協議会型住民自治組織	制度設計	機能・役割	協議会は地域でどのような機能・役割を担うのか
		権限	協議会は、どのような権限を保有するのか。選挙で選出されたのではない協議会が地域の重要問題を判断できる権限を持ちうるのか
		組織編成	協議会の人数を何人とし、内部にどのような役職や委員会・部会を設けるのか
		参加者の任期	協議会の参加者は何年の任期で、何回まで再任可能とするのか
	制度運用	参加者の属性	協議会の参加者は、どのような立場で参加するのか
		正統性・代表性	協議会を地域の代表と位置づけるならば、どのような手続や手段で正統性を確保し、代表性を向上させていくのか
		他の主体との関係	協議会は代表機関としての議会、既存の自治会・町内会など地縁組織、地域内外の他の主体と、どのように関係を構築するのか
		住民との接点	協議会として地域住民とどのように接点を持ち、活動内容を地域に発信していくのか
基礎自治体行政	制度設計	地域行政機関の長の属性	地域行政機関の長は、その属性が特別職の職員なのか、それとも一般職の職員なのか
		権限	その地域の運営に際し、地域行政機関としてどのような行財政権限をどの程度まで保有するのか
		機能・役割	自治体内分権のしくみにおいて、地域行政機関がどのような機能・役割を果たしていくのか
	制度運用	職員配置	地域行政機関にはどのような職員を何人配置するのか
		位置づけ	導入自体が目的化しないように、自治体内分権のしくみを自治体運営全体のなかでどのように位置づけ、運用していくのか
		協議会への支援方策	地域行政機関としてどのような方策を講じて協議会型住民自治組織の活動を支援していくのか
		認知度	自治体内分権のしくみに対する住民の認知度をどのように高めて、活動への参加を促していくのか

筆者作成

いる。豊田市の場合は、旧豊田市区域を細分化し、また旧6町村(藤岡町、小原村、足助町、下山村、旭町、稲武町)は旧町村単位で地域自治区が設定された[13]。この点に関し、名和田是彦は「合併自治体の都市内分権の区域を旧市町村を基盤に発想するとどうしても区域の規模に不均等ができる」[14]と指摘している。

　「区域名称」とは、「自治体内分権の単位・区域をどのような名称とするのか」という論点である。「○○自治区」「○○地域自治区」「○○区」など、単位自体の名称はさまざまなものが考えられよう。また、区域に関しては、既存の地区の名称をそのまま使用する場合もあれば、歴史・文化・風土などを考慮して新たな名称を作る場合もある。なお、合併後の新自治体の名称決定では合併協議会の場で議論されるが、自治体内分権の単位の名称は多くの場合に自治体行政の判断で名称決定がなされる。

　「法人格の有無」とは、「自治体内分権の単位ごとに法人格を付与するのか」という論点である。これは、たとえば序章で取り上げた日本都市センターの近隣自治機構の構想でも扱われていたが、当然ながら法人格を有するほうが基礎自治体行政の本庁との関係では自立性は強まる。ちなみに、日本の自治体内分権の現状をみると、すでに制度化された地域自治組織については、合併特例区制度が唯一、法人格を有している。また、協議会型住民自治組織に関していうと、たとえば、第5章の大阪市の緑地域活動協議会や南市岡地域活動協議会は、NPO法人格を有している。

　「根拠規定」に関しては、「自治体内分権のしくみの根拠規定を何に求めるのか」という論点である。これに関しては、地方自治法に代表される各種の法律の場合もあれば、市区町村ごとの条例の場合もあろう。また、要綱や要領といった基礎自治体行政の内部規定によって、対応している場合もある。さらにいうと、地方自治法に基づく地域自治区制度のように、①地方自治法、②基礎自治体ごとの地域自治区条例、③基礎自治体行政ごとの地域自治区規則、と根拠規定が何層にも重なっている場合が多い。本書の例でいうと、中野区の「地域センター及び住区協議会構想」は「住区協議会事務取扱要領」に

根拠を求めていた。他方で、豊田市の地域自治区制度に関しては、地方自治法、豊田市地域自治区条例、豊田市地域自治区規則など一連の体系からなる。

制度運用に関連する論点

　他方、自治体内分権のしくみ全般をめぐる論点のうち、「制度運用」については「導入過程」「均一性・多様性」「一体性」という３つの論点がある。このなかの「導入過程」に関しては、「同時期に全域で自治体内分権のしくみを導入するのか、希望する一部の地域のみを対象にしくみを導入するのか」が論点となる。自治体内分権のしくみを機能させるうえでは、協議会型住民自治組織の姿勢が重要であり、地域の側の制度活用に対する希望・意向が大きいところから順次、導入を進める方法が考えられる。こうすることで、先行して制度を導入した地域の動向を検証し、他の地域への波及可能性を判断することも可能となる。基礎自治体のなかには、制度の導入に際して「モデル地区」と位置づけて、パイロット的に試験運用する場合が多い。他方で、自治体内分権の制度がまだら模様の状態になることを避けるねらいで、足並みをそろえて同一時期に導入する場合もありうる。このあたりに関しては、基礎自治体行政および地域社会の事情が大きく左右しよう。

　「均一性・多様性」については、「それぞれの地域が均一的に発展していく状態をめざすのか、それとも地域ごとによい意味でのちがいを尊重するのか」という論点である。これに関しては、多くの研究は地域ごとの歴史、文化、風土などをふまえ、それぞれの地区の多様性を尊重すべきと説く。というのも、地域事情は一様ではなく、たとえば第３章で登場する豊田市の地域自治区制度に代表されるように、都市部と農山村部とが合併し、多様な地域特性を含む場合もあるからである。

　「一体性」については、「自治体内分権の単位に行財政権限の委譲を進める一方で、単一の基礎自治体として一体性をどのように確保するのか」という論点である。当然ながら自治体内分権をとおして各地域への行財政権限の委譲を推進すればするほど、基礎自治体全体としての一体性、統一性、安定性

などは脆弱化しうる。そのため、地方分権における権限・財源配置の場合と同様に、自治体内分権も権限・財源の配置バランスをいかに設定するかが問われる。合併自治体に即していうならば、自治体内分権を進めれば進めるほど「それでは、なぜ合併を選択したのか」という現実的な疑問が突き付けられるだろう。これらはまさに、V. ラウンズが警鐘を鳴らすところの「自治体内分権の困難」なのである[15]。

2-3 協議会型住民自治組織をめぐる論点

制度設計に関連する論点

協議会型住民自治組織に関わる論点のうち、「制度設計」に関連するのは、「機能・役割」「権限」「組織編成」「参加者の任期」の4つである。このなかで「機能・役割」については、「協議会は地域でどのような機能・役割を担うのか」が問われる。まさに、制度設計の核心といえよう。すでに制度化された地域自治組織では、合併特例区協議会は予算執行にかかる同意権を保有しているのに対し、地域協議会にはそのようなものがないなど、内容はさまざまである。換言すると、この論点への対応いかんで、自治体内分権のあり方が方向づけられよう。なお、こうした協議会の機能や役割は、続く「権限」と紙一重の関係にある。

その「権限」に関しては、「協議会は、どのような権限を保有するのか。選挙で選出されたのではない協議会が地域の重要問題を判断できる権限を持ちうるのか」が常に問われる。この論点は協議会の「制度運用」にともなう「正統性・代表性」とも関連してくるが、正統性に乏しい状態であるならば、協議会型住民自治組織が担う権限は限定的にならざるをえない、という論調が主流を占めつつある。

「組織編成」については、「協議会の人数を何人とし、内部にどのような役職や委員会・部会を設けるのか」が論点となる。当該地域の人口規模や面積規模にもよるが、協議会型住民自治組織の人数は地域事情で大きく異なる。そのため、何らかの「解」があるわけではない。たとえば、第2章で扱う中

野区の江古田住区協議会は、かつて 120 名ほどの委員がいた時期もあった。このときには、内部に複数の部会を設置することで、より少人数で機動的に活動できるように工夫していた。もっとも、地域自治区制度などでは、委員数をあらかじめ条例などで規定している場合もある。たとえば、第 3 章で取り上げる豊田市の地域自治区制度では、28 ある地域自治区の地域協議会（豊田市では「地域会議」と呼んでいる）の委員数は、「20 名以内」となっている。

「参加者の任期」では、「協議会の参加者は何年の任期で、何回まで再任可能とするのか」が論点となろう。この論点に関しても、地域事情によって大きく異なるが、任期は 2 年で設定している場合が多い。もっとも、参加者が他の役職との兼ね合いで、いわゆる「当て職」として参加している場合には、任期途中でも協議会から離れる場合もある。協議会としての一貫性という点で、こうした事情にどう対処するかは、しばしば現場が直面する課題といえる。また、委員の就任回数は「〇回まで」として、できるだけ多くの住民が参加するように設定している場合もあれば、「再任を妨げない」と回数制限を設けない場合もみられる。制限がない場合は、ある協議会で数十年にもわたって同一人物が委員、さらには協議会のリーダーを務め続ける場合もあろう。主導力が高く、頼られるリーダーであれば問題ないが、いわゆる「地域のボス」のような存在の人物がリーダーにとどまり続けると、協議会がかえって地域自治の活性化の妨げになる場合もある。

制度運用に関連する論点

他方、協議会型住民自治組織をめぐる論点のうち、「制度運用」については「参加者の属性」「正統性・代表性」「他の主体との関係」「住民との接点」という 4 つの論点がある。このうち、「参加者の属性」に関しては、「協議会の参加者は、どのような立場で参加するのか」が論点となる。地縁組織の代表者の場合もあれば、NPO 法人やボランティア団体の関係者という場合もあろう。あるいは、場合によっては特段の所属先を有してはおらず、公募というかたちで委員となり、参加する場合もある。良否には議論の余地があろう

が、実態としては地縁組織の関係者が、上記のとおり「当て職」で委員を兼
務している場合も多い。

　「正統性・代表性」については、「協議会を地域の代表と位置づけるなら
ば、どのような手続や手段で正統性を確保し、代表性を向上させていくのか」
が論点となろう。しばしば、「選挙などの過程を経ることなく、首長によっ
て選任された者が、はたして地域の代表といえるのか」との指摘もなされる。
ここでは「適正な手続きを経た代表」と「地域事情に由来する実質的な代表」
というふたつの代表の認識が対峙してくる。政治学はしばしば正統性の問題
を重視して公選等の過程を経る必要性を説き、社会学は制度によらない実態
をふまえて一定の代表性が担保されているとみなす場合が多い。

　「他の主体との関係」では、「協議会は代表機関としての議会、既存の自治会・
町内会など地縁組織、地域内外の他の主体と、どのように関係を構築するの
か」が論点となる。これは、協議会型住民自治組織の位置づけの問題であり、
制度設計のあり方とも重複する論点といえよう。こうした内容が論点となる
背景には、自治体全体での自治体内分権ないしは協議会型住民自治組織の位
置づけが不明確であり、議会の役割や地縁組織の役割と重複する点が看取さ
れるという事情がある。また、首長の交代などの動向により、これまでの方
向性が路線転換する際には、協議会型住民自治組織の位置づけがあいまいに
なり、場合によっては自治体内分権のしくみそのものを廃止させる事態も生
じる。

　最後に、「住民との接点」に関しては、「協議会として地域住民とどのよう
に接点を持ち、活動内容を地域に発信していくのか」という論点がある。自
治体内分権の現場においては、しばしば「協議会の存在自体が住民に浸透せ
ず、『何をしているのかが見えない』などといわれる」といった声が聞かれる。
そのため、協議会として地域住民と接触する機会を設定し、また協議会の活
動内容を地域内で周知していく姿勢が問われる。この点で、たとえば第3章
で登場する豊田市の足助地域会議は足助町時代からの「シャングリラ足助」
という活動報告会を継承し、協議会そのものの地区内での浸透、および協議

会活動の発信につとめている。こうした取り組みの蓄積を通じて、新たな協議会への参加者の開拓も期待できよう。

2-4 基礎自治体行政をめぐる論点

制度設計に関連する論点

　基礎自治体行政をめぐる論点のうち、「制度設計」に関連するのは、「地域行政機関の長の属性」「権限」「機能・役割」の3つである。このなかで「地域行政機関の長の属性」については、「地域行政機関の長は、その属性が特別職の職員なのか、それとも一般職の職員なのか」が論点である。特別職の場合には、外部からの人材登用がなされる場合も考えられ、合併特例区制度の区長が該当しよう。ただし、実際の事例は決して多くない。最近では、特別職ではないものの、たとえば大阪市のように区長の全国公募を実施するケースもみられる。また、一般職の場合にも、行政内部で地域事情に詳しい生え抜きの人材が配置されることもあろう。いずれかを選択するかは、地域の情勢しだいといえる。ちなみに、本書の例でいうと、地方自治法に基づく地域自治区制度を導入した新城市は、自治振興事務所の所長の市民任用を開始しており、こうした新しいうごきは第4章で触れてみたい。

　また、「権限」に関しては、「その地域の運営に際し、地域行政機関としてどのような行財政権限をどの程度まで保有するのか」を論点としてとらえることができる。これは行政組織内分権をめぐる論点に相当し、組織デザインの問題である。わが国では長年にわたり「自治体内分権＝行政組織内分権」という理解がなされてきたために、この論点が長きにわたって自治体内分権をめぐる論点の中心であり続けた。

　「機能・役割」については、「自治体内分権のしくみにおいて、地域行政機関がどのような機能・役割を果たしていくのか」が論点となろう。これは「協議会型住民自治組織」の論点における「機能・役割」と同様で、制度設計の問題に相当する。もちろん、地方自治法では、首長の事務を分掌することが支所・出張所など地域行政機関の役割・機能に位置づけられている。もっとも、

自治体内分権のしくみのなかでは「協議会型住民自治組織を支援していくために、どのような機能や役割を付与していくか」が問われることになろう。

制度運用に関連する論点

　他方、基礎自治体行政をめぐる論点のうち、「制度運用」については「職員配置」「位置づけ」「協議会への支援方策」「認知度」という4つの論点がある。このうち、「職員配置」では、「地域行政機関にはどのような職員を何人配置するのか」が論点となる。合併自治体の場合には、仮に合併後に旧自治体の役場が支所・出張所に移行したとしても、以前からそこで勤務していた職員は、地域事情に精通しているという理由から、合併後もその地域に配属される場合があろう。逆に、合併後の新自治体で積極的に職員の配置転換を実施して旧自治体単位の垣根を切り崩し、職員の一体性を向上させようとする場合も考えられる。この論点は、自治体ごとで対応は多様になろう。なお、たとえば大森彌は、地域住民と第一線で向き合う支所・出張所という職場にその重要性を見出し、人事システムのなかで明確に職員の昇進ルートとして位置づけるべきである、と説いている[16]。ただし、合併後の支所・出張所の職員数は、合併前の役場時代に比べて大きく減少するのが一般的である。

　また、「位置づけ」では、「導入自体が目的化しないように、自治体内分権のしくみを自治体運営全体のなかでどのように位置づけ、運用していくのか」が論点となろう。周知のとおり、自治体は総合計画をはじめとする各種計画を策定しており、それらと自治体内分権との関係をどのように整理し、実行していくかが問われよう。自治体運営全体における自治体内分権の位置づけがあいまいとなると、導入のために割いたエネルギーやコストは、無駄となってしまう。自治体内分権のしくみを活用していくうえで重要なのは、いうまでもなく制度導入よりも制度運用の段階となる。

　「協議会への支援方策」については、「地域行政機関としてどのような方策を講じて協議会型住民自治組織の活動を支援していくのか」が論点となる。自治体行政として協議会の場づくりまでは担当し、その後は「ご自由に活動

してください」と向き合うのでは、協議会活動はなかなか軌道に乗らない。反対に、協議会活動の方向性を逐一指南してしまうと、今度は協議会の主体性が損なわれてしまう。自治体行政の担当職員の多くは、こうした状況に対してどのように向き合うかに悩まされている。今日の自治体行政に求められる役割のひとつとして「ネットワーク管理」が指摘され[17]、国の側もサービスプロバイダーからプラットフォームビルダーへの転換を謳っている[18]。地域課題の解決にむけてどのようなネットワークを構築し、どのように維持・管理していくかが問われよう。

　「認知度」に関しては、「自治体内分権のしくみに対する住民の認知度をどのように高めて、活動への参加を促していくのか」が論点となろう。これは先の協議会型住民自治組織が包含する「住民との接点」という論点とも関係するが、多くの住民に自治体内分権のしくみの認知度が浸透するのは、決して容易ではない。たとえば、かつて名古屋市は「地域委員会」という独自の協議会型住民自治組織を一部の小学校区でモデル設置して運用を試みたが、当該小学校区の住民の認知度は46パーセントであったという[19]。名古屋市の場合には、全国的な注目を集めたこともあり、他事例に比較すると住民の認知度は高いのかもしれない。それでも、依然として住民の認知度を高め、活動参加を促す必要性はあろう。

3　分析の視点

　本章ではここまで、自治体内分権と関わりがある概念との関係をみたうえで、自治体内分権をめぐる論点について整理してきた。こうした内容をふまえ、また次章から第5章までの事例研究を念頭に置き、「マネジメント」「パートナーシップ」「エンパワーメント」の3つから、**図1-1**のとおり分析の視点を設定したい。

　このうち、「マネジメント」については、協議会型住民自治組織そのものの運営に関わる。名和田の整理でいう「参加」の機能を担う協議会では、一

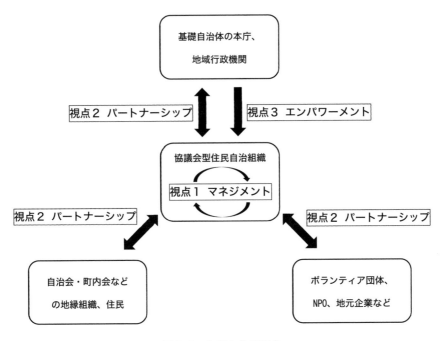

図1-1　本書の分析視点

筆者作成

定の利害調整を経て意思決定を行なう役割が期待される。また、「協働」の機能を担う協議会は、地域社会で活動するさまざまな主体が集い、公共サービスの供給や調整の役割を担うことが要請される。こうした局面では、いかにして協議会が地域コミュニティのなかのガバナンス機能を発揮し、地域自治の発展に寄与するかが重要となる。そうであるならば、協議会がどのような主体の参加を基盤に、どのような体制のもとで保有する資源や権限を活かし、どのような機能・役割を担って、何をめざしていくか、という協議会の「マネジメント」のあり方が問われることになろう。

　続いて、「パートナーシップ」に関しては、協議会型住民自治組織としての、既存の自治会・町内会をはじめとする地縁組織、あるいは地域内外のNPO法人やボランティア団体との連携・協働の関係構築に関わる。すでに触れた

ように、わが国で地域社会の問題を考えるうえでは、自治会・町内会の存在は欠かすことができない。そこで、本章の論点整理でも提示したように、協議会としていかなる関係を構築するかが重要となる。また、地域内で活動する主体のみの力量では、場合によっては地域が抱える課題の解決にはいたらないことがありうる。こうした状況において、地域外の活動主体や中間支援組織からの支援を得る必要性が生じる。はたして、協議会として、当該地区内外のどのような主体と、どのような領域の活動において、どのような方法によって、どのような資源を活用して、どのような成果をめざして、連携・協働の関係を築いていくか、という協議会の「パートナーシップ」のあり方もまた、問われることになろう。

　「エンパワーメント」については、自治体行政としてどのように協議会型住民自治組織の自主性・主体性を引き出していくか、に関わる。日本のコミュニティ政策を振り返ると、これまでは地域社会で活動する団体への金銭的補助が主な手法であった。結果として、コミュニティセンターの建設で終わる場合も看取され、「コミセン・コミュニティ政策」などと揶揄されてきた。現状においても、本章で示したように、協議会に対して何もしないままではいつまでも協議会活動は始まらず、他方で逐一支援すると自主性・主体性は育まれないというジレンマに悩まされている。それでは、自治体行政として「絶妙な距離」を保ちつつ、協議会の自主性や主体性を引き出していく具体的手法がありうるのだろうか。そこで、自治体行政のなかのどのような部署が、どのような地域自治の活動領域において、具体的にどのような手法によって、どのような資源を投入して、どのような目的のもとで、どのような成果をねらいとして「エンパワーメント」の役割を発揮しているのか、もみていく必要がある。

　ここまでの内容をふまえ、次章以降では各事例の検証を進めていく。次章ではまず、1970年代の革新区政期に構想された、中野区の「地域センター及び住区協議会構想」（地・住構想）を取り上げる。この構想における協議会型

住民自治組織としての住区協議会について、その展開を検証してみよう。

注

1　水平的利害調整機能に関して、今川晃はコミュニティを構成するさまざまなメンバー同士が、垂直的な従来型の関係ではない、新たな水平的な関係に立ち、相互に置かれている立場を尊重することの重要性を主張する。そのうえで、メンバー同士が水平的な利害調整を通じて、コミュニティ全体の力量を高めていく展望を描く（今川 2010b：31-44）。

2　金井 2009：82-83

3　荒木 1990

4　大石田 2009：65

5　日高 2018：115

6　町内会の特質に関しては、日高 2003：60-68 を参照。

7　三浦 2020b：261-277

8　ガバナンス論に関しては、金川 2018：192-207 を参照。

9　森 2018b：208-221

10　今川 2014：1-15

11　鳥越 1994、兼子 2017

12　西尾 1990：373-375

13　旧藤岡町を範域とする藤岡地域自治区に関しては、2009 年度から「藤岡地域自治区」と「藤岡南地域自治区」に分かれている。

14　名和田 2002：23

15　V. ラウンズは、自治体内分権にはメリットがある一方で、デメリットもともなうのであり、この点に自覚的である必要性を説く（Lowndes 1992：54-55）。たとえば、地域社会に見合ったサービス供給を進めるほど、自治体全体としてのサービス水準をどのように維持していくかが問題となってくる。

16　大森 2008：180-182

17　真山 2011：603-626

18　自治体戦略 2040 構想研究会 2018：33

19　中日新聞 2014 年 8 月 23 日付朝刊参照。

第2章　革新自治体の隆盛と自治体内分権

　本章では、中野区で革新区政期に登場した「地域センター及び住区協議会構想」を取り上げる。なかでも住区協議会の活動に焦点を当て、野方住区協議会と江古田住区協議会というふたつの事例について、本書の分析視点に沿って検証していく。はたして、中野区の地・住構想と住区協議会は、住区の住民生活に何をもたらしたのだろうか。

1　地・住構想の位相と革新区政

1-1　大都市における住民自治拡充の要請

　わが国では現在、「大都市の住民自治をいかにして拡充するか」が論点となっている。大都市自治体のなかには、第5章で扱う大阪市のように、小学校区で協議会づくりを促し、住民自治の拡充につとめている例もある。こうした協議会の参加者は地縁組織のみならず、市民活動団体の関係者なども想定され、機能や役割も多岐にわたる。たとえば、地域に関する事項への意思決定、地域が抱える課題の発見と解決のための政策提案、地域事情に即したサービスの供給や調整、地域活動の担い手の人材育成、地域コミュニティの活性化などがあるといわれる[1]。ただし、いずれに重点を置くかは地域事情によるし、こうした活動は多くの場合に依然として試行錯誤の段階にある。

　大都市でこのような協議会の設置が進む背景には、主に3つの事情がある。第一は、大都市特有の人口規模の大きさゆえに住民と政治・行政との距離が

今日でも大きく、こうした状況への対応が要請されている、という事情である。この点は長年にわたる論点であったが、近年では大都市制度の改革論議を重ねた第30次地方制度調査会でも焦点となった[2]。そこでは、協議会という恒常的な住民参加の機会を設けてさまざまな地域ニーズを水平的に調整し、政治・行政とのあいだの距離を解消する方向性が模索された。

第二は、大都市でも地域課題が顕著に複雑化し、住民ニーズも多様化する一方、自治体行政は資源の制約から従来のように地域課題の解決を担うのが困難となり、こうした状況への対応が求められている、という事情である。そのため、協議会型住民自治組織の設置を通じて多様な主体の問題解決力を引き出し、地域課題の解決をめざすことになる。

第三は、今日まで地域社会で大きな役割を果たしてきた地縁組織、とりわけ自治会・町内会が担い手の高齢化や後継者不足に直面し、協議会型住民自治組織の形成を契機としたコミュニティ活動の状況改善が求められている、という事情である。とりわけ大都市では、NPO法人やボランティア団体の数も多く、こうした団体の協議会参加が期待される。

1-2　中野区の地・住構想と革新区政

もっとも、大都市の狭域において、こうした協議会づくりを早期に進め、住民自治の拡充をめざしてきた自治体の先例がある。それは、中野区である。中野区は現在の論議とおよそ同様の文脈で、1970年代の革新区政期から住民自治の重要性を認識していた。そうしたなかで独自に「地域センター及び住区協議会構想」を掲げ、「住区協議会」と「地域センター」の連携による住民自治の拡充を促してきた経緯がある。

このように、中野区の地・住構想に関しては、革新区政が時代背景にある点には留意を要する。周知のとおり、わが国では1960年代後半から、全国各地で革新自治体が誕生している[3]。1960年代のわが国は、深刻化する公害への反対運動、都市開発が進むなかでの自然環境の保護活動、高速道路や新幹線をはじめとする大型交通インフラの建設反対運動など、さまざまな事情

によって全国各地で住民運動が起こっていた。

　このながれのなかで、環境の保護や福祉の充実を謳い、革新政党の支援を受けて当選する、いわゆる「革新首長」が都市部を中心に全国で登場する。1960年代後半からは、東京都の美濃部亮吉知事、大阪府の黒田了一知事に代表される革新首長が誕生した。こうした自治体は、「革新自治体」と呼ばれ、当時の時代の趨勢となった。革新自治体のなかには横浜市のように、当時の飛鳥田一雄市長の主導で「一万人市民集会」を開催するなど、直接的な住民との対話を重視するところもあった。ここにきて、住民と行政との対立関係が前提となる住民運動は、しだいに双方の非対立関係における住民参加へと発展していった。

　住民参加に関しては、わが国で先駆的に実践した例として位置づけられるのは、東京都武蔵野市である[4]。1970年代初頭から、総合計画の基本構想づくりにおいて、策定委員会が積極的に住民意見を把握するために、聞き取りを通じた住民の声の収集につとめた。こうした試みは、行政内部で総合計画を策定するのが当たり前であった当時としては、画期的な試みといえる。武蔵野市の基本構想の策定手法は「武蔵野方式」と呼ばれ、住民参加の実質的な始まりであった。その後、この方式は全国に広がり、革新自治体としての中野区も、こうした動向の影響を受けていった。

　このようにみると、1960年代後半当時の全国的な革新自治体の隆盛、および参加民主主義の潮流は、あらためて中野区が地・住構想を進めるうえでの時代背景として位置づけることができる。もちろん、全国の革新自治体はその後、1970年代に入ると衰退の時期を迎える[5]。それでも、中野区の地・住構想は革新区政以後も継続していった。

2　地・住構想とその概要

2-1　中野区と地・住構想

協議会型住民自治組織の設置をめぐっては、しばしば「町内会が地域で活

動するなかで協議会を設置するのは、屋上屋を架すにすぎないのではないか」「協議会と議会の決定が異なる場合はどうなるのか」といった疑問が投げかけられる。中野区の住区協議会は、すでに 40 年近く前の時点でこうした論点に向き合っていた事実がある[6]。

　中野区の担当職員が住民の前で、地・住構想を説明するたびに、上記のような疑問以外で、たとえば「住区協議会において、最終意見がまとまらない場合、区はどう対処していくのか」「住区協議会は、単に話し合うだけの協議機関か、それとも事業を実施する実施機関か」「公募を行うと日頃地域で活躍せず、単に無責任な発言を行う者がでてくると考えられるが問題があるのではないか」などが続出した[7]。これらはいずれも、今日でも自治体内分権に対してしばしば突き付けられる疑問と、あまりに重複している点には驚かされる。

　さて、中野区は東京 23 区の西側に位置する特別区のひとつで、2020 年 3 月現在、人口は 33 万 5,561 人、世帯数は 20 万 8,077 世帯、面積は 15.59 ㎢ となっている。中野区の特徴としては、住宅地の多さを指摘することができる。都心への近さや交通の便の良さなどの理由で、戦前から宅地開発が進行し、結果的に住宅密集地が数多く生まれてきた。

　このような中野区の地・住構想は、区内を 15 住区に分け、それぞれに「住区協議会」と「地域センター」を設置して、**図 2-1** のとおり双方の連携によって住民自治の拡充を促す内容をさす[8]。このうち、住区協議会は「施設の建設、環境の改善などの居住地域にかかわる問題を検討し、住区で一定の合意を形成して、区政担当者へ具体的な提案を行うこと」「居住地域にかかわる広聴・広報活動、社会教育活動、集会施設の利用などの実施計画を作成すること」のふたつが主な役割となる。また、住区内での多様な意見と利害を広く代表しうる委員（地域の団体が推薦する人、行政協力員のなかで推薦された人、公募に応じた人）が構成し、民主的な運営が期待された。今日の協議会型住民自治組織の先駆けといえる。

　他方、地域センターは「区政に対する要望・苦情の受付、住民との対話集

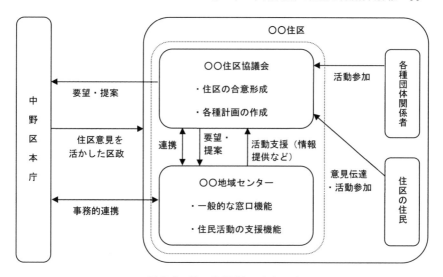

図 2-1　地・住構想のイメージ

中野区 1986 を参照して筆者作成

会の開催、各種情報・資料の提供」「地域にかかわる区の施設への参画」「区民の自主的活動に対する援助」「集会施設の管理と運営」「一般窓口業務」の5機能を果たすことになっていた。一般的な支所機能に加え、身近な行政機関として住民活動や住民参加を支える役割が期待されていたことがわかる。

　このようにみると、多様な主体による参加と活動を基盤に、住区内の利害調整・合意形成・政策提案を進める住区協議会と、協議会活動を側面支援する地域センターによって、住民自治の拡充をめざす一連の実践が、地・住構想の要点になる。とりわけ住区協議会は、構想段階では積極的な政策提案までも期待されていた[9]。学術研究も、地・住構想を「狭域性や住民参加を重視した制度改革」[10]ととらえており、地・住構想はわが国の自治体内分権の先例として、あらためて位置づけることができよう。

2-2　地・住構想の展開

　地・住構想は30年にわたり展開されたが、その全体的な経過もここで確

認したい。1960 年代前半に、中野区では出張所窓口の事務配分のあり方が問題となり、1968 年 10 月から総合窓口制度をスタートさせた。他方、同時期には上鷺宮地区の道路建設反対運動を契機に、関係者が住民同士で合意形成をはかる常設型の住民参加の機会を求めるうごきも生じた。こうした動向の延長線で、中野区特別区制度調査会の答申『特別区の制度とその運営について』が地・住構想の外郭を示している。

この答申を受けたのち、中野区行政は庁内で検討を重ね、区内に 15 の住区を設定して体制が整ったところから随時、住区協議会および地域センターを設置していった。住区ごとで時期的なずれも生じたが、こうして 1970 年代後半から 1980 年代前半にかけて住区づくりが進んだのである。

もっとも、時間が経つにつれて、大半の住区協議会では理想と現実のずれが生じた。そもそも、地・住構想が作られる時期と重複する 1971 年 1 月に、中野区補助金等検討協議会が答申を示し、中野区行政はこれを受けて町内会[11] への補助金を整理した経緯がある。そのため、町内会関係者からは「地・住構想は町内会つぶしが目的ではないか」との反発が生じ、多くの住区ではスタート時から町内会と住区協議会とのあいだに軋轢が生じてしまった。

また、構想が推移するなかで、多くの住区協議会で地縁組織の関係者が委員に就いていたが、彼らの交代が進まずにメンバーが固定化し、高齢化が進んだ。町内会連合会との機能・役割分担も不鮮明で、独自性を示すのに苦労を重ねた。住区協議会は活動を続けるものの認知度があがらず、多くの住民にとっては疎遠な存在のままであった。

結果として、大半の住区協議会は、地域課題に関する協議をふまえて中野区行政に政策提案する段階にまでは発展しなかった。たしかに、一部の住区協議会は提案活動も試みたが、提案を受ける中野区行政がなかなか回答を示さなかったという[12]。住区協議会を通じた住民自治の拡充に関しては、中野区行政の対応にこれを制約する一端を垣間見ることができよう。実際に、住区協議会の活動意欲が減退してしまった場合もみられた。

このような地・住構想は、2002 年に転機を迎える。同年に新たに就任し

た田中大輔区長は、住区協議会の代表性に繰り返し疑問を投げかけ、地・住構想を中核に据えた「参加による区政」からの決別を宣言したのである。最終的に2006年、中野区行政が住区協議会に関する事務を取り扱う根拠規定であった「住区協議会事務取扱要領」を庁内判断で廃止している。各地域センターの担当職員は、連絡調整や会議録作成といった協議会活動の支援機能を終了したのである。この時点から、各住区協議会は住区内の任意団体の位置づけとなり、地・住構想は実質的に終焉を迎えた。

2-3　住区協議会の反応

　もっとも、各住区の動向をつぶさに観察してみると、後述のとおり熱心に活動した住区協議会と、そうならなかった協議会の存在が確認される。また、構想が廃止となった2006年以降は、解散した住区協議会もあれば、存続していた協議会もある。このことは、活動を通じて住民自治の拡充をめざした協議会と、そのようにはならなかった協議会が見受けられる事実を意味しよう。分析単位を15住区の現場に落とした場合、総論とはちがう姿がみえてくるのである。

　以下では、協議会活動が停滞した事例として野方住区協議会を、熱心に協議会活動を展開した事例として江古田住区協議会を取り上げ、比較・考察を進める。双方の協議会を検討対象とするのは、15の住区協議会のなかで当時の活動を知る資料が豊富に残されていること、実際の協議会活動に携わった当事者の証言が得られたこと、に由来する。そこで、それぞれの住区協議会が「どのような経緯で設置されたのか」「どのような属性の委員が協議会活動を主導したのか」「協議会の運営や活動内容は経年的に変化したのか」「地・住構想の廃止に対してどのように向き合ったのか」を中心にみていく。そのうえで、本書における3つの分析視点（マネジメント、パートナーシップ、エンパワーメント）から検証し、ふたつの協議会の比較・考察を進めたい。

58

3 野方住区協議会とその実践

3-1 野方住区協議会の発足

　野方住区は中野区のやや北部に位置するエリアで、人口が約 3 万 8,500 人、世帯数が約 2 万 3,000 世帯、面積が約 1.8 ㎢である (2015 年国勢調査)。新青梅街道と西武新宿線が東西に、環状 7 号線が南北に住区内を貫いている。また、西武新宿線野方駅が住区の中心部に位置し、駅周辺の商店街は現在も活気に満ちている。

　この野方住区の協議会づくりは、1978 年 5 月に野方出張所が野方地域センターへと移行し、地・住構想の実践にむけた体制整備がはじまったことに端を発する。すでに他の住区で住区協議会が発足していたこともあり、野方地域センターの職員が地域活動に取り組む住民有志にはたらきかけ、「野方地域センターを考える会」が結成された。この考える会が意見交換を進め、1980 年 3 月には野方住区でも住区協議会を立ち上げることに決め、各団体に参加を呼びかけて同年 6 月に今度は野方住区協議会準備会が発足した。

　この準備会はその後、地・住構想の趣旨を確認しながら、野方住区協議会の規約づくりや運営方針の調整を進めた。この規約における野方住区協議会の位置づけは、あくまでも「民主的な話し合いの場」であった。1982 年 9 月には委員の応募を実施し、ようやく 1983 年 3 月に 49 名から構成される野方住区協議会が発足している。

　こうした一連の過程でポイントとなるのは、以下の 2 点である。第一は、野方住区協議会が発足にいたるまでに地縁組織の関係者が主導的な役割を果たしてきた、という点である。考える会に参加した住民有志は町内会をはじめとする地域活動に携わる面々であり、準備会の段階でも地縁組織の関係者がメンバーの多くを占めていた。このような事情が、のちに野方住区協議会の性格を大きく左右することになる。

　第二は、野方住区協議会は必ずしも住民の求めに応じて発足したわけではなかった、という点である。むしろ、地縁組織の関係者には住区協議会に消

極的な立場を取る者も多く ¹³、協議会の発足が全 15 住区のなかで最も遅れた。ただ、ほかの住区で協議会の設立が進んだために野方住区のみ発足しないわけにもいかず、また一部の女性グループの求めもあって発足している。この局面では、協議会設置の賛成派と反対派の双方が折り合いをつけるために、反対派のリーダーであった町内会関係者の代表が協議会の運営委員長に就任した事態も生じている。この事情もまた、のちに野方住区協議会の性格を強く規定することになる。

3-2　野方住区協議会の活動展開

　野方住区協議会は発足後に運営委員会を組織し、役員体制を固めた。そこで中心的な役割を果たしたのが、考える会から準備会まで協議会づくりを主導した地縁組織の関係者であった。このことは、野方住区協議会の活動は当初から地縁組織の活動との棲み分けが不鮮明な状態ではじまった経緯を意味する。

　野方住区協議会は地縁組織の関係者が中心の役員体制のもと、1983 年から 2007 年までの 12 期・24 年間にわたり活動を続けた。このうち、発足当初の第 1 期（1983 年～ 1985 年）には、協議会内に環境部会・教育部会・福祉部会の 3 つを設置し、部会ごとに住区要望をとりまとめて中野区行政に提示している。その内容は、地域センター・区民ホールの整備、北原児童館と学童クラブの建設整備、環状 7 号線沿道の騒音・振動の防止対策などであり、野方地区の町内会連合会の要望活動とおよそ同質だった。

　その後の第 2 期から第 11 期（1985 年～ 2005 年）までのあいだに、野方住区協議会の部会活動の中心は意見交換会および学習会へと移行していった。たとえば、環境部会は関係部局への要望提示やイベント開催に取り組んだ時期もあったが、1990 年代に入ると住区内の環境問題などを学ぶ場へと変容した。教育部会でも一時期は史誌編纂に取り組んだが、当初から活動の中心は野方住区に関する教育問題の話し合いだった。福祉部会においては、「野方の福祉を考える会」（有志による有償ボランティア）の発足までは精力的に準備や調

60

整をこなしたが、この会の発足以降は野方住区における高齢者問題や福祉施設問題に関する意見交換が主たる活動となった。結果として、野方住区協議会はしだいに「活動を協議の場に自己限定する住区協議会」[14] となっていった。しかも、日ごろの活動では、いずれの部会とも住区の住民との接点はほとんど持たなかったのである。

ここで注目したいのは、以下の2点である。第一に、野方住区協議会が活動した一連の過程で、発足当初から同一人物が運営委員長を務め続けるとともに、地縁組織の関係者が運営委員会を実質的に動かしてきた、という点である。この委員長は野方住区でさまざまな地縁組織に携わり、その大半で会長職に就き、熱心に活動した人物であった。考える会の結成当時の中心メンバーでもあり、のちに東京都町会連合会会長や全国自治連合会副会長まで務めている。委員間の事前の調整、運営委員会の取り仕切り、地域センター担当職員との折衝など、彼は住区協議会活動のさまざまな局面でイニシアティブを発揮し続けたといわれる[15]。彼が町内会関係者の代表として野方住区協議会の設置に反対したものの、結果的には設置を受け入れる一方で自らが運営委員長に就いた経緯は、先に触れたとおりである。

第二に、その結果として、野方住区協議会の運営は地縁組織の関係者の意向に大きく左右され、協議会は独自性を発揮できなかった、という点である。たとえば、毎期に新規委員を選出するが、多くの場合に地縁組織の関係者の意向に沿った人物が就いてきた。この背景には、地縁組織の関係者のあいだには、熱心な活動家が委員に就くと彼らに協議会運営のイニシアティブが握られる不安などが生じたのだろう。このような実態ゆえに、体質の改善を主張した公募委員は活動意欲を削がれ、彼らが委員を続けることはなかった。

このように、一貫して地縁組織の関係者が主導権を握った野方住区協議会は、2006年には地・住構想の廃止を受け、今後のあり方を判断する局面に立つ。このときには、中野区行政からスムーズに情報提供が受けられなくなるとの理由で、一部の委員からは存続を求める声もあがった。しかし、大半の委員は住区協議会の解散に賛同し、野方住区協議会は委員の任期終了まで形式的

に続いたのち、2007 年 3 月末で 24 年間の活動に幕を閉じた。

　現在の野方住区では、地縁組織が地域活動の中心となり、野方地区まつり
をはじめとする親睦活動、野方駅周辺の放置自転車対策といった環境改善活
動に取り組んでいる。いずれにしろ、住区協議会そのものは消滅し、その活
動の面影は見受けられない。

3-3　本書の分析視点からの検証

　こうした一連の協議会活動の推移をふまえ、ここで本書の 3 つの分析視点
から、野方住区協議会の動向を整理しておこう。ここまでみてきたように、
野方住区協議会は当初から地縁組織の関係者が住区協議会の運営を主導し、
協議会としての独自性を発揮するのが困難であった。その起源は、地・住構
想そのものを導入する際に生じた、補助金整理をめぐる地縁組織との軋轢の
発生にあった。24 年にわたる協議会活動では、いずれの部会も学習会や意
見交換が主たる内容となってきた。地・住構想の廃止という局面では、一部
の委員からは存続を求める声が上がったものの、大半の委員は協議会の解散
に反対することなく、中野区行政の判断を受け入れている。

　こうした野方住区協議会のマネジメントに関しては、野方住区内の地縁組
織の関係者が協議会運営の中心であり続けた点を指摘することができる。と
りわけ、地縁組織の代表者の存在は大きく、彼に関していうと、野方住区は
もちろんのこと、中野区内全域にわたって影響力を持っていた。このような
リーダーの存在が、必ずしも町内会連合会とは代わり映えがないという、野
方住区協議会の活動のあり方を規定していった。部会活動に関しても、主に
地縁組織の関係者の意向が反映され、しだいに意見交換が中心となった。も
ちろん、こうした活動にも一定の意義を見出すことはできる。ただ、地・住
構想が当初に想定していた中野区行政への提案活動などのうごきは、みられ
なかった。

　また、パートナーシップについては、住区協議会の内外で活動するボラン
ティア団体、さらには 1990 年代後半から広がりを見せた NPO 法人などとの

関係は、把握されない。もちろん、そもそも市民協働の潮流自体が 1990 年代から始まるわけで、地・住構想が始まった 1980 年代にはパートナーシップという発想自体が浸透していなかった点には留意を要する。それでも、野方住区内で活動する市民活動団体等との連携可能性がないわけではなかっただろうし、必要であれば野方住区の外で活動する多様な団体と関わることもできただろう。しかし、野方住区協議会は地縁組織の関係者を中心とする運営が続き、連携・協働の必要性も生まれず、パートナーシップを基盤とする何らかの活動の形跡は把握できない。

　エンパワーメントに関しては、中野区行政の側が地・住構想の導入を進めた経緯もあり、協議会づくりの局面では各種の連絡調整の役割を担った。ただ、協議会の活動が始まって以降に、中野区行政として何か活動を後押しする独自の対応を展開したわけではなかった。野方地域センターとしても、協議会の各種会議に関連する業務は担当するが、それ以上のうごきはみられなかった。そもそも、これは野方地域センターに限った話ではないが、1980 年代当時、行政による住民へのエンパワーメントという発想は浸透していなかった。また、今日のようなワークショップの企画・開催、さらには会議のファシリテーターとしての技能発揮など、具体的なノウハウの蓄積に乏しかった。そのため、当時の中野区行政としては、どのように協議会活動に関わるかという点で、試行錯誤を重ねていたのだった。

4　江古田住区協議会とその実践

4-1　江古田住区協議会の発足

　江古田住区は中野区の北東部に位置し、人口が約 2 万 2,800 人、世帯数が約 1 万 2,300 世帯、面積が 1.44 k㎡ となっている（2015 年国勢調査）。住区内ではないが、徒歩圏内にいくつかの鉄道路線の駅が位置しており、交通の利便性が高い。また、「江古田の森公園」という大きな公園もあり、良好な住環境が保たれている。

　地・住構想がはじまる以前に、この地域では江原小学校の建替問題が生じ、学校・PTA・近隣住民のあいだで利害が衝突する事態が生じている。1970 年には、狭隘な校庭の一部に幼稚園を建設する計画が持ち上がったが、PTA 関係者が反対運動を繰り返して白紙にさせた。その後、1972 年には新たに校舎改築計画が持ち上がり、このときにはいったん PTA 関係者の要望を汲んだ校舎改築基本計画案が受け入れられたが、のちに周辺住民と PTA との意向が対立して最終的に周辺住民に配慮した校舎改築となった。

　こうした経緯もあり、この地域では当初からさまざまな立場の住民が集い、地域の問題を協議する場の設置がのぞまれていた。その後、地・住構想の話が持ち上がり、江古田住区でも住区協議会の発足にむけた準備を進めていくことになった。1981 年 1 月には、地縁組織・商店会・PTA などの関係者などが集まり、「江古田住区協議会準備会設立のための世話人会」がスタートしている。この世話人会は中野区行政の担当者と地・住構想の内容についての意見交換を進めていった。同年 5 月には、世話人会として江古田住区の多くの団体や個人に呼びかけ、46 名の参加を得て江古田住区協議会準備会を結成している。さらに、この準備会が 1 年にわたり規約づくりや委員選任について協議を繰り返した。最終的には 1982 年 6 月に、124 名が参加して江古田住区協議会が発足した。初代の会長には町内会関係者が就いたが、委員の属性は地縁組織・PTA・商店会・消費者団体などの関係者のほか、公募委員もいて多岐にわたった。

　ここで留意したいのは、以下の 2 点である。第一は、江古田住区協議会が発足するまでの過程では、野方住区のように地縁組織の関係者のみが主導するのではなく、商店会関係者や PTA 関係者なども議論に加わっていた点である。江古田住区でも野方住区と同様に、地域センター職員の求めに応じて有志の会を立ち上げ、その後に準備会を経て協議会を発足させる手順を踏んでいる。ただ、一連の過程では、協議に加わっていた当事者は自らの所属団体の事情はあるものの、対等な立場での議論を心がけたという[16]。

　第二は、江古田住区では住区協議会が発足する以前に、地域社会のさまざ

まな主体が集い、地域内の問題状況への対応を協議する場の設置を求める機運が高まっていた、という点である。先にみたとおり、地・住構想がスタートする前段階で江原小学校の建替問題を経験しており、そのような状況下で持ち上がった地・住構想、そして住区協議会の設置は、まさに地域のニーズに即したうごきであった。

4-2 江古田住区協議会の活動展開

　発足後の江古田住区協議会は、はじめの 3 年間（第 1 期〜第 3 期、1982 年〜1985 年）は紆余曲折を繰り返し、手探りの状態が続いた。当面の活動の中心は、委員で議論を積み重ね、委員数の多さゆえに課題別委員会を設置するなど活動基盤を形成することにあった。他方で、江古田地域センターの担当職員も、連絡調整、活動場所の提供、会議録の作成、地域ニュースの発行という役割に徹し、個別具体の活動内容については指南しなかった。

　もっとも、江古田住区協議会ではしだいに町内会関係者とそれ以外の委員とのあいだで意見のちがいも表面化した。というのも、話し合いに終始する協議会に対して、町内会関係者が疑問を抱くようになったからである。他方で、それ以外の委員には、「地域の合意形成の場」という地・住構想の理念をふまえ、委員同士の話し合いを主たる活動と認識する者も少なくなかった。結果的には、町内会関係者は協議会から離れ、江古田住区協議会は町内会との役割分担が進むことになる。

　ただ、こうしたうごきもあり、協議会委員には具体的な活動を実践する機運が高まった事実もある。会議では「話し合いによって課題がみえてきたのだから、その解決にも着手すべきではないか」という声もあがった。そこで、第 4 期以降（1985 年〜）は、主にふたつの活動を展開している。

　ひとつは、中野区行政への提案活動である。江古田住区協議会ではそれまで、地域図書館やみずの塔ふれあいの家（児童館機能と老人会館機能を併せ持った複合施設）など、住区内で新たな施設の建設計画が持ち上がったときには、機能・内容に関する意見書を提出してきた経緯がある。第 4 期以降には、

江古田住区協議会は江原小学校の予備教室を活用して生涯学習の拠点とした「江原キャンパス」の開設、老人福祉施設である「松が丘シニアプラザ」の建設では、協議会の意向を積極的に伝達している。また、中野区行政からこのような施設の計画案が提示された段階では協議会の対案を取りまとめ、その反映を促した。施設のオープン後にも協議会委員が運営委員に就くなどし、積極的に施設運営にも関わった。

　ふたつは、住区協議会での話し合いをふまえた、地域活動である。たとえば、住区協議会の認知度向上や協議会活動への参加者拡大を意図した寄席の定期開催がある。また、寄席の運営をはじめ、協議会として活動するための資金を確保するためにはじめた「リサイクル市」（フリーマーケット）の定期開催もある。住区協議会が主催者となり、2カ月に1回のペースで開催を続けたこのイベントは、収益を中野区社会福祉協議会への寄付などに役立てた。さらに、江古田図書館における「おしゃべり講座」の開催にも取り組んだ。「自分たちが要望を反映させて造られた図書館なのだから、住区協議会としてもその運営に積極的に関わっていく必要がある」という理念のもと、住区協議会の委員が図書館職員と連携して、毎回の企画と運営を担当してきたのである。

　ここで注目したいのは、以下の2点である。第一に、江古田住区協議会として中野区行政に対して積極的に提案活動を進めたが、その性格が町内会連合会による陳情活動とは異なっていた点である。協議会に参加するさまざまな主体が協議した内容を基盤に提案を行ない、施設が整備された段階ではその運営にも携わった。単なる陳情活動にとどまらず、多様な主体同士の調整をふまえて、ときには具体的な対案を示していった。

　第二に、江古田住区協議会では町内会関係者が協議会活動から離れた結果、町内会活動と協議会活動のあいだに役割分担が生じ、双方の活動が推移した点である。たしかに、町内会関係者とそれ以外の委員とで意見のちがいが表面化したのは事実であった。しかし、その後は相互に正面から衝突することなく、役割分担するかたちでともに江古田住区の発展につとめた。当時に地縁組織と協議会の双方で活動に携わった委員によると、お互いに活動を尊重

66

し、妨害をすることはなかったという¹⁷。結果として、住区協議会が地縁組
織の関係者に包摂され、活動が抑制されてしまう事態は生じなかった。むし
ろ、住区の住民生活に寄与する施設運営や催事開催に取り組むことで、住区
協議会として独自性を発揮し続けた。

　このような状況のなか、2006年には地・住構想の廃止が決まり、江古田
住区協議会もその後の対応を迫られることとなった。当時の江古田住区協議
会の主たる活動はリサイクル市とおしゃべり講座の運営にあったが、いずれ
も地・住構想の廃止による影響は特にみられなかった。ともに地域センター
のあり方に左右される内容ではなかったからである。

　たしかに、地域センターの職員が担当してきた協議会活動の広報チラシを
中野区の街頭掲示板に掲示する作業は、江古田住区協議会の委員が自ら担当
しなければならなくなったなどの変化はあった。しかし、構想廃止後にも、
たとえば地域センターが発行する広報誌（江古田地域ニュース）にも協議会活
動の情報は以前と変わらず掲載されており、活動に支障が生じたわけではな
い。結果として構想廃止後も、主にふたつの協議会活動を継続していった。
ひとつは毎月の定例全体会であり、その時々に中野区や江古田住区で問題と
なっているテーマについて、区の担当者や議員を招いて説明を受け、参加者
で意見交換している。ふたつはイベントや講座の開催であり、リサイクル市
やおしゃべり講座の企画・運営であった。

　ちなみに、江古田住区に限った話ではないが、区内の地域センターは
2011年度より区民活動センターへと移行している。現在は自治会・町内会
といった地縁組織の関係者が参加する区民活動センター運営委員会が存在し、
ここが地域行事の実施などを担っている。

4-3　本書の分析視点からの検証

　ここまでみてきた江古田住区協議会の変遷をふまえ、ここで本書の3つの
分析視点に沿って、あらためて協議会活動をみていこう。江古田住区では、
もともと住民同士で地域の問題を話し合う場が求められており、そうしたな

かで住区協議会の設置が進んでいった。協議会活動の過程では、町内会関係
者は離れていったものの、江古田住区協議会と町内会連合会とが対立するこ
とはなく、お互いの立場と活動を尊重し合いながら、役割分担するかたちで
継続していった。地・住構想の廃止の局面でも、もともと地域センターに依
存することなく、協議会の参加者自身で活動を担ってきたので特段の影響を
受けることもなく、廃止後も協議会活動を継続させた。

　このような江古田住区協議会のマネジメントに関しては、委員の属性に偏
向があるわけではなく、さまざまな立場の者が活動に参加していった点を指
摘することができる。活動自体も当初は意見交換であったが、しだいにリサ
イクル市やおしゃべり講座のような取り組みを進めていった。とりわけリサ
イクル市に関していうと、協議会の活動資金を確保するねらいもあり、今日
の協議会型住民自治組織に要請される自主財源確保の先駆けともいえよう。
同時に、住区内での施設建設等があった場合には、中野区行政に対して意見
陳述や提案活動も担っており、この点でいうと江古田住区協議会は地・住構
想が想定していた活動を体現していた。

　また、パートナーシップについては、リサイクル市やおしゃべり講座を開
催するなかで、当然ながらさまざまな団体との連携・協働が進んでいった。
リサイクル市の開催では、会場の確保、事前の宣伝、当日の運営などにおいて、
地域センターや中野区社会福祉協議会などとの関わりがあった。また、おしゃ
べり講座に関しても同様で、江古田図書館の協力によって毎回の会場を確保
し、事前に図書館職員と時間をかけて内容の検討を重ねてきた。広報に関し
ても、江古田地域センターや江古田図書館の協力を得て、江古田地域ニュー
スなどに情報を掲載してきた。このようにみると、江古田住区協議会はパー
トナーシップや市民協働の概念が広く浸透する以前の段階から、率先してこ
れらを実践してきたことがわかる。

　もっとも、エンパワーメントに関しては、上記の野方住区協議会と同様に、
必ずしも具体的なノウハウが当時の中野区行政に蓄積されてはいなかった。
ただし、だからといって江古田地域センターが何も対応していなかったわけ

ではなく、上記のリサイクル市やおしゃべり講座の情報を江古田地域ニュースに掲載する対応がみられた。おしゃべり講座に関しては、江古田図書館がこうした協議会委員による本の読み聞かせの機会を提供していた。江古田住区協議会の委員が自ら読み聞かせの場づくりを望み、その意向を受けて実際に場を設定するというのは、行政による住民へのエンパワーメントのひとつのかたちでもあった。もちろん、江古田住区協議会の委員たちは、地域センターの職員に依存することはなく、各種の活動はできる限り協議会委員で対応するようにつとめてきたのはいうまでもない。

5　比較と考察

5-1　2事例の比較

　ここまでみてきたふたつの協議会のちがいをまとめると、**表2-1**のとおりとなろう。野方住区では地域の側からは特段の求めがないなかで、住区協議会の設置が進んだ。その過程では地縁組織の関係者が主導し、協議会が発足する前段階で彼らを中心とする運営体質が醸成されていった。実際に協議会活動がスタートしたのちは、地縁組織の関係者が運営の中核を担い、活動もしだいに内輪での意見交換や学習会へと傾斜していった。結果として、野方住区において地域社会とのつながりを深められず、地域に根ざした協議会とはなりえなかった。中野区行政の判断で地・住構想が廃止となった段階では、大きな反対のうごきも生じず、24年間の活動を終えている。

　他方、江古田住区ではもともと小学校の建替問題があり、住民同士が話し合いを行なう場が地域の側から要請されていた。住区協議会の設置はそうした状況のもとで進んでいった。その過程では地縁組織の関係者のみならず、商店会関係者やPTA関係者など地域で活動する多様な主体が協議を積み重ね、発足にむけた準備に取り組んだ。実際に発足した江古田住区協議会は、途中で町内会関係者が離れたものの、さまざまな立場の者が活動に関わった。中野区行政に対しては協議会としての提案を行ない、地域事情に即した施設

表2-1　ふたつの協議会の比較

	野方住区協議会	江古田住区協議会
設立の経緯	ほかの住区での住区協議会の設立のうごきを受けて設立	住民同士で地域の問題について協議する場が求められて設立
主導者	協議会の発足以前から、常に地縁組織の関係者が主導	協議会の発足以前から、さまざまな主体が参加して協議を積み重ね
運営の推移	地縁組織の関係者が中心となり、内向きの協議会運営を継続	町内会と役割分担する一方、多様な主体が協議会運営に関与
廃止の対応	大きな反対運動は生じず、中野区の方針にしたがってそのまま解散	公共施設の運営への参加や催事の開催を継続
マネジメント	・地縁組織の関係者による協議会運営 ・部会活動は地縁組織の意向を反映して意見交換が中心 ・中野区行政への提案活動はなし	・当初は意見交換が中心だが、のちにリサイクル市やおしゃべり講座を展開 ・リサイクル市では活動資金を確保 ・行政への意見陳述や提案活動を展開
パートナーシップ	住区内外の団体との関係構築はなし	リサイクル市やおしゃべり講座の開催でさまざまな団体との連携・協働（企画、会場、宣伝、運営）
エンパワーメント	他の地域センターと同様に、協議会の各種会議に関する業務を担当する程度	・地域ニュースに協議会活動を掲載 ・地域センターとして協議会の委員が活動できる機会を設定

筆者作成

整備を実現させてその運営にも積極的に携わった。同時に、催事の開催を担うことで住区の生活環境の向上をめざし、住民とのつながりも深めた。2006年には地・住構想が廃止されたが、協議会は解散することなく活動を続けた。こうした経過からは、協議会として独自性を発揮し、さまざまな成果をあげてきた実績が把握される。

　協議会の活動や組織のマネジメントに関しては、野方住区協議会は地縁組織の関係者の存在が大きく、彼らの影響が長年にわたり継続した。部会活動でもこうした事情は変わらず、主たる内容は意見交換であった。また、当初の地・住構想が描いていた中野区行政への提案活動は行なわれることはなく、陳情活動が中心となった。他方で江古田住区協議会は委員構成で多様性がみ

られ、むしろ地縁組織とは役割分担するかたちで活動が推移していった。リサイクル市とおしゃべり講座というふたつの活動を軸とし、特に前者を通じて自主財源を確保して活動の継続につとめた。あわせて、新たな施設建設の際などには、中野区行政への提案活動も担っていった。このようにみると、住区協議会の設置当初はすべてが初めての経験だったので、野方住区協議会も江古田住区協議会も、ともに試行錯誤を重ねたが、時間を経るうちにマネジメントにちがいが生じていったことがわかる。

　他方で、パートナーシップに関しては、上記で触れたとおり、住区協議会の活動が始まった1980年代はこうした概念はまだ広くは浸透しておらず、野方住区協議会は地縁組織の関係者を中心に活動を重ねた。換言するならば、野方住区の内外の市民活動団体等との連携はみられなかったのであった。こうした事情は江古田住区協議会にも共通するところもあるが、リサイクル市やおしゃべり講座といった活動においては、江古田地域センターはもちろん、中野区社会福祉協議会や江古田図書館との連携・協働関係の構築がみられた。これを基盤として、江古田住区協議会は長年にわたりリサイクル市やおしゃべり講座を継続してきたのである。

　エンパワーメントに関しても、当時はこの概念自体が広くは知られていないという時期で、野方地域センターは野方住区協議会に対して各種会議の業務を担当するかたちで関わる程度であった。他方で、江古田地域センターについては、江古田住区協議会がリサイクル市やおしゃべり講座を開催する過程で、こうした場づくりをともに考え、設置に尽力した経緯がある。また、地域ニュースに住区協議会の活動を掲載することで、江古田住区内での協議会活動の発信や浸透を支える役割を果たしてきたとみることもできよう。

　このようにみてみると、野方住区協議会と江古田住区協議会とでは、地・住構想という同じ制度的な枠組みにおいて、協議会活動を展開してきたわけだが、その性質と内容に大きなちがいが生じていたことがわかる。

5-2　考　察

　ここまでの野方住区協議会と江古田住区協議会の比較からは、協議会活動に影響を与える要件として、以下の2点を抽出することができる。

　第一は、「町内会との関係のあり方」である。野方住区協議会では考える会の時点から地縁組織の関係者、なかでも町内会関係者が主導し、発足後も運営委員長は24年にわたって同一人物がつとめてきた。このような運営体制であったために、協議会はおよそ地縁組織と変わらない性格に陥り、独自性が発揮されなかった。ときにはこのような体質の協議会を変えたいという思いを抱く委員が問題提起することもあったが、実らなかった。他方、江古田住区協議会ではそのような状況にはなく、世話人会から準備会にいたる段階では地縁組織の関係者のみならず、商店会関係者やPTA関係者も積極的に意見し、多様な主体による協議会運営をめざした。発足後は町内会関係者が活動から離れる事態も生じたが、双方の役割分担が進み、協議会としても住区の問題に関する利害調整や合意形成を担っていった。そのため、協議会の運営とその活動を町内会関係者が主導し、町内会連合会と住区協議会との区別がつかなくなるようなことはなかった。

　第二には、「地域内のニーズ」である。野方住区では地・住構想が持ち上がったとき、町内会関係者を中心に住区協議会への疑問が噴出した経緯がある。すでに町内会が地域社会で多くの役割を果たし、住区協議会を設立する必要はないとの意見が多数を占めたからである。しかし、他の住区で協議会が次々と立ち上がり、やむなく発足させている。換言すると、ニーズがあるなかで協議会がスタートしたわけではなかったのである。他方、江古田住区では江原小学校の建替問題に代表されるように、住区協議会を発足させてさまざまな問題を協議し、住区を改善していく機運が高まっていた。住民同士が多様な問題を協議する機会が求められていたなかで、協議会づくりが進んでいったのである。このように元来ニーズが高かった江古田住区では、発足後の協議会活動は上記のとおり一定の成果をあげてきた。

　ここまでの内容からも明らかなように、地域社会の問題を検討するにあ

たっては、すでに幅広い領域で活動している既存の地縁組織、とりわけ町内会の存在を抜きには考えられない[18]。実際に、本章でもみてきたとおり、現在の野方住区では町内会を中心とする地縁組織の関係者が放置自転車対策など生活環境の改善にむけたさまざまな取り組みを展開している事実もある。そうであるならば、協議会型住民自治組織が活動していくうえでは、町内会との関係のあり方を整理しておく必要がある。

　協議会型住民自治組織と町内会との関係に関しては、たとえば町内会連合会を協議会型住民自治組織の中核に据えつつ多様な主体の参加を促し、既存の町内会体制の改変していくかたちが考えられる。あるいは、町内会連合会もひとつの主体として協議会に参加し、そこでの多様な主体同士の水平的な調整や情報共有を個々の主体の活動に活かしていくかたちもありうる。協議会そのものをどのように位置づけ、どのような機能・役割を持たせ、双方の関係をどのような形態とするかは、地域ごとの事情に由来しよう。

6　大都市における協議会型住民自治組織のこれから

　本章での検討をふまえ、最後に大都市の協議会型住民自治組織の方向性として、以下の2点に触れておきたい。第一は、協議会に参加する主体はそれぞれ、自らの現状を丹念に把握・整理する必要がある、という点である。その際、可能な限り活動内容の「見える化」に取り組むとともに、自らの強みと弱みを整理しておくことが求められる。主体間の強みと弱みが明確化されることで、連携の深化が期待できるからである。町内会に代表される地縁組織に関していうと、担い手の高齢化や後継者不足などに直面し、持続可能性に乏しい。地縁組織の関係者にはこのような実態について、数値データなどを用いて真正面から把握する姿勢を持つことが要請される。客観的に自らの現状を知り、改善が求められている状況を認識することが連携の土壌を育む契機となろう。

　第二は、多様な主体が携わる協議会型住民自治組織の特徴をふまえ、参加

者同士が互いの特性を理解し、相互に尊重し合う体質づくりが求められる、という点である。地縁組織と市民活動団体の双方には、さまざまな活動原理や体質のちがいがあるといわれる[19]。たとえば、地縁組織は活動範囲が限定的である一方、市民活動団体は必要に応じて活動範囲を拡張させる場合がある。また、地縁組織は行政補完的・協力的な姿勢を取る場合が多い一方、市民活動団体は自らのミッションを貫いてときに行政と対立的な姿勢をみせるかもしれない。こうしたちがいがときに双方のあいだに緊張関係を生むことになる。

　大都市の地域社会の実相は、極めて複雑といえる。本章における野方住区のように伝統的に地縁組織の活動が盛んなところでは、市民活動団体が協議会への参加の意向を有しても、相互の歩み寄りは困難を極めるものと推察される。しかし、繰り返しになるが、地縁組織を取り巻く状況は厳しさを増し、持続可能性が問われている。旧来の自治体行政と町内会との相互依存関係は今日、もはや行き詰まりをみせている。

　本章でここまで扱ってきた協議会型住民自治組織は、大都市の地域社会の特性でもある多様性を活かし、運営と活動のあり方しだいでは状況の改善を推し進める可能性を持つ。そもそも、地域課題の解決を通じて、よりよい生活環境を獲得したいという意向は、地縁組織と市民活動団体の双方に共通する。重要なのは、相互補完の関係を構築しうる可能性を有している点をいかにして浸透させるかであろう。そこで当面は、自治体行政による協議会型住民自治組織への支援が要請される。今日では中野区の地域センターのように、自治体行政としての対応を連絡調整や情報提供に限定していては、多くの場合、大都市における協議会型住民自治組織の展望の具現化には困難がともなう。

　これからの自治体行政に求められる役割のひとつに、ネットワーク管理がある[20]。本章に関連づけると、協議会型住民自治組織に携わる主体間のネットワークをよりよい方向に調整・維持していく役割が当面は期待されよう。ただ、一連の対応において、自治体行政として協議会型住民自治組織の活動内容を逐一指南していては、協議会の主体性がいつまでも高まらないおそれ

がある。また、大都市自治体の行政組織ゆえに、協議会型住民自治組織の担
当部署と地縁組織の担当部署とのあいだで、庁内の水平的調整が図られない
場合も想定される。こうした事態は協議会と町内会との連携を阻害しかねな
いゆえに、回避する必要があろう。

　主体間の連携が進んで活動も安定した段階では、協議会が自ら事務局機
能（連絡調整、情報発信、活動資金の調達・管理などを担当）を整え、自立への道
を歩むことがのぞましい。大都市の協議会型住民自治組織が活動を継続させ、
実践を積み重ねることで、これからの時代の地域自治の方途が開かれよう。

注

1　長野・杉崎 2011：380
2　第 30 次地方制度調査会 2013：8-9
3　革新自治体に関しては、岡田 2016 が参考になる。
4　当時の武蔵野市の動向に関しては、佐藤 1972：296-315 を参照。
5　革新自治体の隆盛と退潮に関しては、土山 2007：149-193 が参考になる。
6　中野区 1987：143-147
7　同上。
8　同上：135-140
9　地・住構想の原点といわれる中野区特別区制度調査会の答申『特別区の制度と
　その運営について』(1974 年 4 月) も、「区民が一定地域の共通問題の解決策を、
　自らの手で、あるいは区政担当者と共同して作成し、それを区の施策の一環と
　して実現することができなければならない」(東京都中野区特別区制度調査会
　1974 の文面より) と謳っていた。
10　江藤 1998：122
11　中野区では町内会のことを「町会」と呼んでいるが、本章においては全体をと
　おして「町内会」という表記を用いる。
12　細木 2002：31
13　この背景には、先述した中野区行政による補助金整理のうごきがあった。実
　際に、野方住区ではこの話が表面化した際に、町内会こそが地域の主たる担い
　手であり、そうした事情もふまえずに補助金を整理するのはおかしいとの声が
　上がったという（野方住区協議会の元委員へのヒアリング調査による（2012 年 12

月、於・中野区東山高齢者会館))。

14　江藤 1998：133

15　野方住区協議会の元委員へのヒアリング調査による (2012 年 12 月、於・中野区東山高齢者会館)。

16　江古田住区協議会の委員へのヒアリング調査による (2011 年 6 月、於・中野区江古田地域センター)。

17　同上。

18　大石田 2009：65

19　今里 2003：169-170

20　真山 2011：603-626

第3章　平成の大合併への対応と自治体内分権

　2000年代に入ると、わが国では平成の大合併が本格化し、市町村数が大きく減少した。こうしたなかで地域自治組織への関心が高まり、地域自治区制度も導入された。本章では、地方自治法に基づく地域自治区制度の動向に注目し、合併に合わせてこのしくみを導入した甲州市と豊田市の2市における地域協議会のうごきを検証していく。

1　平成の大合併の潮流

　わが国では、1999年から始まった平成の大合併により、市町村数は大幅に減少した。1999年3月末時点で全市町村数は3,232（市：670、町：1,994、村：568）であったが、2020年3月末現在では1,718（市：792、町：743、村：183）となっている。市町村数の減少に関しては、2005年度末までに配置分合の申請をした場合、合併特例債の発行が認められるなど、国からの一定の財政措置もあった。そのため、**図3-1**にあるように、とりわけ2004年度から2005年度にかけて合併件数が増加している。

　このように、わが国で合併が大きく進んだ背景には、ふたつの議論の存在が指摘できる。第一は、地方分権のながれのなかで、権限移譲の受け皿としての基礎自治体の基盤を強化していくという「受け皿論」である。第二は、合併により自治体財政の効率化を進め、悪化の一途をたどる自治体の財政状況を改善するという「財政健全化論」であった。もっとも、こうした議論の

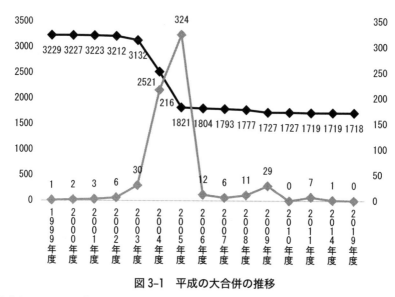

図 3-1　平成の大合併の推移

総務省ホームページ「H11.3.31 以降の市町村数の推移」「市町村数の推移表 (詳細版)」の数値を基に筆者作成。2020 年 3 月閲覧。https://www.soumu.go.jp/main_content/000651403.pdf

一方で、合併推進に政治的な事情が存在した点には、留意する必要があろう[1]。

　総務省はその後、『「平成の合併」について』という報告書を公表し、合併特例法の期限である 2010 年 3 月をもって、全国的な合併推進に一定の区切りをつけると言明した[2]。これは、一連の進捗状況をふまえた事実上の合併終息宣言であり、全国の基礎自治体はその後、ポスト合併時代における自治体運営のあり方が問われることとなった。

　本書の主眼である自治体内分権に関していうと、地域分権は地域のさまざまな活動と関わりを持つ。もっとも、平成の大合併に対しては、まちづくりのビジョンを欠いていたとの指摘もなされる。たしかに、自治体行政は合併期限まで膨大な事務調整に追われ、合併後のまちのあり方を展望するまでにいたらなかったケースも多かった。合併前には新市建設計画が作られるが、「コンサルタントに投げたり、抽象的な言葉の羅列に終始してしまった」[3]場

合も数多くみられた。

　身近な地域の活動は多様な領域で展開され、活動主体・活動規模・活動範囲・活動期間もさまざまである。一方で、自治体行政からの活動助成金を受給する、自治体行政が設置した活動スペースを利用するなど、自治体行政との関係を持つ場合も少なくない。そうであるならば、地域活動にも合併による影響が及びうることは容易に想像できる。極端な場合、合併後に活動助成金が打ち切られるといったケースもあろう。

　あるいは、合併によってそれまでの役場機能が大幅に縮小するという事態も想定される。市町村合併のねらいのひとつには行政機能の効率化があり、実際に多くの合併自治体では旧役場が支所または出張所へと移行した。当然ながら職員数の減少も進み、平成の大合併が推移していく過程でも地域住民からは「役場が遠くなるのではないか」「住民と行政との距離が拡大するのではないか」との懸念もしばしば示された。地域社会の現場からすると、合併にともなって従来からの役場機能が縮小するという変化はさまざまな局面で影響が大きく、合併による揺らぎのひとつとして理解することができよう。

2　地域自治組織の導入

2-1　地域自治組織の制度化

　地域自治組織に関しては、論者によってとらえ方がさまざまで、明確に定義されているわけではない。ただ、わが国で地域自治組織が注目されるようになった契機は、2003 年 4 月の第 27 次地方制度調査会による『今後の地方自治制度のあり方についての中間報告』の公表に求められるのはたしかである。この中間報告の源流には、序章で触れた日本都市センターによる報告書、あるいは全国市長会の意見書提出などを位置づけることも可能である[4]。ともあれ、明確に「地域自治組織」と謳ったのは、この中間報告が最初であった。

　この中間報告で地域自治組織のあり方が提示された背景には、当時の市町村合併の進捗状況が芳しくないという事情があった。先に確認した図 3-1 か

らもわかるとおり、平成の大合併が始まった当初は、全国的に合併は進まなかったのである。この一因としてしばしば指摘されたのは、とりわけ合併によって編入されうる市町村の住民が「住民と行政の間の距離が拡大してしまうのではないか」「周辺地域の住民の声が合併後の市政に反映されなくなるのではないか」という声をあげていた点であった。そこで、合併推進の姿勢であった当時の政府与党は、第27次地方制度調査会に対してこうした不安を払拭する合併後の地域自治のあり方を検討するように求めた。

　そこで、第27次地方制度調査会は中間報告で、「基礎的自治体には、自治体経営の観点とともに住民自治の観点が重要であり、基礎的自治体における住民自治を強化するために、地域自治組織を基礎的自治体の判断に応じて設置することができる方策を検討する必要がある」[5] という認識を示す。そのうえで、地域自治組織については、法人格を有しない行政区的なタイプ、および法人格を有する特別地方公共団体的なタイプのいずれかを設置可能とし、またいずれのタイプでも、地域住民を代表するミニ議会的な協議機関、および地域内の事務処理を担う地域行政機関の長のふたつを設ける、と明示したのである[6]。その具体的なあり方が、中間報告や2003年11月の『今後の地方自治制度のあり方に関する答申』の公表、およびその後の立法過程を経て2004年5月に制度化された、地域自治区制度や合併特例区制度なのである。

2-2　地域自治区制度の概要

　地域自治区制度とは、旧市町村の範囲など一定の区域において、住民の参加を基盤とする地域協議会、およびその活動を支える自治体行政の事務所（支所などに相当する）から構成される、地域自治活性化のためのしくみである。総務省が提示する地方自治法に基づく地域自治区制度のイメージは、図3-2のとおりとなる。このうち、住民によって構成される地域協議会は「地域の意見のとりまとめ」の役割を担い、「協働活動の要」と位置づけられる。実際に、地域協議会の活動しだいで、制度のあり方が大きく左右される。そのため、地域協議会は制度全体を規定する中核としてとらえられよう。

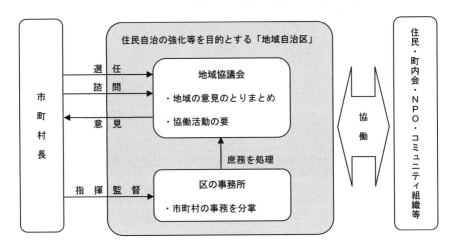

図 3-2　地域自治区制度のイメージ

総務省ホームページ「地域自治区・合併特例区制度」を参照して筆者作成。2020 年 3 月閲覧。
https://www.soumu.go.jp/gapei/seido_gaiyo01.html

　地域協議会には通常、首長らからの諮問に対する答申権、あるいは協議会
の意見を首長らに伝達する意見具申権が付与されている。ただし、制度の中
核である地域協議会の活動を促すねらいから、導入自治体のなかには独自の
しかけを設けている事例もいくつか看取される。たとえば、本章で登場する
豊田市は、地域協議会（豊田市では「地域会議」と呼んでいる）に対して、大きく
ふたつの役割を委ねている。第一は、地域課題の解決や地域活性化に取り組
む団体を支援する「わくわく事業」のなかで、その補助金を申請する団体の
審査を行なう役割である。第二は、地域住民の合意のもとで地域が抱える課
題への対応を豊田市行政に促す「地域予算提案事業」において、地域自治区
としての提案を行なう役割となる。
　なお、こうした地方自治法に基づく地域自治区制度について、合併特例法
に基づく地域自治区制度、および合併特例法に基づく合併特例区制度と相対
させて特徴をまとめると、**表 3-1** のとおりとなる。

表 3-1 ふたつの地域自治区制度と合併特例区制度

	地域自治区（一般）	地域自治区（特例）	合併特例区
設置目的	・住民意向の反映 ・住民と行政の連携強化	・新市町村の事務分掌 ・住民意向の反映	・旧市町村の事務処理 ・住民意向の反映
組織	・協議会：長が区の住民から選任 ・区の事務所：長が選任する事務吏員	・協議会：新市町村長が選任 ・区の長：長による選任、特別職として設置可能	・協議会：新市町村長が選任 ・区の長：新市町村長の選任、特別職
機能	・協議会：区域の重要事項に関し長は意見照会義務、協議会は区域関連事項の意見陳述権 ・区の事務所：市町村の事務分掌	・協議会：区域の重要事項に関し長は意見照会義務、協議会は区域関連事項の意見陳述権 ・区の事務所：市町村の事務分掌	・協議会：予算等重要事項同意権、規約に定める区域の重要事項に関し長は意見照会義務、区域関連事項の意見陳述権 ・区の事務所：区での処理が効果的なもの、及び特に区で必要性がある事務
設置期間	限定なし	合併後一定期間	5 年以内
法人格と根拠法令	・法人格なし ・地方自治法第 202 条の 4	・法人格なし ・合併特例法第 5 条の 5	・法人格のある特別地方公共団体 ・合併特例法第 5 条の 8

新川 2005：27 を参照して筆者作成

2-3 地域自治区制度の現状

　表 3-2 は 2007 年 10 月時点と 2020 年 3 月時点で地域自治区制度を導入していた自治体を整理した一覧表である。この表からもわかるように、秋田県横手市、同県由利本荘市、千葉県香取市、山梨県甲州市、岐阜県恵那市、静岡県浜松市、島根県出雲市、熊本県玉名市は、2020 年 3 月までに地方自治法に基づく制度を廃止している。2020 年 3 月現在、地方自治法に基づく地域自治区制度を導入しているのは、全国で 13 自治体となっている。

　ところで、財団法人地域活性化センターは一般制度としての地域自治区制度を含む地域自治組織に関し、全国調査を実施して結果を公表している[7]。この調査によると、調査対象の 4 割ほどの自治体で現在のあり方に疑問が抱

表 3-2　地方自治法に基づく地域自治区制度の導入自治体

自治体名	方式	合併期日	2007 年 10 月	2020 年 3 月	付記
北海道せたな町	新設	2007 年 9 月 1 日	合併特例区	○	2010 年 4 月に一般制度としての地域自治区へ移行
北海道むかわ町	新設	2006 年 3 月 27 日	○	○	
岩手県宮古市	新設	2005 年 6 月 6 日	○	○	
岩手県花巻市	新設	2006 年 1 月 1 日	○	○	
秋田県横手市	新設	2005 年 10 月 1 日	○	廃止	2010 年 3 月に制度廃止（地域づくり協議会を設置）
秋田県由利本荘市	新設	2007 年 3 月 22 日	○	廃止	2013 年 6 月に制度廃止（まちづくり協議会を設置）
秋田県大仙市	新設	2007 年 3 月 22 日	○	○	
福島県南相馬市	新設	2006 年 1 月 1 日	○	○	
福島県南会津町	新設	2006 年 3 月 20 日	○	○	
千葉県香取市	新設	2006 年 3 月 27 日	○	廃止	2011 年 3 月に制度廃止（住民自治協議会を設置）
新潟県上越市	編入	2005 年 1 月 1 日	地域自治区（特例法）	○	2009 年 4 月（旧 13 町村）と 10 月（旧上越市）に一般制度としての地域自治区へ移行
山梨県甲州市	新設	2005 年 11 月 1 日	○	廃止	2008 年 3 月に制度廃止
長野県飯田市	編入	2005 年 10 月 1 日	○	○	
長野県伊那市	新設	2006 年 3 月 13 日	○	○	
岐阜県恵那市	新設	2006 年 10 月 25 日	○	廃止	2019 年 3 月に制度廃止（現在は条例に基づいて地域自治区制度を運用）
静岡県浜松市	編入	2005 年 7 月 1 日	○	廃止	2012 年 3 月に制度廃止（現在は区協議会が存在）
愛知県豊田市	編入	2005 年 4 月 1 日	○	○	
愛知県新城市	新設	2005 年 10 月 1 日	未設置	○	2013 年 4 月に制度導入
島根県出雲市	新設	2005 年 3 月 22 日	○	廃止	2017 年 3 月に制度廃止
熊本県玉名市	新設	2005 年 10 月 3 日	○	廃止	2016 年 3 月に制度廃止
宮崎県宮崎市	編入	2006 年 1 月 1 日	○	○	

筆者作成

かれ、しくみを見直す必要性が認識されている。住民自治活動への独自支援の強化、制度の設置意義が欠如した状況への対応などがその理由であった。とりわけ設置意義に関しては、寄せられた回答の「毎年決まった事業を実施することが多い」「何を実施すれば良いかわからない」との声に象徴されるように、多くの場合に協議会活動が停滞し、制度の導入意義が見出されていない状況にある。それゆえに、地域自治組織は市町村合併を促進させる手段以上の意味は持たず、「市町村合併に伴う軟着陸化手段」[8]にすぎないとの見方も出てくることになる。

　もっとも、地域自治区制度をめぐるこうした動向とは対照的に、新たに制度を導入した自治体も確認される。たとえば表3-2のとおり、北海道せたな町は合併特例区制度から、新潟県上越市は合併特例法における地域自治区制度から、それぞれ一般制度としての地域自治区制度へと移行している。また、第4章で扱う飯田市のように、一部の編入地域には合併特例法に基づく地域自治区制度を先行して導入し、その後に全市的に地域自治区制度を導入した例もある。さらに、同じく第4章で扱う新城市は、合併直後は地域自治区制度を導入しなかったものの、合併から7年半が経過した2013年4月の時点で制度を導入している。

　ここで、ひとつの疑問が出てくる。それは、制度廃止を進める自治体が現れ、また現場からの消極的な声が聞かれるなかで、現在まで地域自治区制度を維持する、または合併から一定期間を経てから地域自治区制度を新たに導入する自治体が存在するのはなぜか、という疑問である。そこで、本章ではまず、合併から2年が経った時点で制度廃止に舵を切った例として甲州市、合併と同時に制度を導入して現在も継続している例として豊田市、の2事例を取り上げる。これらの事例の検証を進めることで、導入背景、独自の制度設計、運用面での工夫ないしは課題、魅力的な協議会活動などが浮かび上がってくる。

3　甲州市の地域自治区制度の廃止——勝沼地域自治区を例に

3-1　甲州市と地域自治区制度

　甲州市は山梨県の北東部に位置し、2020年3月時点で人口が3万1,104人、世帯数が1万3,086世帯、面積264.01㎢である。果樹栽培を中心とした農業が盛んで、市内各所でブドウやスモモの栽培が行なわれている。近年では、特産品のワインを活かした「ワインツーリズム」の取り組みは、全国的にも広く知られるようになった。この甲州市は塩山市、勝沼町、大和村の3市町村による合併で、2005年11月1日に誕生している。新設合併のかたちであったが、人口・世帯数・面積などで塩山市が突出していた点には留意を要する。

　一連の合併過程についてあらかじめ把握しておくと、起源は1999年11月にはじまった「東山梨地域合併研究会」に求められる。この研究会は東山梨郡の7市町村（塩山市、山梨市、春日居町、牧丘町、勝沼町、三富村、大和村）の職員と県職員とが合併について意見交換する機会であった。当初はこの枠組みで任意協議会（峡東地域市町村合併検討・協議会、2000年12月）が発足したが、2002年3月に春日居町が離脱している。その後、残された6市町村で同年11月に非公式で再度の合併協議会を立ち上げ、2003年3月の任意協議会（東山梨地域合併検討・協議会）発足、同年11月の法定協議会（東山梨地域合併協議会）発足と合併協議が進行していった。

　ところが、法定協議会の途中で新市の名称をめぐり対立が表面化し、2004年の夏以降に山梨市・牧丘町・三富村の協議会離脱が相次いだ。こののちに、およそ2カ月にわたり塩山市・勝沼町・大和村の3市町村が水面下で交渉を続け[9]、同年11月にはこの3市町村で合併をめざすことが決まった。もっとも、当時の合併特例法では2005年3月末日までに山梨県知事への配置分合申請を済ませなければ、合併にかかる国の財政支援が手薄になってしまう事情があった。結果として、11月以降には早急に合併にむけた環境整備につとめ、2005年3月に配置分合申請を済ませている。

　このようにみると、甲州市誕生までに合併過程が紆余曲折し、時間的制約

　のなかで合併を実現させたことがわかる。迫りくる配置分合申請の期限、および1年後の合併実現にむけ、3市町村は2004年11月から各種の調整業務に追われることとなった。結果として、合併協議の過程で設置自体は決まっていた地域自治区制度に関し、市政における位置づけの整理、協議会活動を促す独自の工夫の検討、協議会の将来展望の明示などは対応できなかった。制度の全体を貫く考えや方向性も持ち合わせられず、あらゆる検討を合併後に先送りせざるをえなかったのである。

　ともあれ、こうした複雑な過程を経たうえで、甲州市では合併後に「甲州市地域自治区設置条例」に基づいて旧3市町村ごとに地域自治区を設置した。地方自治法に基づく制度設計ゆえに、各地域自治区には事務所としての「地域総合局」および「地域協議会」を置いた。このうち、地域協議会は委員定数が塩山地域協議会で20名、勝沼地域協議会で16名、大和地域協議会で13名と、協議会ごとで人数差を持たせていた。また、地域協議会の委員に関して一定数の割合で公募委員を置いている点、特定のテーマに関して調査・研究を実施する目的で協議会内に部会が設置可能である点も確認される。もっとも、基本的には地方自治法の規定に則っており、地域協議会に付与されていたのは諮問に対する答申権や意見具申権であった。そのため、特色ある独自の制度設計が施されているわけではなかった。

　こうした甲州市の地域自治区制度は、合併から5カ月が経過した2006年4月から、3地域自治区ごとで実際の協議会活動がスタートしている。

3-2　勝沼町と地域協議会の活動展開

勝沼町とまちづくり

　合併前の勝沼町は2000年の国勢調査によると、人口は9,258人、世帯数は2,685世帯、面積は35.88㎢であった。勝沼町は、長年にわたるブドウの栽培によって誕生した「勝沼ワイン」で有名であり、合併後の現在でも勝沼ブランドは全国的に知名度が高い。

　この勝沼町は、長年にわたり3つの内容でまちづくり活動を展開してきた。

第一は、果樹農家やワイン産業関係者が毎年「ぶどうまつり」などのイベントを開催し、勝沼町行政は観光施設の整備を進める「イベント開催型のまちづくり」である。第二は、勝沼町行政がまちの将来について話し合う場を定期的に設置し、ここに住民が参加するかたちで意見交換する「懇談会型のまちづくり」である。第三は、住民自身が講師になり、また受講生になって舞踏や華道の生涯学習活動を進めてきた「自治公民館活動によるまちづくり」である。もっとも、こうしたまちづくりの動向は、防災や福祉などの面で地域が抱える課題を把握し、住民が主体的に解決にむけた活動を展開するという形態ではなかった。

　他方で、合併前に勝沼町行政としては独自の地域自治組織構想を持ち、合併協議会の場で試案として提示して合併後の地域自治のあり方を問い続けてきた点には留意を要する。たとえば、第4回の任意協議会では、以下の3点を柱とする内容を提示している[10]。すなわち、①合併で発生が予測される「周辺地区の衰退」「住民自治の阻害」「議員を選出できない周辺地区の発生」「地域個性の希薄化」を防ぐために新たな自治システムを設置する、②このシステムは地区住民から構成される「地域振興議会」、および支所よりも権限の強い「地域振興局」から構成される、③合併後の市議会には、当面は旧市町村単位での選挙区制を導入する、であった。このうち、地域振興局は住民に身近なサービスを担当しつつ地区予算を確保し、この組織の長には特別職の局長を設置することを想定していた。また、地域振興議会は地区予算の審議・承認を担当するとともに地域審議会のような役割を果たし、委員の選出には公選制を採用するイメージであった。

　こうしたうごきは、第27次地方制度調査会が中間報告を行ない、最終答申にむけた検討作業を重ねていた時期と重複する。背景には、勝沼町としてまちづくりの蓄積を合併後にも維持しながら、独自性を保ち続けたいとの事情があった。実際に、紆余曲折した合併過程において、最終的に3市町村の枠組みで合併をめざすか否かという水面下の調整で、形態はどうであれ勝沼町が地域自治組織の設置を合併要件として譲らず、塩山市と大和村は合併実

現のためにこれを受け入れた。

　このようにみると、結果として、本来は合併後の地域自治活動を促す手段である地域自治区制度が、こうした局面で合併を実現させるための手段へと性格を変えてしまったことがわかる。もっというと、当初に勝沼町が提唱していた地域自治組織構想と、実際に導入された地域自治区制度とでは、内容に大きな隔たりが生じた。そのため、権限委譲・財源委譲の面で、独自の構想から大幅に減退したといえる。

勝沼地域協議会の活動経過

　もっとも、重要なのは、実際に勝沼地域協議会がどのように活動したかである。勝沼地域協議会は元町議会議員や地縁組織の関係者（地区ごとの推薦による委員）など16名が委員に就任し、2006年4月から2008年3月までの2年間にわたり、およそ2カ月に1回のペースで会議を開催してきた。会議では、①甲州市行政の担当者による各種計画に関する説明に対して意見や要望を伝達する、②協議会そのもののあり方について協議する、のふたつが主たる内容であり続けた。とりわけ後者に関しては、協議会活動が始まった初期の段階では、委員も担当職員も何に対してどのように活動すべきか見当がつかなかったという[11]。

　結果的に勝沼地域協議会は、たとえば地域課題を把握したうえで甲州市行政に対して自主的に政策提案を行なう、あるいは既存のまちづくり活動と連携を深める、といった活動に取り組むことはなかった。また、甲州市行政からの諮問も一切なく、協議会に何らかの実質的な権限が委譲されていたわけでもなかった。こうして協議会は自らのあり方を問い続け、試行錯誤しながら時間だけが経過していった。

制度の廃止過程

　甲州市では勝沼地域協議会のみならず、残りふたつの地域協議会でも低調な活動状況が続いた。そのため、甲州市行政の内部からは、あえて地域自治

区制度を設置し続けるのではなく、別のかたちで地区要望を聴く方が有効ではないか、との議論が起こったのである。そこで、3 地域自治区すべての地域協議会の委員に対して、制度の存廃に関するアンケート調査を 2008 年 2 月末に実施している。結果は、49 名のうち「廃止すべき」が 25 名、「存続すべき」が 13 名、「無回答」が 1 名、「未提出」が 10 名であった。

　このアンケートの結果を受け、当時の田辺篤市長は「委員のアンケート結果を尊重せざるを得ないと思う。なるべく早く結論を出したい」[12] と言及するなど、庁内でも一気に制度廃止にむけた準備が進んでいく。アンケート実施からおよそ 1 カ月後の 3 月 21 日までには、庁内で「甲州市地域自治区設置条例を廃止する条例案」を 3 月議会に提出する決定がなされている。

　最終的に、3 月議会の最終日には、この条例案をめぐって以下のとおり、議員同士の賛成・反対の討論が行なわれることとなった[13]。

　古屋匡三議員（勝沼地区）　*反対討論をさせていただきます。甲州市地域自治区設置条例は、塩山・勝沼・大和地域における市民と市の行政との協議を推進し、もって住民自治の推進を図るためのものであります。また、簡素で効率的な行政システムの確立のためにも必要な施策であります。合併して 2 年であり、まだまだ各地での協議と公聴会を開催することなど必要だと思います。また、議会にも、先ほども出ましたけれども、議会最終日に上程したというようなことであれば、まだまだ議会での審議が必要であります。今ここで、甲州市地域自治区設置条例の廃止する条例を制定することには反対するものであります。*

　岡武男議員（塩山地区）　*甲州市地域自治区設置条例を廃止する条例制定について、賛成する立場で討論いたします。地域の独自性を出し合い、合併時に地域自治区が設置されたのでありますが、市民の声を吸い上げる機関として機能は持っていましたが、開催回数を重ねる中で、協議会の委員さんからも協議会の存在意義が薄れているとの指摘がありました。*

　　当局の言っている地域協議会がなくても、地元の集会の頻度をふやすこ
　　とによって住民の意見を行政に反映させるということですから、地域自
　　治区を廃止しても行政サービスには変わらないと言っている。その中で
　　住民の意見を十分吸い上げていただくことを強く要望して、賛成討論と
　　いたします。

　こうしたやり取りののち、「甲州市地域自治区設置条例を廃止する条例
案」の採決に移った。本会議採決の結果は賛成10名、反対8名、退席1名で、
これにより甲州市の地域自治区制度は2年ほどで廃止が決まったのである。
　以上の推移から、甲州市の地域自治区制度に関しては、以下の点を指摘す
ることができよう。まず、協議会活動はすべてがはじめての経験で、委員自
身は何に対してどのように取り組んだらよいのかは見当がつかず、地域総合
局の担当職員もどのように支援すべきかで四苦八苦した。結果的に手探りの
状況が続いてしまい、協議会は地域課題の解決にむけた主体性を持つまでに
はいたらなかった。こうして「協働活動の要」という理想からは大きく乖離し、
協議会活動の停滞が続いて制度は廃止されたのである。

3-3　本書の分析視点からの検証

　ここまで、2年という短期のうちに地域自治区制度を廃止した甲州市の動
向をみてきた。ここで、本書の3つの分析視点に沿って、勝沼地域協議会の
活動について整理しておきたい。合併前の勝沼町ではもともと地域資源を活
かしたまちづくり活動を展開しており、また合併前の段階では勝沼町行政が
独自に地域自治組織構想を提示するなど、合併後の勝沼地区のあり方を見据
えたうごきは存在していた。その後、実際に3市町村の合併が成就し、地方
自治法に基づく地域自治区制度が導入されたが、地域協議会の活動を促す独
自のしくみは用意されていたわけではなかった。
　こうした状況での勝沼地域自治区における勝沼地域協議会のマネジメント
をみると、委員は元町議会議員や地縁組織の関係者が中心であり、地域協議

会の活動は意見や要望の伝達、または協議会活動に関する意見交換にとどまった。地域自治区制度を導入する前の段階で、どのように制度を運用していくかの見通しが立っていなかったゆえに、現場の協議会委員からすると、何をどのように活動すればいいのかが、まったく見当のつかない状況が続いた。そのため、地域協議会は主体性を発揮することなくマネジメント機能を欠き、活動も受け身の状態が最後まで続いてしまった。

　こうした勝沼地域協議会の活動状況ゆえに、パートナーシップに関しては、勝沼地域自治区内で活動する団体との連携・協働関係の構築、およびそれによってもたらされる波及効果は皆無であった。甲州市の制度としては、地域協議会の内部に部会が設置できることになっているので、たとえば活動テーマごとに部会を配置して、ここでまちづくりや地域課題の解決に取り組む団体などと連携・協働を進めることもありえただろう。しかし、現実にはそうした機運がまったく高まらなかったのである。

　このような状況を生んだ背景のひとつには、甲州市行政として地域協議会の活動をエンパワーメントしていく視点や戦略を持ち合わせていなかった点が指摘できよう。上記のとおり、勝沼町時代には多様なまちづくり活動を展開してきた事実がある。しかし、こうした蓄積を基盤としつつ、地域自治区制度の導入を契機として、地域課題の解決にむけた調整の場として地域協議会を機能させることはできなかった。最終的には、勝沼地域協議会のみならず、他のふたつの地域協議会も同様の状態が続いたために、わずか 2 年という短期のうちに、地域自治区制度そのものを廃止するという判断を下したのだった。

4　豊田市の地域自治区制度の実践——足助地域自治区を例に

4-1　豊田市と地域自治区制度

　豊田市は愛知県の北中部に位置し、2020 年 3 月現在で人口が 42 万 4,316 人、世帯数が 18 万 1,879 世帯、面積が 918.47 ㎢ となっている。自動車産業を中

心とする工業都市として知られている豊田市であるが、合併後には都市の性格と農山村の性格を併せ持つことになった。現在の豊田市は、矢作川流域7市町村（旧豊田市、藤岡町、小原村、足助町、下山村、旭町、稲武町）による合併で2005年4月1日に誕生した。このうち、人口および世帯数では旧豊田市が突出しており、周辺6町村が編入されて合併が実現している。

　この矢作川流域7市町村は元来、歴史的にも日常生活面でも深いつながりを有してきた。そのため、将来的に活力ある流域生活圏を維持するために流域市町村の合併によって行財政基盤の充実を図り、都市と農山村が共生する地域づくりを進めていく共通認識が醸成されてきた経緯がある。結果として、旧豊田市を中心に新たな自治体づくりに取り組む一方、合併後も旧市町村ごとで進めてきた独自の地域づくり活動を促す目的で、地方自治法に基づく地域自治区制度が導入された。

　豊田市では、旧6町村ごとおよび旧豊田市内を6地区に区分し、合計12の地域自治区が設置されている。旧6町村の地域自治区は大半で、事務所にあたる「支所」および地域協議会にあたる「地域会議」からなる。他方、旧豊田市区域では人口が多いという事情から、地域自治区にはひとつの「支所」と複数の「地域会議」が置かれている場合が多い。このうち地域会議は、地域自治区内の住民意見の集約と調整を担い、共働のまちづくりを推進する役割が期待される。定数は各地域会議とも20名以内である。

　もっとも、地域会議の役割・権限は豊田市行政に対する答申や意見具申といった地方自治法上の枠内にはとどまらない。**表3-3**のとおり、地域課題解決や地域活性化に取り組む団体を支援する「わくわく事業」における補助金申請の審査機能、および地域住民の合意のもとで地域が抱える課題への対応を豊田市行政に促す「地域予算提案事業」における提案機能を付与するなど、地域会議に独自の役割を持たせているのである。

　ちなみに、これらの事業の実践を確認しておくと、「わくわく事業」では補助金を活用して、地域の生活環境の維持・改善（公園の花壇整備、防犯パトロール）、伝統文化の保存・継承（太鼓、囃子、舞踊）、各種の催し・講座の開

表 3-3　地域会議へのしかけ

	わくわく事業	地域予算提案事業
内容	さまざまな地域課題に対し、地域住民自らが考え、実行するきっかけづくりのためのしくみ。地域会議による公開審査結果に基づき、支所長が補助事業内容や補助額を決定する。	地域課題解決を目的とした事業の必要経費を、事業計画書による提案をとおして市の予算案に反映する。提案の翌年度に事業計画書に基づき、地域課題解決のための事業を実施する。
目的	地域づくりを担う多様な主体の育成、および地域活動の活性化	地域意見を市行政が担う事業に反映させ、効果的に地域課題解決を図ること
予算	1 地域会議あたりで毎年 500 万円が上限	1 地域会議あたりで各事業の必要経費を積み上げ、総額で 2000 万円が上限

豊田市ホームページ「地域自治システムを構成する 2 つの事業」を参照して筆者作成。2020 年 3 月閲覧。https://www.city.toyota.aichi.jp/shisei/jichiku/1036902/1004968.html

催（里山体験、高齢者の健康増進講座）などに取り組むさまざまな団体の動向が把握される。「地域予算提案事業」に関しても、この事業によって歩行者の安全確保（危険箇所マップづくり、交通安全イベントの開催）、地域の防犯力向上（防犯カメラの設置、防犯意識啓発活動の展開）などが展開されている状況を看取することができる。

　また、いずれの事業も運用段階では地域ごとの多様性が尊重され、地域会議の判断・裁量に委ねられるところが大きい。たとえば「わくわく事業」では、事業の公益性・必要性・継続性といった点から補助金申請の審査がなされるが、どの点を特に重視するかは地域会議によって異なる。また、「地域予算提案事業」では事業提案までの期間は地域会議しだいであり、1 年で事業提案を取りまとめる地域会議もあれば、本章で扱う足助地域会議のように事業提案のとりまとめに 2 年を費やすところもみられる。

4-2　足助町と地域会議の活動展開

足助町とまちづくり

　2000 年の国勢調査の数値によると、合併前の足助町は人口が 9,852 人、世帯数が 2,709 世帯、面積が 193.27 k㎡であった。足助町はもともと林業や農業

が盛んであったが、戦後は衰退が進み、1970年には過疎指定がなされている。もっとも、この指定が足助町の「まちづくりを問いただし、反省を促す良い機会」[14]となり、それ以降は個性豊かなまちづくり活動を長年にわたって展開して全国的に知られてきた。

　足助町のまちづくりの取り組みは、主に3つの内容からなる。第一は「住民によるまちづくり」であり、具体的には「保存という名の新たな開発」[15]という逆転の発想のもとで進めてきた町並み保存運動に相当する。この取り組みの結果、現在でもまちの中心部には歴史的な町並みが残され、多くの観光客が訪れている。また、近年では「中馬のおひなさん」「たんころりん」など新たなイベントも開催されるようになった[16]。第二は「行政によるまちづくり」であり、具体的には「三州足助屋敷」や「福祉センター百年草」などの施設整備に相当する[17]。第三は「協働のまちづくり」であり、2002年から取り組まれた『足助町地域づくり計画』の策定があげられる。一連の策定過程では住民が役場の地域担当職員と連携してワークショップを繰り返し[18]、町内の地区および集落ごとの計画づくりを進めてきた。最終的には2004年3月に計画が策定され、具体的な活動計画がまとめられている。

　このほかにも、『山里あすけに暮らす豊かさを求めて――あすけ振興計画』の策定[19]、「シャングリラ足助」の開催など、足助町では協働のまちづくりが盛んに展開されてきた。とりわけ後者はまちづくり活動や地域づくり活動の成果を広く町内外に報告する機会であり、毎年多くの住民とともに町外からもまちづくりに関心のある者が参加した。この報告会は、参加者全体で足助のまちづくりの方向性を意見交換する機会としても機能してきた。

　ここで注目しておきたいのは、足助町における協働のまちづくりは町内の地区や集落が抱える問題を明らかにし、将来的にいかにして課題に向き合っていくかを模索する課題解決型の内容であったという点である。しかも、たとえ合併後に役場の支援体制が変化しても、地区や集落の住民自身の力で地域を支えていくことを志向していた。

足助地域会議の活動経過

　足助町は先述のとおり、2005 年 4 月 1 日から豊田市足助地域自治区へと移行している。毎月 1 回の全体会議を開催してきた足助地域会議の活動をたどると、主にふたつの内容が把握される。第一は、「わくわく事業」への申請に対する審査、「地域予算提案事業」における事業内容の検討、「シャングリラ足助」の準備・運営といった、地域会議が担当する 3 つの定型的な活動である。

　このうち、わくわく事業は 2005 年度から毎年行なわれており、足助地区で活動する各種団体による補助金申請に対し、時間をかけて厳正かつ慎重に申請書のチェックやプレゼンテーションの評価を担当してきた。申請内容は地域の環境保全や集落振興など多岐にわたるが、『足助町地域づくり計画』を策定した際に計画した内容の申請もみられる点は興味深い。地域予算提案事業は、合併後の足助地域にとって何が必要かについて検討を重ね、豊田市行政に対応を求めるかたちで、事業提案を進めてきた。「シャングリラ足助」に関しては、合併後に足助地域会議が中心的な担い手となり、支所職員とともに毎年の企画案を審議し、準備作業を担ってきた。同時に、わくわく事業や地域予算提案事業の内容や成果を広く報告・発信する機会にもなってきた。なお、これら 3 つに関しては、4 月から 5 月はわくわく事業の審査、7 月から 10 月は地域予算提案事業の内容の検討、11 月以降は「シャングリラ足助」の開催にむけた準備と、特定の時期に活動が集中しないように分散している。

　第二は、委員同士の協議をとおして合併後の足助地域自治区が直面している問題を特定し、解決すべき課題を明らかにするという地域課題解決の活動である。足助地域会議では、会議の場で委員同士が率直な意見を出し合って問題を共有し、その解消のためには何ができるかを検討してきた。そこで扱われるテーマは自然環境保全、定住促進、歴史や文化の継承などであった。一連の過程では、たとえば 2008 年 10 月には足助地域会議が主催者となり、地区ごとに地縁組織関係者の参加を募って住民懇談会も開催した経緯もある[20]。また、『やろまいか！　足助！』(2006 年 9 月)[21]、『あすけ住暮楽夢プ

ラン』(2008年3月)²²といった提言書を主体的にとりまとめて足助支所に提言してきた。こうした活動の基盤には、合併前の『足助町地域づくり計画』の策定経験があるという²³。たしかに、地域会議の委員のなかには、過去にこうした計画策定に携わった経験を持つ者も少なくない。

また、2015年からは『足助地域ビジョン』(2018年3月)の検討にも取り組んできた。2015年当時の地域会議において「足助の10年後はどうなるのか」を話し合うなかで、ビジョンづくりを進めることになった。このビジョンには地域会議の委員による「足助が10年後に、こうなったらいいな」という思いがまとめられている。なお、一連の検討過程では、足助支所の担当職員は、作成方法や内容について指南することは控え、あくまで足助地域会議委員の主体性を尊重して対応したという²⁴。

このようにみると、足助地域会議の活動はいずれも有機的に結合していることがわかる。会議の場で足助地域自治区が抱える問題状況や課題を協議し、その結果を「わくわく事業」の審査や地域予算提案事業の提案内容に活かし、「シャングリラ足助」の機会でも報告してきた。さらに、「シャングリラ足助」で把握した住民の意向も足助地域会議の提言書やビジョンづくりに反映させてきたのだった。

現在の足助地域会議の活動

現在の第7期足助地域会議は、職業・年齢とも多様な18名の委員から構成され、会議は多くの委員が参加できるように週末か平日の晩に月1回を基本に開催される。主たる活動は、「わくわく事業」への申請の審査、足助地区の問題状況を把握したうえでの「地域予算提案事業」を活かした地域提案の作成、「シャングリラ足助」の準備・運営の3つである。

このうち、「わくわく事業」への申請の審査に関しては、地域会議が発足して以降、今日まで継続して入念な審査を行なってきている。足助地域会議は過去には、特定の団体が長期にわたって補助を受け続けることを回避するために、「同一事業に対する補助は、原則として3回まで」という独自の基

準を設けていた。ただし、活動の継続性を考慮し、2015 年度からはこうした基準を見直している。また、申請額が 10 万円以下の団体は申請にかかるプレゼンテーションが原則不要となっている。さらに、2018 年度からは先の『足助地域ビジョン』との関連づけを意識し、わくわく事業の応募書類には、ビジョンの内容を具現化するための工夫や取り組みを記入する欄を設けている。この意図は、ビジョンそのものを応募者に知ってもらうとともに、わくわく事業をとおしてビジョンの内容を実現させる点にあるという [25]。地域会議の判断でこのように対応できる点には、豊田市行政が地域の多様性を尊重している一面を見出すことができよう。

　また、地域予算提案事業の地域提案の作成に関しては、1 年かけて地域内の実態把握を行なって情報を収集し、また 1 年をかけて具体的な政策案を作り上げている。そのため、実際の提案にいたるまでには 2 年の歳月を要する [26]。提案内容は「地域予算提案事業」の枠組みで実現を図っており、たとえば 2012 年度からは空き家の提供支援による定住促進事業、「あすけ通信」(情報誌)による U ターン促進事業のふたつが始まった。このうち、後者は U ターン促進の一環として、足助高校の同窓会と連携して卒業生に「あすけ通信」を送付する試みとなっている。これまで、足助地区内の全世帯および足助地区外の講読希望者に対して登録を呼びかけ、現在は足助地区の全世帯と地区外の約 200 世帯に「あすけ通信」を送付している [27]。

　「シャングリラ足助」は、地域会議であり方の見直し作業も進めてきた [28]。地域会議の話し合いで、委員から長年にわたり同じ形態で開催し続けたためにややマンネリ化しつつあると疑問が示されたからである。同様に、かつてのようにもっと各地区・各集落に出向いて住民の声を直接聞き出し、活動に反映させていくことも重視すべきではないか、という声も上がったのであった。この延長線上で、地域の声を「地域予算提案事業」を活かした地域提案へと反映させる方向性を模索してきた。

　このようにみてみると、足助地域会議は多様な取り組みを実践し、合併後の足助地域自治区で一定の役割を果たしている実態がうかがえる。合併から

15 年以上が経過した現在も、継続して活動している。最新のうごきとしては、2018 年 4 月から地域予算提案事業の枠組みのなかで「地域活動応援事業」に取り組み、このなかで地域会議委員が地域に出向いて自治区長など地縁組織の関係者から自治区の状況を聞き取るなどのうごきもある。こうした活動をとおして、自治区単位の実態を把握し、今後の地域会議の活動に活かしていくという。

4-3　本書の分析視点からの検証

　ここまでみてきた足助地域会議の動向をふまえ、ここで本書の 3 つの分析視点から、足助地域会議の活動についてまとめておこう。合併前の足助町ではもともとまちづくり活動の蓄積があり、町並み保存や施設整備、さらには住民と行政の協働による計画策定などを積み重ねてきた経緯があった。その後、2000 年代の半ばには平成の大合併の潮流に向き合うこととなり、足助町は豊田市への編入合併を判断した。それでも、足助町時代から蓄積してきた基盤を活かし、合併前に策定した計画内容を実行し、また「シャングリラ足助」も今日まで継続している状況にある。

　こうした足助地域自治区において、足助地域会議のマネジメントについてみると、委員のなかには合併前の 2000 年代初頭に取り組んだ『足助町地域づくり計画』『山里あすけに暮らす豊かさを求めて —— あすけ振興計画』の策定経験を持つ者が一定数は存在する実態があった。それゆえに、地域予算提案事業の枠組みにおける足助支所への提案に関しては、こうした計画のなかでも取り上げられていた内容との関連もみられる。近年ではビジョンづくりや地域活動応援事業にも挑戦している。この過程で、足助地域会議として地域に出向いて自治区長らから自治区の実情を聞き取る試みも展開してきた。同時に、足助町時代から取り組んできた「シャングリラ足助」に関しては、合併後は地域会議が引き継ぐかたちで現在まで継続している。このようにみると、全国各地の地域自治区の現場では、地域協議会が審議会の機能と役割にとどまり、委員は年数回の会議に参加するのみのかたちになっている場合が

多いなかで、足助地域会議の委員の活動は注目に値しよう。上記では記述できなかったが、毎月 1 回の全体会議に加え、分科会ごとの活動も頻繁に行なわれている実態もある。

　パートナーシップに関しては、地域会議としての主要な 3 つの活動、すなわちわくわく事業の審査、地域予算提案事業の提案、「シャングリラ足助」の開催のそれぞれにおいて、足助支所との連携・協働が把握される。とりわけ、「シャングリラ足助」に関しては、足助町時代からの住民と行政の協働が今でも継続しているひとつのあらわれとしてとらえられよう。「シャングリラ足助」はもともと、町内外からまちづくりに関心を持つ多様な立場の者が参加する場であり、ここでの交流からさまざまな連携・協働関係が形成されてきた経緯がある。

　近年、地方創生の潮流もあいまって、まちづくりの領域では「関係人口」という新たな概念に注目が集まっている[29]。この関係人口に関連づけると、「シャングリラ足助」は長年にわたり、足助の関係人口を創出する機会として機能してきたとみることができる。合併後には「協働活動の要」である足助地域会議として、こうした機会を担っている動向は興味深い。

　エンパワーメントに関しては、足助地域会議の動向をみる限りでは、豊田市行政としての独自のしくみである「わくわく事業」「地域予算提案事業」のふたつが、地域会議に対するエンパワーメントの機能を担っていると理解できよう。とりわけ、「地域予算提案事業」に関しては、地域会議からの積極的な政策提案を促すしかけとしてとらえられる。全国の地域協議会で多くの場合に活動が形骸化するなかで、豊田市行政として独自の工夫を通じて毎年、各地域会議から地域特性に応じた多様な提案を促している姿勢が看取される。

　他方で、地域予算提案事業に関しては、提案内容のたたき台づくりや内容の精緻化など、実際の事務作業では少なからず足助支所の担当職員が担っている現実もある。そのため、地域会議が地域予算提案事業に取り組むうごきは、パートナーシップやエンパワーメントの一環としてとらえられる一方で、提案づくりの主体性という観点からは一部に課題があるとみることもできよ

100

う。

5　比較と考察

5-1　2事例の比較

　本章においてここまで扱ってきた甲州市の勝沼地域協議会と豊田市の足助地域会議について、そのちがいをまとめると、**表3-4** のとおりとなる。

　甲州市についてみると、合併前の勝沼町はワインという地域資源を活かした独自のワインツーリズムを展開するなど、特色あるまちづくり活動を進めてきた歩みがあった。こうしたなかで近隣市町村との合併の話が持ち上がり、任意協議会や法定協議会で検討を重ねるものの、その過程は紆余曲折の連続であった。最終的にはある種の妥協で塩山市・大和村との合併にいたったわけだが、勝沼町の強い主張もあって地方自治法に基づく地域自治区制度が導入されることになった。ただし、合併にともなう事務調整が時間的に困難を極め、地域自治区制度の運用にかかる検討は先送りとなってしまう。こうした状況のなか、旧市町村単位で地域自治区が設置され、勝沼地域協議会の活動が始まったものの、甲州市行政としては地域協議会の活動を促す独自の制度設計を整えることはできず、勝沼地域協議会の活動は要望伝達と意見交換にとどまってしまった。これは勝沼地域協議会に限った話ではなく、他の地域協議会でも活動の停滞が相次ぎ、最終的にはわずか2年という短期で地域自治区制度そのものが廃止されることとなった。

　他方、合併前の足助町はもともとまちづくり活動が盛んで、町並み保存活動や「シャングリラ足助」など特色のある試みを展開してきた経緯がある。こうしたなかで、旧豊田市を含む7市町村での合併が進み、このうごきを契機として地方自治法に基づく地域自治区制度を市内全域で導入することになった。これにともない、旧足助町のエリアは足助地域自治区へと移行し、ここに足助地域会議が設置された。豊田市に関しては、地域会議の活動を促す独自のしかけとして、地域会議に対してわくわく事業の審査、および地域

表 3–4　ふたつの協議会の比較

	勝沼地域協議会（甲州市）	足助地域会議（豊田市）
合併以前の蓄積	ワインツーリズムなど、地域資源を活かしたまちづくり活動を展開	町並み保存活動、施設の整備、住民と行政の協働で計画策定、「シャングリラ足助」などを展開
地域自治区制度の導入契機	塩山市・大和村との新設合併	旧豊田市への編入合併
独自の制度設計	特に無し（旧勝沼町行政は独自の地域自治組織構想を作成）	・わくわく事業 ・地域予算提案事業
協議会の活動	意見や要望の伝達、協議会のあり方に関する意見交換に終始（2 年のうちに地域自治区制度そのものが廃止）	これまでのまちづくり活動の蓄積を活かしつつ、わくわく事業の審査、地域予算提案事業での提案、「シャングリラ足助」の開催などを展開（現在にいたる）
マネジメント	元議員や地縁組織の関係者が委員を務めるも、協議会活動の見通しは立たず、マネジメント機能も発揮できなかった	2000 年代初頭の足助町時代に各種計画の策定に関わった経験者も地域会議の委員を務め、アウトリーチ活動も展開
パートナーシップ	要望伝達や意見交換にとどまる活動ゆえに、協議会としての地域内外の団体とのパートナーシップは皆無	・わくわく事業の審査、地域予算提案事業の提案、「シャングリラ足助」の開催で地域会議が足助支所と連携・協働 ・地域予算提案事業の運営で、地域自治区内の団体と連携・協働
エンパワーメント	甲州市行政として、紆余曲折した合併過程ゆえに、協議会活動をエンパワーメントする視点や戦略は持てず	わくわく事業、地域予算提案事業のふたつが地域会議の活動を促進

筆者作成

予算提案事業の提案というふたつの役割を委ねている。そのため、足助地域会議はこれらふたつの役割を果たしつつ、合併前から取り組んできた「シャングリラ足助」の開催を引き継いで今日まで担っている。

　このようにみると、協議会の活動や組織のマネジメントに関しては、同じ地方自治法に基づく地域自治区制度であるにもかかわらず、大きなちがいがあることがわかる。勝沼地域協議会に関しては、委員として参加したのは元

町議会議員や地縁組織の関係者が多かったが、上記のとおり紆余曲折した合併過程もあいまって、甲州市行政の側では協議会活動をどのように進めていくかの検討ができていなかった。こうした状況で活動を開始した勝沼地域協議会は、その活動が要望伝達と意見交換にとどまるなど、常に手探りの状態が続き、いつまでもマネジメント機能を発揮することができなかった。他方で、足助地域会議では旧足助町時代からまちづくり活動に携わってきた委員も存在し、彼らが中心となり、当時の経験をもとにして地域予算提案事業の提案内容の検討を進めた。たしかに、2000年代初頭に検討されていた内容と、地域予算提案事業における取り組み内容とでは、大きく共通する点もある。さらに、地域会議の委員として足助地域自治区内の各地域に出向き、自治区長ら地縁組織の関係者との懇談会を開催して地域の状況および課題の把握につとめる姿勢も看取される。

　パートナーシップに関しては、勝沼地域協議会の場合は、上記のとおりそもそもの活動が要望伝達と意見交換にとどまったため、勝沼地域自治区の内外の団体と何か連携・協働して取り組みを展開するなどのうごきは、最後まで生じなかった。他方で、足助地域会議の場合は足助町時代から培ってきた行政と住民の協働関係を基盤に、わくわく事業の審査や地域予算提案事業の提案、さらには「シャングリラ足助」の運営で足助支所との連携・協働の実践が看取された。加えて、地域予算提案事業における提案内容を実践するなかで、「あすけ通信」の送付で足助高校の同窓会との連携・協働もみられた。

　エンパワーメントについては、甲州市行政は何ら勝沼地域協議会の活動を促すしかけを用意できていなかった。背景には、紆余曲折した一連の合併過程による時間的制約があった。他方、足助地域会議の場合、わくわく事業の審査や地域予算提案事業の提案という役割を有していること自体が、豊田市行政による地域会議に対するエンパワーメントとなっているととらえることができよう。地方自治法に基づく地域自治区制度を導入する自治体では、地域協議会の活動が多くの場合に審議会と類似の活動状況にとどまるなかで、豊田市のように独自の制度設計を施し、地域会議の活動を促していく

試みは、参考になる点が少なくない。もっとも、地域自治区制度の運用から15 年が経過するなかで、地域予算提案事業のとりまとめにおいて支所の担当職員が果たす役割が少なくない点には留意を要する。

5-2　考　察

　このようにみると、勝沼地域協議会と足助地域会議とでは、地方自治法に基づく地域自治区制度という同じ制度的な枠組みのなかで、ともに協議会活動を実践してきたわけだが、その性質と内容には大きなちがいがあったことがわかるだろう。それでは、このようなちがいは、はたして何に起因しているのだろうか。

　ここまでの勝沼地域協議会と足助地域会議との比較からは、協議会活動に影響を与える要件として、以下の 2 点を指摘することができる。

　第一は、「協議会活動を促す独自のしかけ」である。甲州市の場合、紆余曲折した合併過程もあいまって、豊田市のような独自の制度設計を施すほどの時間的余裕を持たず、何ら検討にはいたらなかった。また、実際に地域自治区制度の運用を開始した段階でも、勝沼地域協議会の活動を促すような独自のしかけは用意できなかった。他方で、足助地域会議に関しては、豊田市が独自に「わくわく事業」や「地域予算提案事業」を実施し、これらと関わり合いを持たせて足助地域会議をエンパワーメントしていたのである。前者の「わくわく事業」では、足助地域会議は地域の活動団体が提出する各種の申請内容を厳密に審査し、活動補助金の配分を実質的に決定していた。また、後者の「地域予算提案事業」では、足助地域会議の委員が足助支所の担当職員と連携しつつ、情報収集したうえで提案内容をまとめあげ、積極的に地域提案を行なっていたのである。

　第二は、「合併以前からのまちづくり活動との接続」である。甲州市の場合、勝沼地域協議会では 2 年間にわたり協議会のあり方を模索し続けたものの、協議会の委員は元議員や地縁組織の関係者が中心であった。勝沼地域協議会の場合、勝沼町時代から取り組んできた、地域資源を活かしたまちづく

り活動との接続が果たされることはなかった。勝沼地域協議会は地域課題の解決を検討する場とはなりえず、要望伝達と意見交換に終始して制度廃止とともに、その活動を終えたのである。他方で、豊田市の場合、合併前の足助町時代から住民と行政の協働によって取り組んできた「シャングリラ足助」について、合併後は足助地域会議が中心的な担い手となっている。また、地域会議の委員は『足助町地域づくり計画』の策定経験を持つなど、従来から積み上げてきたまちづくり活動との接続が果たされている。とりわけ、後者に関していうと、合併後の協議会活動に活かされ、現在でもこのときの計画内容が基盤となり、地域予算提案事業へと活かされている。

このようにみると、自治体行政にはさまざまなかたちで協議会活動を促すしかけを施すことが、まずは要請されよう。その内容は豊田市のように、既存のまちづくり活動などとの接触・連携を促す内容（わくわく事業）、地域住民の声をふまえたうえで協議会による地域提案を促す内容（地域予算提案事業）であれば、協議会活動が地域に浸透し、かつ地域が抱える課題解決が進んでいくという相乗効果が期待できる。

6　先行事例から何を学ぶか

本章ではここまで、平成の大合併が進むなかで、地方自治法に基づく地域自治区制度が作られ、一部の自治体がこのしくみを導入したものの、しだいに件数は減少している状況を確認した。続いて、甲州市の勝沼地域自治区における勝沼地域協議会、および豊田市の足助地域自治区における足助地域会議というふたつの協議会型住民自治組織の活動についてみてきた。その結果、同じ制度的な枠組みではあるものの、協議会活動に大きなちがいがあり、また制度そのものを廃止させた甲州市と、存続させている豊田市という対極的な状況も把握することができた。本章のまとめにかえて、一連の検討をふまえたうえでの示唆について、2点ほど触れておきたい。

第一は、制度導入前の時点で、自治体行政の側には備えが必要となる点で

ある。本章では甲州市における紆余曲折した合併過程について触れたが、実は豊田市の場合にも任意協議会から一部の自治体が離脱するなどのうごきがあった。このようななかで、一連の合併過程では地域自治区制度の導入にむけ、長期にわたり協議を重ねて周到な準備を進めた[30]。まず任意研究会(首長・議会議長・住民代表らで構成)の段階では、「都市内分権」という方向性のもと、合併後の地域自治を保障するしくみを模索した。このときには地区権限のあり方に関心が集まり、大幅な行財政権限を有する総合支所構想や地区単位での住民投票のしくみが審議されたという。しかも、任意研究会から法定協議会に移行するまでの間は、6町村の企画担当課長が「都市内分権に関する勉強会」を立ち上げて合併後の地域のあり方を検討していた。法定協議会がはじまってからも、協議会内に「都市内分権検討小委員会」を設置し、2003年11月から2004年12月まで7回にわたり協議を重ねている。具体的には、地域自治組織の制度設計、委員報酬のあり方、市政における地域自治組織の位置づけなどについて繰り返し審議した。豊田市における地域自治区制度の導入の背後には、こうした長期間にわたる準備の積み重ねがあった。たしかに、任意研究会での総合支所構想が法定協議会では後退するなどの変化もみられた。しかし、任意研究会の時点から法定協議会が解散するまで「都市内分権」を掲げ、「都市と農山村の共生」(新市建設計画)、「共働によるまちづくり」という理念の具体化を常に図ってきたのである。

　第二は、地域自治区制度のような新たなしくみを活用する場合には、合併前の事情が大きく関わってくるという点である。本章で扱った足助町では、合併前の段階から合併後の変化を見据え、住民と役場職員との協働によって『地域づくり計画』の策定に尽力してきた。すでにみたように、こうした経験を基盤にして地区・集落は合併後の「わくわく事業」への申請を進め、地域づくり活動に取り組んでいた。また、地域会議の委員にも当時の計画策定の経験者が多く、「シャングリラ足助」の開催に関する協議や「地域予算提案事業」を活かした事業提案の検討では、『足助町地域づくり計画』の策定を進めたときの経験から議論が交わされることも多いという。このように、合併

前に将来的な状況変化をふまえ、地区や集落、さらには足助全体のあり方を見つめなおす機会を持ったことが、合併後のまちづくりに活かされ、その持続性を支えているものと推察される。そうであるならば、取り組みのかたちはさまざまであろうが、合併の前段階でいかにして住民の活力や主体性を引き出せるかが、合併後に地域自治区制度のような新たなしくみを運営していくうえでは、重要になろう。

　このようにみると、合併にともなって地域自治区制度を導入する場合には、まずは自治体行政の側の認識や理念を共有し、合併後の市政における位置づけを明確にする姿勢が望まれる。同時に、地域自治区へと移行する地域の側には、地域協議会を起点として、このしくみをどのように活かし、何に取り組んでいくかを検討する主体性も求められよう。

注

1　西尾 2007：38-40、今井 2008、曽我 2019：165-167

2　総務省自治行政局合併推進課 2010：26

3　葉上 2009：80

4　西尾 2005：275

5　第 27 次地方制度調査会 2003a：11

6　同上：11-13

7　財団法人地域活性化センター 2011：27-31　なお、この報告書は①自治会・町内会といった従来型の地縁組織、②地方自治法や合併特例法に基づく地域自治組織（地域自治区、合併特例区）、③これら以外で自治体が条例などにより独自に設置する住民自治組織、の３つを調査対象とし、とりわけ③の現状分析に主眼が置かれている。ただし、ここでは②に関する記述を手がかりにする。なお、②の対象には合併特例区なども含まれるが、本稿が主眼とする一般制度としての地域自治区制度にも共通する内容であるため、ここで取り上げることにした。

8　今井 2008：131

9　立石 2008：59

10　東山梨地域合併検討・協議会 2003：27-31

11　毎日新聞 2008 年 3 月 26 日付山梨朝刊参照。朝日新聞 2008 年 8 月 17 日付朝刊参照。

12　山梨日日新聞 2008 年 2 月 29 日付朝刊。

13 甲州市議会 2008：242-243

14 青木 1996：38

15 矢澤 1991：62

16 縄手 2002：122-125

17 このうち、前者は伝統技術の継承と地域雇用の創造をめざした「生きた民俗資料館」、後者は「福祉と観光の融合」という考えのもとにオープンした福祉施設である。

18 地区担当職員が地域に出向いて住民の話を聞き、議論を交わすことが、地域で活動する多様な人材の存在に気づく契機になったという（青木 2005：65-66）。

19 合併後の足助のあり方を見据えた振興計画に相当する。この計画の策定過程でもまた、公募を含む住民と役場職員とが一緒になって熱心にワークショップを重ね、合併後の地域づくりを見据えた議論を繰り返した（今川 2003b：19-20）。

20 足助地域会議 2008b：1-2 このときには地縁組織関係者から合併後の地区・集落の実情に関する率直な意見や感想が足助地域会議委員に伝達され、その後に地域提案の内容を立案していくうえで大いに役立ったという。また、必要に応じて委員同士のワークショップを開催し、問題構造の把握につとめてきたのだった。

21 集会所を拠点にした高齢者の健康づくり事業、森林荒廃を防止する団体の設立を通じた森林保全事業、通行支障木の伐採による道路整備事業、清掃活動や不法投棄監視による河川環境保全事業、歴史・伝統・文化を継承する記録事業の5つが提言内容であった。

22 「シャングリラ足助 2007 地域づくり懇談会」で定住対策を求める声が上がったことを契機に提言書の作成がはじまり、自治区、足助支所、定住対策連絡会のそれぞれに定住促進にむけた役割を求める内容であった。

23 豊田市社会部足助支所職員へのヒアリング調査による（2012年10月、於・豊田市足助支所会議室）。

24 豊田市社会部足助支所職員へのヒアリング調査による（2018年10月、於・豊田市足助支所会議室）。

25 同上。

26 豊田市社会部足助支所職員へのヒアリング調査による（2012年10月、於・豊田市足助支所会議室）。

27 同上。

28 足助地域会議 2012：3-4

29 関係人口に関しては、田中 2017 参照。

30 今川 2008：159-168、今川 2012：41-45

第4章　合併後の制度導入と自治体内分権

　本章では、平成の大合併の潮流から一定期間が経過した時期に、あえて地方自治法に基づく地域自治区制度を導入した飯田市と新城市を取り上げる。こうした稀有な事例において、地域協議会はどのようなうごきをみせているのか。2市のなかでも、とりわけ山間部に位置する地域に注目し、協議会の活動を検証していく。

1　ポスト合併時代における地域運営組織への注目

　前章で確認した平成の大合併に関しては、2010年3月に総務省が『「平成の合併」について』のなかで、市町村合併は一区切りがついたと言明し[1]、一連の潮流は終息した。たしかに、2010年以降でみると、合併件数は決して多くない。むしろ、ポスト合併時代において、定住自立圏や連携中枢都市圏といった圏域ごとで、自治体同士の連携を基盤として公共サービスの維持をどのように図るかという自治体間連携の時代を迎えている。2018年には自治体戦略2040構想研究会が『自治体戦略2040構想研究会　第二次報告』を公表し、ここでは圏域マネジメントの必要性が謳われている[2]。

　こうした自治体の範囲を超えた圏域論に関心が高まる一方で、本書が主眼とする基礎自治体の範域内での新しい自治のあり方に関しては、地域運営組織（Region Management Organization）への注目が集まっている。これらは多くの場合、地方都市において展開がみられ、小規模多機能自治組織ともいわれる。

小規模多機能自治組織の実践を先導する島根県雲南市によると、これは「小規模ながらも、様々な機能をもった、住民自治の仕組み」[3]であるという。

　こうした小規模多機能自治組織の方向性としては、おおむね小学校区において、さまざまな領域の組織と活動を横断・統合し、住民の参画と協働を基盤にして、地域の人口減少や高齢化に立ち向かいながら住みよい地域の形成をめざすところにある。ここまで本書でみてきた協議会型住民自治組織は、主には名和田の整理でいう「参加」を志向していた。一方で、この小規模多機能自治組織は「参加」（参画と表現している）のみならず、「協働」までも包含している。実際に、雲南市では以前は合併前の旧町村単位で6つの協議会型住民自治組織（地域委員会）を置いていたものの、これを発展的に解消させて、新たに30地区ごとに小規模多機能自治組織を立ち上げていった。雲南市のなかには現在、高齢者の生活を維持するために、小規模多機能自治組織が買い物支援や見回り・声かけを担っているところもある。

　このような動向はほかの自治体からの注目を集め、2015年2月には「小規模多機能自治推進ネットワーク会議」が立ち上がり、2019年3月時点で会員数は295となっている。ここには、大阪市や神戸市といった都市部の政令市も参加しており、自治体行政として「協働」を重視する姿勢がうかがえる。参加自治体のなかには、活動を通じて自主財源を確保し、おおよそコミュニティビジネスともいえる活動状況にいたっている小規模多機能自治組織の事例も観察される。こうしたうごきに対して、国も大きく関心を寄せ、総務省は2013年度から継続して地域運営組織に関する研究会を立ち上げ、とりわけ地方都市における住民生活を維持するためのしくみづくりについて調査し、報告書を公表している[4]。

　この新しい動向の背景には、地方都市で少子化と高齢化が進行する一方で、自治体行政としては予算規模も職員数も縮減し、おおよそ小学校区ほどの範域において、住民自身の支え合いによる地域福祉や相互扶助の推進を期待したいという意向を読み取ることができよう。今日にいたっては、2020年4月からスタートした第二期地方創生とも連動し、国としても自治体ごとの小

規模多機能自治組織による取り組みをさらに後押ししていく姿勢である。

　こうした小規模多機能自治組織は、「協働」に力点が置かれており、本書がここまで扱ってきた協議会型住民自治組織とは性質が異なる。ただ、小規模多機能自治組織への関心が高まっているのは事実である。それでは、合併自治体における地域自治区制度のなかに位置し、主に「参加」の機能を担う地域協議会には、今日にいたっては、何ら存在意義は見出しえないのだろうか。先駆自治体といわれる雲南市は従来の協議会型住民自治組織を発展的に解消し、小規模多機能自治組織へと移行させたわけだが、「参加」を重視する協議会型住民自治組織は、もはや時代に合わないのだろうか。

2　飯田市の地域自治区制度の相克──千代地域自治区を例に

2-1　飯田市と地域自治区制度

　飯田市は長野県の南部、南アルプスと中央アルプスの間に位置し、2020年2月現在で人口が10万403人、世帯数が3万9,972世帯となっている。面積は658.76km²で、市内の中央には天竜川が流れ、また林野率がおよそ85パーセントを占めるなど、自然が豊かなまちである。まちづくりの領域ではりんご並木や人形劇で知られているが、近年では再生可能エネルギーの導入やグリーンツーリズムの展開で注目されている。

　このような飯田市では、後述するように2007年4月から旧飯田市区域において、地方自治法に基づく地域自治区制度を導入している。平成の大合併との関連でいうと、飯田市は2005年10月に旧飯田市・上村・南信濃村の3市村で合併し、このときには旧2村を対象に合併特例法に基づく地域自治区制度を導入している。その後、2007年4月には旧飯田市区域には地方自治法に基づく地域自治区制度を導入した。さらに、2011年4月には旧2村の合併特例法に基づく地域自治区制度の5年6カ月の設置期限を迎え、これを旧飯田市区域に合わせて一般制度へと移行させた。そのため、①旧上村・旧南信濃村には合併特例法に基づく地域自治区制度を先行して導入し、②その

後に旧飯田市には地方自治法に基づく地域自治区制度を導入し、③さらに5年6カ月の設置期限後は上村地域自治区・南信濃地域自治区を一般制度化する、というながれを経たことがわかる。

　飯田市の地域自治区制度に関しては、**図4-1**のとおりにまとめられる。市内に20ある地域自治区にはそれぞれ、地区住民から構成される地域協議会、および飯田市行政の事務所としての「自治振興センター」を置いている。飯田市行政からの諮問に対して地域協議会が答申する、あるいは地域協議会の側から飯田市行政に対して意見具申するなどは、地方自治法が想定している一般的な機能・役割といえる。

　もっとも、飯田市の地域自治区制度において、特徴的な点として以下の2点を指摘することができる。第一には、地域協議会とは別に、町内会や自治会を基盤とし、環境や福祉など個別領域において実践活動を担う「まちづくり委員会」（名称は各地域自治区で異なる）を設置している点である。そのため、名和田の整理にしたがうならば、飯田市の地域自治区制度の場合には、利害調整の場としての地域協議会が「参加」の機能を、実行組織としてのまちづくり委員会が「協働」の機能を、それぞれ担うことになる。このように、飯田市では「参加と協働の二重構造」がより明確に制度設計されているといえる。

　第二には、地域自治区ごとの財政支援のしくみとして、「パワーアップ地域交付金制度」を設けている点である。この交付金は、それまで各地区の個別団体ごとに配分してきた、自治協議会交付金や地区公民館事業費などの合計約6,800万円を統合したものにあたる。いわゆる一括交付金に相当し、総額1億円が均等割（3,000万円）と人口割（7,000万円）という配分方法に沿って、20地区それぞれに配分される。パワーアップ地域交付金の使途としては、「共同及び共益的な事業」「住民の創意による地域づくり事業」「まちづくり委員会の運営費用」が予定されている。ちなみに、この交付金の配分内容はまちづくり委員会が検討し、地域協議会からその承認を得る枠組みとなっている。同時に、地域協議会はまちづくり委員会によるパワーアップ地域交付金の審査機能を担うことが期待されている。

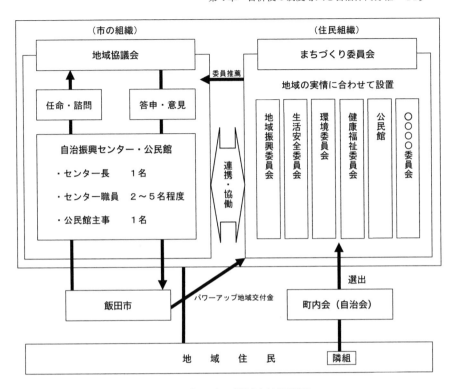

図 4-1　飯田市の地域自治区制度

飯田市提供資料を参照して筆者作成

2-2　千代地区と地域協議会・まちづくり委員会の活動展開

千代地区とまちづくり

　飯田市内の中心部から南東に位置する千代地区は、地区全体が山々で囲まれており、JR 飯田駅からは車で 40 分ほどの時間を要する。千代地区の面積は 58.45 km²で、2019 年 4 月時点での人口は 1,659 人、世帯数は 582 世帯ほどとなっている。2015 年 8 月時点では人口がおよそ 1,780 人、世帯数はおよそ 600 世帯であったので、年々人口減少が進んでいる状況がうかがえる。

　このような千代地区はもともと千代村としての歴史を有し、村内は 12 地

114

区から構成されていたが、戦後すぐに人口減少の局面を迎える。また、1953
年9月の台風13号、1959年9月の台風15号 (伊勢湾台風) の際には村内で大
規模な水害が発生し、いたるところで土砂崩れが起こってしまった。その
ため、災害復旧に多額の費用を要し、結果として財政状況が著しく悪化す
る。こうした事情もあり、1964年4月には飯田市との合併を余儀なくされた。
なお、このときには竜江村と上久堅村の2村も、同時期に飯田市と合併して
いる。

　この合併に関しては、賛否両論もあったが、千代地区では1989年から現
在まで3期にわたり地域計画を独自に策定してきた経緯がある。1989年に
は『豊かな緑とロマンの千代――21世紀に翔けるふるさと創生構想』(第1次
千代地区基本構想) を公表し、その後も2001年には改訂版の第2次千代地区
基本構想、2010年には第3次千代地区基本構想と、およそ10年ごとに地域
計画を示してきた。このなかでは千代地区の現状に加えて、将来的な方向性
と実現のための取り組みなどを記載している。

　千代地区は、中山間部という地域特性もあり、もともと第一次産業が盛ん
であった。かつては地区内で養蚕業を営む農家も多く、また炭焼きなども主
要産業であった。もっとも、養蚕業は化学繊維の発達や海外からの輸入繊維
の増加によって衰退し、また炭焼きはプロパンガスの普及もあってしだいに
廃れていった。ほかにも、地区内では乳牛の飼育も行なってきたが、徐々に
乳価が下がってしまう。今日では、地区内に養蚕農家は存在せず、乳牛農家
と炭焼き小屋もごくわずかが残っている程度となっている。他方で、果樹農
家は「市田柿」というブランド品を育て、野菜農家は「千代ねぎ」を地区の特
産物にする取り組みを展開している。ただ、双方とも担い手の高齢化問題に
直面している現実がある。

　このような第一次産業の困難な状況の一方で、千代地区はこれまで20年
以上にわたってグリーンツーリズムに取り組んできた点が注目される。千代
地区のグリーンツーリズムは1996年から試験的に取り組みを開始し、1998
年からは本格的に実施してきた。その内容は、学生が農家民宿に泊まり込み、

農業や五平餅作りを体験するもので、現在も地区内には30軒ほどの受け入れ農家が存在して、年間1,800人ほどが千代地区を訪れている。こうした動向に関連して、飯田市からヨーロッパのグリーンツーリズムに関する情報提供を受け、また国土交通省の事業を活用してグリーンツーリズムのモデル事業を展開するなど、飯田市の側の支援も積極的に行なわれている状況である。

千代地区と地域コミュニティ

千代地域協議会の活動をみる前に、まずは千代地区の地域コミュニティについて整理しよう。というのも、これが地域協議会やまちづくり委員会と深い関わりを持つからである。

千代地区には現在、11の「区」が存在し[5]、その下に4～7の「常会」がある。このうち、「常会」は末端の単位で、常会の状況によるが、15世帯ほどから構成される。このような千代地区、11の区、区内の常会のそれぞれは、地区は18日に、区は23日に、常会は26日に、という具合で毎月の定例会議を開催し、地区からの報告事項や伝達事項が区や常会に伝わる。こうした会議のうち、区の会議は区ごとの公会堂などの集会施設で開催され、また区費（各世帯から集金）には慰労会やマレットボール大会をはじめとする公民館分館の活動費が含まれる場合が多い[6]。常会の会議は常会ごとの集会場にて開催されることが多く、常会単位の活動としては新年会をはじめとする各種の懇親会がある。常会の構成員から集まる「常会費」（各世帯から集金）に関しては、集会場の水道代や電気代などをまかない、また市の補助を受けつつも積み立てによって集会場の整備も進めてきた。こうした区や常会の集会施設は、住民同士が土地を提供しあって整備してきた。

役員に関していうと、区の場合は世帯主が役員を務めており、年齢層は60歳代が中心となっている。というのも、70歳代になると体力的な事情もあって、活動参加が困難となるからである。区長については、区内の住民の選挙によって選出される場合もあれば、指名制で選出される場合もある。区長をはじめとする役員は定例の会議への参加のほか、各種の連絡調整や集金

116

などの役割を果たす。このほかにも、区ごとに常会対抗の行事も開催され、その後の常会単位での懇親会もあり、役員はそうした準備等も担うことになる。

千代地区の地域協議会とまちづくり委員会の活動経過

　さて、本書の主眼である地域協議会についてみると、これまでの協議会活動は、年に2～3回ほどの頻度で会議を開催し、まちづくり委員会が作成したパワーアップ地域交付金の使途を含む予算案を確認するのが中心だった。また、飯田市行政からの照会を受け、千代地区内の地域課題に対して意見をまとめ、意見書のかたちで飯田市行政側に提出する役割も果たしてきた。内容としては、千代診療所の改修改善、万古渓谷の周辺施設の改修改善、消防団本部詰所の駐車場整備、などがあげられる。そのほかには、飯田市屋外広告物条例の改正にともない、新たに千代地区が「屋外広告物禁止地域及び屋外広告物許可地域」となることに対する意見を提出する役割も担ってきた。同様に、飯田市土地利用関係条例に基づき、千代地区内で土地利用に関する届け出があった際に、その内容に関する審議も担当している。

　他方、まちづくり委員会に関しては、上記で確認したとおり、実態としては地区の地域活動の実行組織という位置づけであり、その活動は多岐にわたる。2007年度に千代地区自治協議会からまちづくり委員会に移行してからも、引き続き千代地区がこれまで進めてきた各種活動の中軸となって活動してきた。具体的には、スポーツイベントの開催や文化振興の活動、千代地区のシンボルのような存在である「よこね田んぼ」での稲刈り体験や収穫祭や案山子コンテストなどがあげられ、活動量は豊富である。

　ちなみに、千代地区ではこれまで、まちづくり委員会の役員が地域協議会の委員の大半を兼ねてきた。というのも、協議会の委員11名のうち9名が推薦枠となっており、まちづくり委員会の役員が就くからである。また、2名で設定している公募枠も、実態としてはまちづくり委員会の役員等で活動してきた者が就いている。この点に関していうと、千代地域協議会では公募

委員が正副の委員長をつとめるという独自規則があり、公募委員の人選は重要となる。実際には、地区内の各種の任意団体が推薦母体となるという。

　ともあれ、こうした事情からも、地域協議会とまちづくり委員会とは、非常に緊密な関係にあることがわかる。他方で、千代地区の住民にとって、実行組織としてのまちづくり委員会の活動は可視化されやすいが、審議が中心の地域協議会の活動はみえにくいとの声が聞かれることもある。

現在の千代地域協議会の活動

　千代地区の地域協議会は計 11 名の委員から構成され、60 代〜 70 代の者が中心である。委員の属性に関しては、まちづくり委員会の関係者、小学校の PTA 関係者、消防団や日赤奉仕団の関係者などとなっており、このうち PTA 関係者は比較的年齢が若い。

　現在の地域協議会の主な活動は、従来どおり「パワーアップ地域交付金の審査」「地域課題に関する意見の提出」「飯田市屋外広告物条例および飯田市土地利用関係条例に基づいた意見の提出」の 3 つである。このうち、「パワーアップ地域交付金の審査」については、毎年 260 万円ほどが千代地区に交付されており、地域協議会としてその配分に関する審査を担っている。もっとも、地域協議会の場において、まちづくり委員会からの提案に対して異論は出ていない。この点に関しては、まちづくり委員会の年次総会 (4 月) で承認された内容が事後に地域協議会 (5 月) に諮られるながれとなっており、地域協議会としてはこうしたタイミングで異論を出すのが事実上は困難という事情もあろう。千代地区に限らず、飯田市内の 20 ある地域自治区の大半においては、こうした状況にある。なお、このパワーアップ地域交付金に関しては、均等割と人口割で配分額が決まり、かつ人口割の金額割合が大きいため、一部の地域協議会の委員からは「人口減少が進む千代地区のようなところでは、交付金の金額が減る一方なので、何か工夫はできないのか」という声も上がっている。

　第二の「地域課題に関する意見の提出」については、たとえば 2017 年度で

いうと「千代野池親水公園のマイクロ水力発電所の継続維持」「万古渓谷の観光施設の整備」「消防団の本部詰所の移転」「地域の人口減少にかかる勉強会の実施」という4つの意見を、10月に飯田市行政に提出した。これらのなかには、たとえば万古渓谷の施設整備の案件、あるいは消防団の本部詰所の案件のように、これまで毎年にわたり意見を提出し続けてきた内容もある。他方で、地域協議会として千代地区の人口減少の進行を課題として位置づけ、主体的に勉強会の場を設定して飯田市の見解を把握しようとする姿勢もみられる。上記のようなパワーアップ地域交付金のあり方への意見は、この勉強会の際に出たものであった[7]。

　第三の「飯田市屋外広告物条例および飯田市土地利用関係条例に基づいた意見の提出」に関しては、必要に応じて地域協議会として対応している状況にある。このうち、飯田市屋外広告物条例に関しては、2017年9月に平成29年度第2回千代地区地域協議会の場において、会議の議題として扱われている。背景には、2019年度に三遠南信道路の千代インターチェンジが開通予定となり、このうごきにともなって千代地区が「屋外広告物禁止地域及び屋外広告物許可地域」に加わった事情があった。

現在の千代地区のまちづくり委員会の活動

　他方、千代地区のまちづくり委員会については現在、**図4-2**の体制となっている。この図にあるように、会長、副会長、会計、監事、3つの専門部の正副部長、5つの委員会の正副委員長のそれぞれが役員という位置づけである。こうしたまちづくり委員会は、千代地区内に11ある各区の区長が構成員となり、また各区から選出される委員も参加する。まちづくり委員会の委員任期は2年であり、2年で交代する場合もあれば、2期4年をつとめる場合もある。

　まちづくり委員会の会議については、毎月18日を基本に執行部会を開催し、ここで千代地区に関連する各種の情報共有を行なう[8]。会計の関係でいうと、まちづくり委員会の予算は前年度の金額をベースにしつつ、各委員会

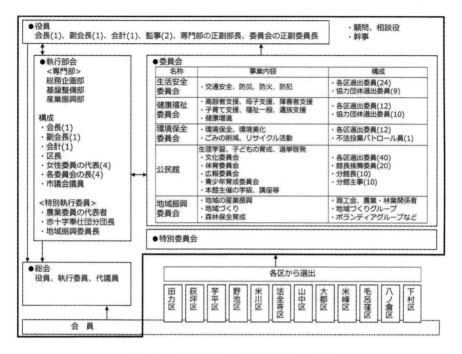

図4-2　千代地区まちづくり委員会の体制

千代地区まちづくり委員会、飯田市合併50周年記念誌刊行委員会 2018：21

から提出された内容を積み上げて、予算編成していくかたちを採っている。

　ともあれ、こうしたまちづくり委員会の活動についてみると、千代地区まちづくり委員会の通常総会の資料には、3つの専門部および5つの委員会の各種活動が数多く掲載されている[9]。たとえば、交通安全運動の推進（生活安全委員会）、健康づくりのための各種教室（健康福祉委員会）、環境保全・美化活動（環境保全委員会）といった日ごろの地域活動があげられる。また、買い物弱者や交通弱者への支援（総務企画部）、防災訓練の実施や地区の防災計画の見直し（基盤整備部）、定住促進や観光振興の取り組み（産業振興部）なども看取される。ここでは、まちづくり委員会の活動の具体例として、「よこね田んぼ」の保全活動に焦点を当て、その動向を把握しておくことにしたい。

　よこね田んぼは、千代地区内の芋平と野池に位置し、約 3ha の広さがあり、110 枚ほどの棚田から構成される。以前よりこの田んぼでコメ作りが営まれてきたが、30 年ほど前から担い手の高齢化や後継者不足が深刻化し、しだいに休耕田が増加していった。そこで、当時の千代地区自治協議会などが中心となり、1997 年によこね田んぼ対策委員会を立ち上げて再生活動を展開し、1999 年には農林水産省「日本の棚田百選」にも認定された。そのながれで、2000 年には現在の「よこね田んぼ保全委員会」が発足し、今日でも保育園児や小・中学生、さらには地区外の人々を対象とした田植え体験や稲刈り体験を展開している。そのほかにも、よこね田んぼを活用したオーナー制度の実施、よこね田んぼを会場にした案山子コンテストの開催、よこね田んぼで収穫したコメを用いた米粉の販売や日本酒の試験醸造、棚田鑑賞ツアーの開催など、よこね田んぼを活用した数多くの取り組みがある。

　こうしたよこね田んぼ保全委員会に関しては、形式上はまちづくり委員会と別の任意団体という位置づけである。もっとも、実態としてはまちづくり委員会と一心同体であり、保全委員会の会長はまちづくり委員会の委員長が兼務している。また、産業振興部の関係者を中心に、まちづくり委員会としてよこね田んぼの保全活動に多様なかたちで協力している[10]。同時に、千代自治振興センターが事務局機能を担っている。ただし、2 年に 1 回の頻度でまちづくり委員会の役員が交代となり、場合によっては勤労世代がよこね田んぼの活動に携わることになると、田起こしや田植え・稲刈り、さらには日ごろの草刈りや水田の管理は容易に行なうことができない。こうした事情もあり、よこね田んぼ保全委員会としても、近年では活動のあり方を検討してきた事実がある。

　そこで、まちづくり委員会の委員長（保全委員会の会長）の主導により、地域おこし協力隊の募集を検討しはじめることになった。地域おこし協力隊の趣旨は、「人口減少や高齢化の進展、農林水産業の衰退が著しい地域に、都市住民などの人材を新たな担い手として受け入れ、地域力の維持・強化を図っていくことを目的とする取り組み」である。総務省の調査によると、2018 年

度には全国 1,061 自治体で 5,530 人の協力隊員が活動している[11]。

　千代地区では以前より市政懇談会の場などで、飯田市行政に「地域おこし協力隊を受け入れたい」という意向を伝達してきた。こうしたなかで、よこね田んぼ保全委員会は協力隊の受入を検討し、協力隊に期待する役割などの協議を重ね、2016 年の夏から募集を行なっている。このときにも、まちづくり委員会の委員長が率先して PR を展開し、東京にも出向いて募集活動を進めた。もっとも、募集にあたっては業務内容を「よこね田んぼの PR 活動」と位置づけていたものの、保全委員会としては「こちらから○○をやってほしいとは言わない」という姿勢を堅持したという。また、実際に受け入れた協力隊員の全般的な生活面を支援し、各種の相談に対応するために、「世話人」の体制も整えていった。

　その後、実際に 2017 年 3 月には協力隊員が 1 名赴任し、現在までよこね田んぼの保全活動、グリーンツーリズムの振興活動などに従事している。赴任後はこれまでよこね田んぼ保全委員会が取り組んできたさまざまな活動に参加し、人脈づくりを進めてきた。この過程では上記のとおり「○○をやるように」という指示がよこね田んぼ保全委員会から出されることはなく、委員会の関係者と連携しながらよこね田んぼの継続にむけた活動およびあり方の検討を重ねている。また、協力隊としての活動内容を発信するねらいで、定期的に「協力隊通信」を発行し、千代地区内の各戸に配布している。

　ちなみに、上記で触れたよこね田んぼのコメを用いた日本酒の試験醸造は、この協力隊員が独自に酒造会社と連携して取り組みはじめた内容である。現時点では酒類販売免許が取得できていないために試飲会の開催にとどまっているが、今後においては農家民宿と連携して醸造した日本酒を宿泊客に提供するなど、グリーンツーリズムと連結した活動を展開していく予定であるという[12]。

2-3　本書の分析視点からの検証

　ここまでの千代地区の状況をふまえ、ここで本書における3つの分析視点から、千代地域協議会の活動について、まちづくり委員会とも関連づけながら整理しておこう。千代地区を含む飯田市の地域自治区制度についてまず指摘しておかなければならないのは、地域協議会とともに、実行組織としてのまちづくり委員会が存在している点である。実行組織であるまちづくり委員会が置かれる以前は、もともと自治協議会という飯田市における地縁組織の存在があった。こうした事情から、地域自治区制度が導入された現在も地域活動の中心はまちづくり委員会であり、それゆえに地域協議会は存在意義を問い続けている。飯田市のまちづくり委員会や地域協議会の関係者からは、「地域協議会の役割がわかりにくい」との声も聞かれる。

　まず、マネジメントに関しては、千代地域協議会の委員の大半に、まちづくり委員会の関係者が就いており、地域協議会とまちづくり委員会とは実質的に一心同体であった。もちろん、これは千代地域協議会に限った話ではなく、飯田市の制度設計に由来する。こうした状況のなかで、地域協議会としてはパワーアップ地域交付金の審査、あるいは地域課題に関する意見の提出などを担っている。もっとも、前者に関しては協議会委員の大半がまちづくり委員会の関係者であり、まちづくり委員会からの提案に対する異論はなく、原案どおりに承認されていく。後者の意見提出に関しては、施設整備を中心として、飯田市行政に対して千代地区内の状況および課題を伝える内容であった。ただ、千代地区の将来を見据えた勉強会の場の設置を飯田市行政に意見するなどのうごきもあり、ここから地域協議会の新たな展開も生じうるのかもしれない。

　パートナーシップに関しては、千代地域協議会としてではなく、むしろまちづくり委員会がよこね田んぼの保全活動において、独自に地域内外の主体との連携・協働関係の構築を展開していた。もちろん、地域協議会として会議を重ねるなかで、千代自治振興センターをはじめとする飯田市行政とのやりとりはみられる。ただ、千代地域協議会として何か活動するというよりも、

連携・協働を基盤に多様な取り組みを展開しているのは、やはりまちづくり委員会といえる。この点は、地域協議会は「参加」を、まちづくり委員会は「協働」を、それぞれ担うという飯田市の地域自治区制度の制度設計に由来する。

　エンパワーメントについては、飯田市行政としてパワーアップ地域交付金を設け、審査機能を地域協議会に委ねている。ただ、これ自体がたとえば第3章でみた豊田市のように、協議会に対するエンパワーメントにはなっていない。実際に、千代地域協議会においては、まちづくり委員会から提出されるパワーアップ地域交付金の使途の提案を、そのまま承認し続けている。もちろん、パワーアップ地域交付金自体は、まちづくり委員会の活動をエンパワーメントしうる。ただ、地域協議会に関していうと、パワーアップ地域交付金の審査で独自性を発揮できる環境にない。

　いずれにしても、千代地区の場合は、まちづくり委員会の目にみえる活動の一方で、地域協議会は自らの立ち位置を模索する状況が続いている。現在は主に3つの役割を果たし、それが千代地区としてのひとつの総意として飯田市行政への一定の影響力を持つことには変わりない。ただ、「参加」を担う地域協議会と、「協働」を担うまちづくり委員会が一心同体であるなかで、今後は千代地域協議会としていかに独自性を発揮していくかが問われ、この点に関する千代自治振興センターとしての対応も期待される。

3　新城市の地域自治区制度の挑戦──作手地域自治区を例に

3-1　新城市と地域自治区制度

　新城市は愛知県の東部、東三河地域の中央に位置し、2020年3月時点では人口が4万5,935人、世帯数が1万7,699世帯、面積が499㎢となっている。面積規模でいうと、愛知県内では豊田市に次いで2番めに広い。「市民がつなぐ　山の湊　創造都市」というキャッチフレーズからもうかがえるように、市域の8割以上が森林に囲まれたまちである。このような恵まれた自然環境ゆえに、夏季には数多くのレジャー客が市内を訪れ、山や川でアウトドアス

ポーツを楽しむ。また、まちの歴史は長く、とりわけ長篠の合戦の地として広く知られている。市内には寺院や城跡も数多く存在し、「自然と歴史の宝庫」といわれる。

　現在の新城市は、2005年10月に旧新城市、鳳来町、作手村の3市町村による合併で誕生した。このうち、旧新城市は戦後に農業中心の産業構造から転換を図り、工場団地を整備して企業誘致を進めてきた。結果として、現在も複数の大手企業の工場が市内で稼働している。また、鳳来町は林業や農業といった第一次産業が盛んであった一方、電気機器の工場誘致なども進めてきた。作手村に関しては、平均標高が550mの場所にあり、村内は愛知高原国定公園や本宮山県立自然公園に位置するなど、自然環境に恵まれたまちであった。

　ちなみに、合併直前の2005年3月末時点での人口は旧新城市が3万6,187人、鳳来町が1万3,609人、作手村が3,264人となっていた。2004年度決算時では財政力指数も、旧新城市が0.67、鳳来町が0.4、作手村が0.28と開きはあったが、結果的に新設合併のかたちをとっている。なお、作出村は隣接する下山村（現在は豊田市の一部）と通婚圏であったが、この3市町村で南設楽地域（「南設（なんせつ）」と呼ばれる）を形成し、たとえば一般廃棄物処理のための一部事務組合を設置して共同処理を進めてきた経緯もあった[13]。このような理由から、3市町村の枠組みでの合併となった。

　新城市の地域自治区制度に関しては、基本的には地方自治法第204条の4以下の規定に基づく制度設計となっており、概要は**表4-1**のとおりにまとめられる。第3章でみた甲州市や豊田市のように、多くの合併自治体では合併と同時に地域自治区制度を導入する場合が大半である。他方、新城市の場合には2005年10月の合併から7年半も経過した2013年4月の時点で制度を導入している。同時に、旧市町村単位で地域自治区を設定するのではなく、地域事情に見合ったかたちで10の地域自治区を置いている点にも留意を要する。

　こうした背景には、穂積亮次・新城市長の思想・哲学をうかがい知ること

ができる。将来的に自治体行政の資源が縮減していくなかで、市民一人ひとりの活力を引き出さない限りはまちの存続が困難となるため、従来からの歴史的な蓄積を基盤にして、市民自治の風土を根付かせるとの思いがあった。こうして、穂積氏は市長選挙のマニフェストで地域自治区制度の導入を謳い、制度導入過程では新城市の地域事情に見合ったかたちで適宜、制度設計の修正を繰り返し[14]、現在は市内に 10 の地域自治区を設置して運用を試みている。

　さて、新城市の地域自治区制度で特徴的なのは、以下の 2 点である。第一は、本庁舎・鳳来総合支所・作手総合支所のそれぞれのなかに、地域自治区の事務所としての自治振興事務所を設置し、ここが地域と行政との結節点の役割を果たしている点である。この自治振興事務所は、地域自治区に関する業務の全般を担い、地域住民にとってはあらゆる問題の相談窓口としての役割を果たす。地域住民は従来、行政に対しての相談や要望は個別に本庁の担当部署に持ちかけていたが、自治振興事務所が置かれてからは、こちらでの対応が増加している。

　ちなみに、この自治振興事務所に関しては、2015 年度より自治振興事務所長の市民任用も始まっている。その要点は、「市民目線を持って業務にあたる」「市民と行政との橋渡し役を担う」「民間のスキルやノウハウを行政運営に活かす」の 3 点である。現在は 5 名の自治振興事務所長が市民任用というかたちで業務にあたっており、いずれも多様なバックグラウンドを持ち、担当地域内で豊富な人的ネットワークを有する人物が就いている。新城市は現在、たとえば若者議会の設置など、特色ある独自の自治体政策で注目されている[15]。この自治振興事務所長の市民任用に関しても、他の自治体に例のないしくみであり、地域自治区制度を 10 地区のなかに浸透させるねらいを読み取ることができる。

　第二は、「地域自治区予算」「地域活動交付金」という独自の予算制度を設け、各地域自治区の事情に見合った予算運用を実現している点である。その概要は、**表 4-2** のとおりにまとめられる。このうち、前者は「住民が使い道を考える」という方針のもと、地域協議会が事業計画と予算案を作成し、新

表 4-1　新城市の地域自治区制度の概要

	地域自治区制度（地方自治法）
開始	2013 年 4 月～
経過	・市長がマニフェストで地域自治区制度に言及 ・住民説明会を何度も開催し、当初の構想を修正して、合併から 7 年半後に制度を導入
概要	・市内に 10 地域自治区を設置 ・各地域自治区には地域協議会と自治振興事務所を設置 ・独自に「地域自治区予算」「地域活動交付金」を導入
根拠	・新城市地域自治区条例（2012 年 12 月）
所管	企画部まちづくり推進課

筆者作成

表 4-2　ふたつの予算の内容

	地域自治区予算	地域活動交付金
目的	市民の意見を反映した施策の充実	市民が行なう地域活動の支援
対象事業	・地域の暮らしを守る取り組み ・地域の安全安心を促す取り組み ・地域の伝統文化等を継承・活性化する取り組み ・地域の活性化を図る取り組み ※市に決定権がないもの、市の条例と整合性が図れないものは対象外	以下の要件をすべて満たした事業 ①地域自治区内で行なう地域課題解決や活性化につながる活動 ②市民自らが取り組む活動 ③地域協議会が認める活動 ※宗教的・政治的な活動、個人の利益につながる活動は対象外
金額	総額 7,000 万円（地域自治区の人口× 1 千円＋面積× 4 万円、を各地域自治区に配分）	総額 3,000 万円（地域自治区の人口× 500円＋面積× 1 万円、を各地域自治区に配分）
ながれ	・地域課題の把握・整理、予算化して解決する事業の決定（7 月） ・事業計画案の作成（8 ～ 9 月） ・事業計画案の提出（10 月） ・予算議決（3 月） ・担当課による事業実施（翌年度）	・申請の募集（4 ～ 6 月） ・地域協議会の審査（6 ～ 7 月） ・事業実施（7 ～ 2 月） ・地域活動事業報告会（3 月）
具体例	自主防災会の備品充実、防犯灯の設置など	郷土史の作成、史跡めぐり看板整備など

新城市ホームページ「地域自治区制度」を参照して筆者作成。2020 年 3 月閲覧。https://www.city.shinshiro.lg.jp/kurashi/chiikijichiku/chiiki-jichiku.html

城市行政に対して提案を行なっていく内容である。後者は「住民による地域
課題解決を支援する」という方針のもと、地域自治区内のさまざまな課題に
ついて、その解決を担っている団体に対して一定額の交付金を配分する内容
となっている。言い換えると、地域自治区予算は住民の意向を市の予算執行
に反映させていく性格、地域活動交付金は市民活動団体の活動を資金面で支
援していく性格としてとらえられる。こうした独自のしかけを設けて協議会
活動を促そうとする点にもまた、新城市における制度運用への意欲の一端を
垣間見ることができる。

3-2　作手地区と地域協議会の活動展開

作手村とまちづくり

　2005年の国勢調査の数値によると、合併前の作手村は人口が3,066人、世
帯数が970世帯、面積が117.40㎢であった。場所としては、平均標高が
550mという高地に位置しており、夏は涼しく、冬は雪が降るなど四季の移
ろいがみられるところである。また、作手村の周辺は山々で囲まれているた
めに、主要産業は長年にわたり農業や林業であった。なかでも高地という特
性を活かして栽培されたトマトや茶は広く知られている。他方で、戦後は一
貫して人口減少と高齢化が進行し、1970年には過疎地域の指定を受けている。
　こうした作手村は、これまで地域特性を活かしたまちづくり活動を展開し
てきた。たとえば、2002年には、レストランや農林業の体験施設からなる
道の駅「つくで手作り村」をオープンさせた。ここには、作手牛や作手地区
の新鮮野菜を提供するバーベキュー施設も備わっており、現在も作手地区の
農業振興・産業振興の拠点であり続けている。
　こうした作手村に関しては、合併前には第五次総合計画の策定を進め、そ
のながれのなかで28ある集落ごとに集落計画づくりをめざしてきた。この
うち、第五次総合計画に関しては、2001年4月から2011年3月までの10年
間を期間とし、「地域発、夢おこし宣言――自ら興す村づくり」をテーマに、
自然環境の保全や美しい景観づくりを謳った内容であった。このなかで特に

128

強調されていたのが「集落計画づくり」であり、実際に「私たち自身が考え行動する地域づくり活動を総合的・継続的に進めるため、活動の指針となる『集落計画』の策定を行います」「各集落ごとに『むらおこし委員会』を設置し、計画の策定及び計画推進にあたっての活動母体とします」[16]などの記述もみられる。

　この集落計画に関しては、第五次総合計画の行政区別懇談会の場で「年寄りばかりが目立つ集落では、『集落計画』は無理なんじゃないかな」「『村おこし委員会』の全集落での設立をいうが、仕事で夜遅く帰宅することもあり、女性や若者を交えるとなると、みんなも結構な負担になる」[17]など、消極的な意見も目立った。もっとも、その後は集落担当職員（集落サポーター）が支援するかたちで、いくつかの集落では集落計画の策定にむけた集落点検に着手した。新城市・鳳来町との合併の動向もあり、結果的に集落計画を策定できたのは2集落にとどまったが、そのなかには住民主体の環境美化や相互扶助の取り組みを盛り込んだ計画もみられる[18]。

作手地域協議会の活動経過

　2013年4月から活動を開始した作手地域協議会について、過去5年間をみると、毎年度の主な活動としては、「地域自治区予算の審議」「地域活動交付金の審査」のふたつがある。このうち、前者に関しては、毎年約750万円の地域自治区予算の使途について、地域協議会として会議の際にワークショップを行ないながら検討してきた。金額が大きいものを中心に、これまでの主な内容を振り返ってみると、「山村交流施設運営人材育成事業」（2017年度、292万2千円）、「作手こども園駐車場整備事業」（2017年度、292万2千円）、「保育所管理事業」（2018年度、282万9千円）などが看取される。

　なお、この地域自治区予算に関しては、地域協議会が発足した当初は何に対していくら配分するのが適切なのかをめぐり、しばらくの間は試行錯誤が続いた状況もあった。合併後の作手地区では、従来どおり行政区長を中心に新城市に土木要望を行なってきた経緯がある。地域自治区制度の導入にとも

なって始まった地域自治区予算に関しては、どのような事業を対象にするのかという性格をめぐって、当初は地域協議会として手探りの状況が続いた。

　また、後者の「地域活動交付金の審査」に関しては、作手地域自治区における 250 万円ほどの交付金の枠について、これまで 1 団体あたり最大 30 万円を上限に、申請団体による書類および活動に関するプレゼンテーションを審査し、交付が適切かどうかを審査してきた。その申請をみてみると、地区に伝わる民話や史料の編纂、廃校となった小学校の跡地整備、各種の音楽イベントの開催、鳥獣被害への対策の実施、などの内容があげられる。なお、年度によっては、1 回の募集では全申請額が 250 万円ほどの交付金枠に達さず、これまでは二次募集、三次募集というかたちで対応してきた事実もある[19]。

　こうした毎年度の活動に加えて、作手地域自治区の将来を見据え、地域協議会として地域自治区予算を活用し、独自にふたつの活動に取り組んできた。第一は、『作手地域まちづくり計画』の策定で、地域協議会で検討を重ねた結果、将来的な作手地域自治区のあり方を早期に検討するねらいで、作手地域のまちづくり計画の策定にむけたワークショップに取り組むこととなった。実際に、2014 年度からはまちづくりコンサルタントと契約し、作手地域自治区内で住民参加のワークショップを進めてきた。そのうえで完成した計画は、『作手地域まちづくり計画——手をつなぎ　作ろう未来の　ふるさと作手』と題し、計画期間を 2015 年度から 2024 年度までの 10 年間と設定している。その内容は、人口減少推計や住民生活の課題をふまえつつ、2025 年時点で 2,100 人の人口維持を目標に掲げ、農林業の振興を図りながら UIJ ターンの促進や住民の暮らしの充実を進めるものとなっている。

　第二は「空き家問題への対応」であり、これまで市長からの諮問を受けて答申づくりを進めてきた。地域協議会の役割のひとつとして諮問に対する答申があるが、新城市では 2013 年 10 月に市長から各地域協議会に対して、空き家の現状と問題点、および望まれる解決方法に関する諮問が行なわれた。作手地域協議会ではこれを受け、区長会を通じて空き家の実態把握に取り組

み、246件（うち住宅が179件）の空き家の特定にいたっている。この結果をふ
まえ、自治振興事務所の職員が作成した素案をもとに協議会としての答申書
を作成し、2014年2月には市長に対して答申を行なった。その内容は、現
在は空き家の管理が一定程度行なわれているものの、高齢者世帯が多い作手
地域自治区では今後に放置空き家の増加が危惧されるため、適正な管理を促
すための啓発活動や条例づくり、さらには有効活用を促すための空き家バン
クの設置が要請されるというものだった[20]。なお、空き家バンクに関しては、
新城市では2015年度から空き家バンクの運用を開始し、2018年度からは「空
き家バンクポータルサイト」の設置もはじめている。

　このようにみてみると、作手地域自治区では合併から15年近くが経過し、
また地域協議会が活動をはじめて7年ほどが経った現在まで、毎年度の定
まった役割を果たしてきたことがわかる。同時に、地域協議会として地域自
治区予算を活用し、作手地域自治区の将来のあり方を検討してきた動向も把
握される。

現在の作手地域協議会の活動

　作手地域自治区は2020年3月現在で、人口が2,409人、世帯数が977世帯
となっている。とりわけ人口は合併以降も減少を続け、合併にともなって青
年団の統合なども進み、これまで作手地区内で開催されてきたイベントのな
かには、合併後に開催されなくなってしまったものもある。このような事情
から、合併後の作手地区は新城市内でも、過疎化や地区の衰退に対する危機
意識がとりわけ強かったといえる。

　2013年度から活動を開始した作手地域協議会は、委員任期が2年となっ
ているため、2019年度は第4期にある。2019年度では24名の委員から構成
され、その属性は行政区長、PTA関係者、農協関係者、商工会関係者など
さまざまである。年齢は地区選出を中心に60～70歳代の委員が多いが、若
手の委員もいる。委員に関しては、作手地域自治区内の行政区等の役員任期
の事情もあり、毎年度に新規の地域協議会委員が加わるため、継続性をどの

ように担保するかが問われてきた[21]。現在は、作手地区内の 4 つの旧小学校区単位で 4 名の協議会委員を割振り (16 名)、その 4 名のうち年度末に 2 名が次年度は交代、2 名が次年度も継続と (16 名のうち 8 名が交代、8 名が継続する)、年度替わりで全員が交代となってしまわないように工夫している。

　会議は基本的に毎月 1 回、午後 7 時 30 分より開催し、協議を重ねている。作手地域協議会の現在の活動は、上記で触れた「地域自治区予算の審議」「地域活動交付金の審査」など、毎年度の定例的な役割を果たしていくのが基本である。このうち、前者については、自治振興事務所の職員が地域協議会の委員の意向や過去の地域協議会での協議内容、さらには地域自治区内の状況などをふまえ、担当課と調整しながら予算案のたたき台を作成して、それを基に協議会の場で議論を重ねている。たとえば 2018 年度では「作手っ子元気事業」の取り組みがあげられる。この事業は、作手地区の小学生と中学生を対象に、学習意欲の向上を図ることを目的として、地域自治区予算が設けられた 2014 年度から毎年継続している内容である。過去にはコンゴ民主共和国から伝統音楽舞踏団を招き、伝統音楽とダンスの舞台芸能を鑑賞する機会を設けたこともあった。2018 年度に関しては、6 月にサーカスショーと縄跳び教室を開催し、小中学生や運営スタッフも含め、330 人ほどの参加があった。

　後者の「地域活動交付金の審査」に関しては、2018 年度からは交付金の幅広い活用を促していくという事情で、地域活動交付金の 1 団体当たりの申請上限額を、30 万円から 50 万円に増額した。その結果、これまでは 1 件あたりの申請額が 10 万円以内の場合が多かったが、活動に必要な備品の充実も含んだ、10 万円を超える申請内容も増加したという変化もみられるようになっている。また、継続して取り組む内容の申請もあるが、特定の団体に交付金の交付が固定化しないように、協議会としても留意している。

　ちなみに、地域自治区予算および地域活動交付金が導入されて 7 年が経過するが、作手地区では例年、前者はおよそ 750 万円、後者はおよそ 250 万円という金額が維持されている。先の表 4-2 のとおり、地域自治区ごとの配分額は人口割も加味され、作手地区では人口減少も進んでいる事実もある。た

だ、新城市内の他の9地域自治区のなかは、作手地域自治区以上に人口減少の速度が速いところもあり、結果として作手地区では毎年、おおよそ上記の金額の水準が保たれている状況にある。

3-3　本書の分析視点からの検証

こうした作手地域自治区の動向をふまえ、ここで本書の3つの視点から、作手地域協議会について整理したい。合併前の作手村ではもともと農業や林業に力を入れてきたが、人口減少と高齢化は止まらなかった。そのような状況でも、第五次総合計画の策定過程で集落計画づくりを進めるうごきもみられた。こうしたなかで、2005年10月からは新城市作手地区となり、それから7年半が経過した2013年4月からは作手地域自治区として再出発した。

こうした作手地域自治区について、地域協議会のマネジメントをみると、作手村時代から地域活動の中核を担ってきた行政区をはじめ、各種団体の関係者が参加するかたちで、協議会が構成されていた。協議会活動の開始当初は手探りの状況が続いたものの、「地域自治区予算の審議」「地域活動交付金の審査」を重ねるなかでしだいに協議会のかたちが定まっていき、また『作手地域まちづくり計画』を策定する過程で10年後の将来像を描き、さらに行政区長の協力を得ながら空き家調査を進めていった。他方で、24名の協議会委員の多くは行政区の役員などとの兼務ゆえに、協議会としての継続性を担保するねらいで、委員交代の時期を工夫するなどの対応がみられた。

他方で、パートナーシップについては、あくまでも地域協議会は「参加」の場として、審議を主な役割とするのが基本である。ただし、作手地域まちづくり計画を策定した際には、外部のコンサルタントの協力を得ながらワークショップを重ねた。こうした活動の展開には、新城市行政や作手自治振興事務所の支えもあり、ここに地域協議会と行政との連携・協働関係の一端を見出すことができる。また、空き家対策については市長から諮問を受け、区長会の協力を得ながら空き家の実態調査を行なった。このようにみると、地域協議会には必要に応じて適当な団体と連携・協働関係を構築していく姿勢

が看取される。

　エンパワーメントについては、新城市として「地域自治区予算の審議」「地域活動交付金の審査」というふたつの役割を地域協議会に委ねることで、これが協議会活動の中心となっている。こうした手法は、豊田市で地域会議が「地域予算提案事業の審議」「わくわく事業の審査」を担っている状況とも共通する。地域協議会に期待する役割を整理しないままで設置した場合、何をどう活動してよいのかが判断できず、結局は活動が機能不全に陥ってしまう例もみられた。新城市に関しては、ふたつの役割を地域協議会に持たせていることが、実質的なエンパワーメントとみることができよう。実際に、地域自治区予算の検討や地域活動交付金の審査もワークショップを取り入れながら、時間をかけて検討している。また、自治振興事務所長の市民任用は、他の自治体ではみられない新城市としての独自のエンパワーメント手法といえる。「市民と行政のつなぎ役」として日ごろから地区内のさまざまな会議に参加し、また既存の人脈を活かしながら多くの住民に働きかけを行なって地域活動に巻き込んでいる実情がある。こうした独自の制度を設け、地域自治区制度を全市的に根付かせていこうという新城市の姿勢もまた、特徴のひとつといえよう。

　ともあれ、作手地域自治区においては、「参加」の役割を担う地域協議会は存在するものの、飯田市でいうまちづくり委員会のような「協働」の役割を担う包括的な団体は存在していない。現在は作手地域自治区内で活動する個々の団体が、地域活動交付金を用いるなどして、個別の活動を展開している状況にある。

4　比較と考察

4-1　2事例の比較

　本章でここまでみてきた飯田市の千代地域協議会と、新城市の作手地域協議会について、ふたつの協議会のちがいを整理したのが、**表4-3**である。

表4-3　ふたつの協議会の比較

	千代地域協議会（飯田市）	作手地域協議会（新城市）
地域の活動の蓄積	独自に地域計画の策定に取り組んできた一方、市田柿など特産品の開発、グリーンツーリズムの展開などのうごき	旧作手村時代には、一部の集落で集落計画づくりを推進
地域自治区制度の導入契機	平成の大合併にともない、2007年4月に旧飯田市の範囲に地方自治法に基づく地域自治区制度を導入（旧南信濃村と旧上村には、先行して合併特例法に基づく地域自治区制度を導入し、のちに一般制度化）	合併から7年半が経過した時点で、新城市内の全域に地域自治区制度を導入（作手地域は旧作手村の範囲で地域自治区となる）
独自の制度設計	・地域協議会とまちづくり委員会の並列 ・パワーアップ地域交付金	・地域自治区予算 ・地域活動交付金
協議会の活動	・パワーアップ地域交付金の審査 ・行政への地域課題に関する意見提出 ・飯田市屋外広告物条例および飯田市土地利用関係条例に基づいた意見の提出	・地域自治区予算の審議 ・地域活動交付金の審査 ・市長からの諮問に対する答申（空き家問題）
マネジメント	まちづくり委員会の関係者が協議会委員の大半を兼務しており、パワーアップ地域交付金の審査では異論が出ない状況	行政区（地縁組織）の関係者と各種団体の関係者が協議会委員となり、『作手地域まちづくり計画』を策定
パートナーシップ	飯田市行政や千代自治振興センターとの関わりはある（協働を担うのはまちづくり委員会であり、よこね田んぼの取り組みなどが進行している）	作手地域まちづくり計画の策定では行政と、空き家調査では区長会と、連携・協働関係のもとで取り組みを展開（ただし参加を担うのが基本）
エンパワーメント	パワーアップ地域交付金の審査の役割が協議会にとってエンパワーメントとなっているとはいいがたい（原案を承認）	地域自治区予算の審議、および地域活動交付金の審査の役割が協議会にとってエンパワーメントとなっており、市民任用された自治振興事務所長による支援・対応のうごきもみられる

筆者作成

　千代地区ではもともと 3 期にわたり地域計画づくりに取り組んできた経緯があり、また特産品の開発・販売やグリーンツーリズムに力を入れるなど、住民主体の活動を展開してきた。こうしたなかで、飯田市内に地域自治区制度を導入することになり、千代地区も千代地域自治区となった。もっとも、飯田市としての独自の制度設計にともなって、千代地区内には千代地域協議会のみならず、千代地区まちづくり委員会も並列で置かれた。あわせて、パワーアップ地域交付金という地域活動支援の一括交付金も設けられ、地域協議会としてはまちづくり委員会から提出される交付金申請の審査機能を担うことになった。こうした環境のもと、現在の千代地域協議会としては、パワーアップ地域交付金の審査、行政への地域課題に関する意見提出、飯田市屋外広告物条例および飯田市土地利用関係条例に基づいた意見の提出、の 3 つを主に担当している。

　他方、新城市に関しては、合併前の作手村は中山間地域という特性ゆえに高原野菜の栽培に力を入れ、道の駅を開設するなど、独自のまちづくりを展開してきた。また、村の将来のあり方を見据え、第五次総合計画の策定にあわせて集落計画づくりに取り組み、結果としては一部の集落にとどまったものの、集落計画を完成されるところもみられた。このようななかで、作手村は新城市と合併し、合併から 7 年半が経過した時点で、旧作手村の範域を作手地域自治区とする新城市の地域自治区制度が始まった。新城市の場合、地域自治区予算および地域活動交付金というふたつの財政支援が、地域自治区制度の特色となっている。そこで、作手地域自治区としては、地域自治区予算の審議および地域活動交付金の審査を担い、また過去には市長から空き家の実態把握に関する諮問を受け、区長会と協力しながら答申づくりを進めた経過もあった。

　このようにみると、飯田市の千代地域協議会と、新城市の作手地域協議会とでは、交付金の審査機能を担う点、市行政に対して答申や意見を出す点、などでは共通する部分もある。ただし、その実態をみると、双方には少なからず相違もみえてくる。そこで、本書の 3 つの分析視点に沿って比較すると、

協議会の活動や組織のマネジメントでは、同じ地方自治法に基づく地域自治区制度を採用しているにもかかわらず、交付金審査の実態でちがいが把握できよう。作手地域協議会の場合には、主たる協議会活動のひとつとして地域活動交付金の審査に取り組み、申請団体によるプレゼンテーションを一件ずつ審査し、質疑応答と採点を担っている。他方で、千代地域協議会の場合、パワーアップ地域交付金の審査機能を担うことになってはいるものの、実態としてはまちづくり委員会が提出する原案をそのまま承認している。こうしたちがいは、千代地域協議会の委員の大半がまちづくり委員会のメンバーを兼ねている点に由来する。「参加」の機能を担う地域協議会と、「協働」の機能を担うまちづくり委員会とが並列する飯田市独自の制度設計が、こうした状況に影響している。

　パートナーシップについては、千代地域協議会も作手地域協議会も、ともに市行政との関わりをもち、また作手地域協議会は計画策定ではまちづくりコンサルタント、空き家調査では区長会との関わりもみられた。ただし、いずれの協議会もあくまで「参加」の機能を担うことが前提で、地域内外の主体と何か「協働」して公共サービスの一端を担うなどは、そもそも想定されていない。実際に、そうした目立ったうごきは看取されない。この点では、千代地域協議会も作手地域協議会も共通する。なお、千代地域協議会の場合には、すでにみたとおり千代地区まちづくり委員会が存在し、よこね田んぼの保全活動で地域内外の主体と連携・協働して取り組みを進めている。この点でいうと、地区全体としてみるのであれば、千代地区と作手地区とでは、まちづくりの包括的な実行組織の有無という点でちがいはある。

　エンパワーメントに関しては、飯田市でも新城市でも、ともに地域活動に関する交付金の審査を地域協議会に委ねてはいる。ただし、飯田市の場合、実態としてはパワーアップ地域交付金の審査で千代地域協議会が独自性を発揮できておらず、審査機能を委ねることが協議会へのエンパワーメントとはなりえていない。他方、新城市の場合には、地域活動交付金の審査において地域協議会がプレゼンテーションの審査や申請内容の採点の面で大きな役割

を果たし、また地域自治区予算の編成作業でも委員それぞれの立場から議論し、検討を重ねている。こうした実態をみると、エンパワーメントという観点では双方にちがいを見出すことができる。同時に、しだいに定着してきた市民任用の自治振興事務所長は、今後においては地域と行政の橋渡し、あるいは各種の情報提供などの面で、地域協議会に対するエンパワーメント機能の発揮も期待できる。

　このようにみると、千代地域協議会と作手地域協議会とでは、同じ地方自治法に基づく地域自治区制度の枠組みで位置づけられているにもかかわらず、その実態にはいくつかのちがいを見出すことができる。

4-2　考　察

　ここまでの千代地域協議会と作手地域協議会との比較からは、自治体独自の制度設計のあり方が協議会活動に影響を与えることがわかる。繰り返し述べているように、飯田市の地域自治区制度も、新城市の地域自治区制度も、ともに地方自治法に基づいている。ただ、双方とも独自の制度設計を施しており、飯田市の場合には「地域協議会とまちづくり委員会の並列」「パワーアップ地域交付金」のふたつ、新城市の場合には「地域自治区予算」「地域活動交付金」「自治振興事務所長の市民任用」の3つであった。このうち、新城市における独自の制度設計は、合併以前から地域自治区制度の必要性を認識し、合併後の初代市長として今日まで市政を担ってきた穂積市長の思いによるところが大きい。彼は合併協議会の場では「この自治区というものを新市全体の中で満遍なく区域設定をし、そしてそこに地域審議会との関係、議会との関係、あるいは旧来の行政区との関係というものもきちんと整合立てて、本当に地域の自治の実を上げていくためには、相当広範囲な検討と幅広い議論というものが必要ではないかというふうに思います」と発言していた[22]。また、市長就任後も7年半という異例の時間的空白のなかでも、あえて地域自治区制度の導入を判断している。こうした地域自治区制度を10地区それぞれに浸透させ、地域協議会の活動を機能させていくという姿勢を堅持し続け

た。「地域自治区予算」「地域活動交付金」「自治振興事務所長の市民任用」は、こうした姿勢の具体的なあらわれとして理解できる。

　他方、飯田市のパワーアップ地域交付金と、新城市の地域活動交付金とでは、内容も性質も共通する部分が少なくない。にもかかわらず、飯田市の場合には千代地域協議会において、パワーアップ地域交付金の審査は形式的なものにとどまっている。こうした状況の背景には、地域協議会の委員の大半をまちづくり委員会のメンバーが兼ねている実態があった。それでは、そもそもなぜ飯田市は地域協議会とまちづくり委員会とを並列させる独自の制度設計を施したのだろうか。

　実は、飯田市の地域自治区制度が現在のかたちになった背景には、地縁組織の再編問題と、地域自治政府構想の検討というふたつの源流があった。このうち、前者は市内各地区の自治会をはじめとする地縁組織の担い手不足が深刻化し、各種団体の整理統合を飯田市自治協議会連合会が要請した経緯があった。後者は、平成の大合併の時期に南信州広域連合（旧飯田市および下伊那郡17町村で構成）で、構成自治体が一定の自治権を持ち続ける独自の「地域自治政府構想」を打ち出し、この実現をめざしてきた推移があった。

　もっとも、その後は個別に合併を模索することになり、「地域自治政府構想」は実現にいたらなかった。ただ、2003年当時の田中秀典市長が飯田市単独でも地域自治政府構想をめざしていく方向性を示し、地域自治組織の導入が既定路線となった。こうして、旧飯田市内の地縁組織の再編問題に対応する必要性、および「地域自治政府構想」の継承、というふたつの潮流は、制度設計の過程でひとつの枠組みのなかで対処されることになる。いうまでもなく、地縁組織の再編問題はまちづくり委員会の設置、「地域自治政府構想」の継承は地方自治法に基づく地域自治区制度の導入、へとそれぞれつながっていった[23]。

　このようにみると、飯田市が独自の地域自治区制度を制度設計した背景には、複雑な事情と経緯が絡み合っていることがわかる。とはいうものの、たとえば第3章で扱った甲州市のように地域自治区制度を廃止するなどのうご

きは、今のところはみられない。そうであるならば、現在のような地域協議会の立ち位置に関しては、再考の時期に来ているのかもしれない。たしかに、飯田市の場合、地域自治区内ではまちづくり委員会の存在が大きいのは事実といえる。こうしたなかで、ある意味では貴重な存在として実行組織が活動している強みを活かし、「地域協議会だからこそできる役割は何か」を見出す必要があろう。

5　ふたつの事例から何が示唆されるか

　本章ではここまで、平成の大合併から一定期間を経たうえで、あえて地方自治法に基づく地域自治区制度を導入したふたつの自治体をみてきた。このうち、飯田市の特徴としての「参加と協働の二重構造」に関しては、飯田市における制度導入をめぐる複雑な過程の帰結であった。本章では、千代地域自治区を取り上げたが、地域自治区のなかで千代地区まちづくり委員会の存在が大きい現状で、千代地域協議会は自らの立ち位置に悩み続けている。他方、新城市の作手地域協議会の場合、「参加」の機能を担うのが基本であるが、地域自治区予算として新城市行政に提案する内容を審議し、また地域活動交付金の応募内容を審査して、活動を続けていた。2015 年度からは新城市内で自治振興事務所長の市民任用も始まり、作手自治振興事務所も例外ではなく、もともと作手地域で活動していた人物が市民任用の所長としてエンパワーメントの役割を担っている。また、本章では詳細を扱うことができなかったが、筆者が実際に作手地域協議会を傍聴した際には、委員同士の対話を通じた相互の気づきの様子もうかがえ、これは住民間協議のひとつのかたちともいえる[24]。

　本章のまとめにかえて、以下の 2 点に触れておきたい。第一は、地域協議会としての特色や独自性が発揮できる制度環境の整備が必要となる点である。本章では飯田市の地域自治区制度において、まちづくり委員会の存在とその広範な活動ゆえに、地域協議会の位相があいまいになっている点に触れた。

この点はすでに先行研究でも指摘はあるが[25]、こうした状況が続くといよいよ地域協議会を置き続ける意義が問われるし、地方自治法に基づく地域自治区制度を導入している限りは、制度そのものの存在も問われることになろう。というのも、第3章で確認したとおり、地域自治区制度において、地域協議会は「協働活動の要」であり、このあり方に制度そのものが規定されるからである。地域協議会には参加の機能を委ねるのであれば、飯田市の場合には、現在のパワーアップ地域交付金の審査を実効性がともなうものとする、あるいは現在は緩やかに行なわれている地域課題の意見提出の方法を他の形態にあらためて実効性を担保するなど、何らかの対応が要るだろう。

　関連して、第二には、地域協議会の活動をエンパワーメントするしかけを、自治体行政として地域事情に合ったかたちで模索することが重要となる点である。たしかに、飯田市の場合はパワーアップ地域交付金の審査を、新城市の場合は地域活動交付金の審査を、それぞれ地域協議会に委ねていたが、実態としては地域協議会が果たす役割には差異がみられたし、エンパワーメントの機能という点でもちがいが生じていた。第3章では豊田市のわくわく事業の審査を扱ったが、本章の検討を通じていえるのは、地域活動の補助金の審査機能、あるいは地域自治区としての予算の審議機能を地域協議会に委ねたからといって、それだけで自ずとエンパワーメントになるとは限らないという点である。自治体行政としては、こうした審査機能や審議機能を通じて、協議会が地域の現状をふまえ、解決が望まれる真の課題を見極め、そこに予算を充当できるように、支援を行なっていく姿勢が望まれる。換言するならば、予算ありきで地域協議会が予算消化の追認機関に陥る事態を避ける必要がある。

　こうした点で、新城市における市民任用の自治振興事務所長は、行政と地域とあいだに立ち、現状の問題状況を何らかのかたちで打開していくことを促す可能性を有している。補助金や交付金という資金面での支援ではない、地域サポート人材による支援に関しては、地域おこし協力隊に代表されるように、「補助金から補助人へ」という潮流もある[26]。名古屋市をはじめとする

大都市においても、こうした地域サポート人材による支援のうごきが生じている[27]。地域自治区制度を支える市民任用の自治振興事務所長は、こうした文脈においても特色ある試みであり、新城市の新たな挑戦として位置づけることができよう。

注

1　総務省自治行政局合併推進課 2010：26
2　自治体戦略 2040 構想研究会 2018：35-36
3　伊賀市・名張市・朝来市・雲南市 2014：16
4　総務省地域力創造グループ地域振興室 2019
5　2018 年 3 月末までは 12 の区が存在していたが、芋平地区では人口減少と高齢化により役員を輩出するのが困難となるなど、さまざまな面で区運営に影響が生じてきたため、同年 4 月から野池地区と合併している（千代公民館 2018：4）。
6　もちろん、区費とは別に公民館分館の活動費を集金している区もあり、11 の区ごとに事情はさまざまといえる（千代地区まちづくり委員会の委員へのヒアリングによる（2018 年 8 月、於・千代自治振興センター会議室））。
7　千代自治振興センターの職員へのヒアリング調査による（2018 年 8 月、於・千代自治振興センター会議室）。
8　事務作業に関しては、まちづくり委員会でアルバイトを 1 名雇用し、資料作りや会計処理を委ねている。
9　千代地区まちづくり委員会 2018
10　千代地区のシンボルであるよこね田んぼを守り続けるのはいうまでもないが、まちづくり委員会の役員には保全活動がセットで付いてくるのが通例であり、その負担は決して小さくないという（千代地区まちづくり委員会の役員へのヒアリング調査による（2018 年 8 月、於・千代自治振興センター会議室））。
11　総務省ホームページ「地域おこし協力隊」を参照。2020 年 3 月閲覧。https://www.soumu.go.jp/main_sosiki/jichi_gyousei/c-gyousei/02gyosei08_03000066.html
12　千代地区の地域おこし協力隊へのヒアリング調査による（2018 年 8 月、於・千代自治振興センター会議室）。
13　新城市 2008：8
14　三浦 2014f：160-166
15　新城市の若者議会に関しては、松下・穂積 2017 を参照。

142

16 作手村 2001 a：28
17 作手村 2001 b：4
18 作手村 2005：6
19 ちなみに、「年度当初から地域活動団体が交付金を活用して活動できる方が望ましい」という地域協議会の判断もあり、2016 年度からは前年度中に申請受付と審査を実施している。それ以前には、新年度に地域協議会の活動が始まる直後に、地域活動交付金の審査に加え、そもそもの地域自治区制度や地域協議会の役割の説明、地域自治区予算の検討など、多くの役割を集中的にこなさざるをえない状況であった。その後、前年度中に審査を実施するようになり、年度の前半は主に地域自治区予算の検討、後半は主に地域活動交付金の審査というかたちで、年度内に協議会が担う作業の時間的な平準化が進んだという（新城市企画部自治振興課作手自治振興事務所の職員へのヒアリング調査による（2018 年 9 月、於・作手自治振興事務所会議室））。
20 作手地域協議会 2014：1-6
21 作手地域自治区に限らず、新城市では行政区長をはじめとする地縁組織の関係者が地域協議会委員をつとめている場合が多い。ただし、なかには行政区長の任期が 1 年という地区もあり、その場合には連動して地域協議会委員も 1 年で交代となってしまう。実際に、地域自治区制度が導入されてから 1 年が経過した 2014 年 4 月時点で、2 年の任期を待たずして多くの委員が入れ替わった協議会もあらわれた。そのため、行政区長の任期を 2 年に引き伸ばし、協議会委員の任期と合わせるように修正した協議会もある。
22 新城市・鳳来町・作手村合併協議会 2005：19
23 飯田市の地域自治区制度の導入過程については、三浦 2017：123-133 を参照。
24 住民間協議については、島田 2013：35-66 を参照。
25 江藤 2014：208-209
26 図司 2013：350-351
27 三浦 2020b：273-274

第5章　コミュニティガバナンスへの期待と自治体内分権

　2000年代後半のポスト合併時代には、いわゆる「まちづくり協議会」が全国的に注目を集め、実際にいくつかの自治体では設置が進んだ。こうしたうごきは大都市にも共通し、わが国の政令市のなかには、行政区よりも狭域の範囲で協議会づくりを進めたところもある。本章では、大阪市の地域活動協議会に焦点を当て、ふたつの協議会の活動を検証する。

1　大都市における協議会型住民自治組織への注目

　わが国の大都市では現在、既存の自治会・町内会の活動範囲よりも大きなエリアにおいて、多様な主体が集うプラットフォームとしての協議会づくりが進行している。そのエリアは多くの場合に小学校区や中学校区に相当し、協議会の名称も「地域住民協議会」「まちづくり協議会」「コミュニティ協議会」などさまざまである。

　実際に、現在20ある政令市のうち11市で、小学校区・中学校区程度のエリアにおける協議会型住民自治組織の存在が確認される[1]。その特徴を整理したのが、**表5-1**である。これらの大半が2000年代半ば以降に設立されたことがわかる。学術研究においても、小学校区での協議会設置とその運営をとおして住民自身が地域課題を討議し、施策を決定し、財源を調達し、事業を執行していくことで、政令市における住民自治の強化が図られるだろう、との指摘が看取される[2]。

このような協議会が設立される背景として、これまで地域社会を支えてきた中心的な存在である自治会・町内会を取り巻く環境が、今日では大きく変化している状況を指摘することができる。多くの場合に既存の自治会・町内会は活動の担い手がますます高齢化し、後継者不足に悩まされている現実がある。

大阪市では現在、地域振興会（自治会・町内会に相当する）をはじめとする多くの地縁組織は、他都市と同様に担い手の高齢化や後継者不足に直面し、いかにしてこうした状況を打開するかが問われている。そこで、2012年度からは本格的に、おおよそ小学校区を基本として、大阪市版の協議会型住民自治組織に相当する「地域活動協議会」（以下、「地活協」）の設立を市内全域で進めた。ただ、短期間のうちに協議会づくりを主導した大阪市側と、実際に地域活動の担い手となる住民とのあいだには大きな認識の差があり、設立後しばらくの期間は大半の地域で戸惑いが生じた現実もある。

とはいうものの、大阪市内の状況を観察すると、なかには協議会の設立が迫られるという変化に向き合いつつも、多面的な活動を展開して成果をあげている事例も確認される。それが、緑地活協（鶴見区）および南市岡地活協（港区）のふたつである。詳しくは後述するが、これらの協議会は、組織基盤の強化と自主財源の安定確保を目的にして、協議会役員が中心となってNPO法人格を取得した「NPO型地域活動協議会」として活動している事例にあたる。この法人格を活かし、緑地活協は児童いきいき放課後事業を受託して実質的な放課後保育機能を担い、南市岡地活協は居住支援法人として住宅確保要配慮者へのサポートを展開している。こうしたNPO型地活協はどのような意義と可能性を有しているのか。

なお、本書ではここまで、主に「参加」の機能を担う協議会型住民自治組織を扱ってきた。他方、大阪市の地活協に関しては、「協働」の機能を担うことになる。その点で、これまでの議論とはやや性質が異なる点もあるが、序章で確認したとおり、今日では参加から協働へのシフトが進んでおり、本書でもあえて大阪市の地活協を取り上げる。

表5-1　政令市における協議会型住民自治組織（行政区単位を除く）

自治体名	名称	設立	根拠規定	エリア	件数	主な構成団体
札幌市	まちづくり協議会	2004年度〜	区ごとに異なる	中学校区	82協議会	町内会、PTA、学校、商店街、ボランティア団体、NPOなど
横浜市（泉区）	地区経営委員会	2009年度〜	設置要綱	自治会、町内会エリア	12委員会	自治会・町内会、地区社協、PTA、商店会、NPOなど
相模原市	まちづくり会議	2010年度〜	支援要綱	まちづくりセンターのエリア	22会議	自治会、地区社協、地区民生委員児童委員協議会、公民館など
新潟市	地域コミュニティ協議会	2005年〜2007年に多くが設立	要綱（自治基本条例にも規定あり）	小学校区または中学校区	99協議会	自治会・町内会、PTA、青少年育成協議会、老人クラブ、婦人会、NPO、民生・児童委員など
名古屋市	学区連絡協議会	1960年代後半〜	なし（学区連絡協議会規約（準則）はあり）	小学校区	265協議会	区政協力委員、民生委員・児童委員、保健環境委員、消防団、小中学校PTA、女性会、防犯委員、子ども会、老人クラブ、青年団など
大阪市	地域活動協議会	2011年度〜（モデル実施）	なし	おおむね小学校区	326協議会	町内会など地縁組織、地域社協、ボランティア団体、NPO、公募住民など
堺市	校区まちづくり協議会	2012年度〜	なし	小学校区	93協議会	自治会などの地縁組織、NPO、地元企業など
岡山市	安全・安心ネットワーク	2006年度〜	なし	小学校区または地区	96組織	町内会、婦人会、民生委員、学校、PTA、愛育委員会、消防団、老人クラブなど
北九州市	まちづくり協議会	1994年度〜	なし	小学校区	135協議会	自治会など地縁組織
福岡市	自治協議会	2004年度〜	設置要綱	小学校区	145協議会	自治会・町内会など地縁組織
熊本市	校区自治協議会	2004年度〜	設置要綱	小学校区	92校区と1地区	自治会など地縁組織

各自治体のホームページを参照して筆者作成

2 大阪市の地域活動協議会とその推移

2-1 大阪市の地域活動協議会の概要

　大阪市の地活協は、概ね小学校区を範囲として、地域住民の組織をはじめ、ボランティア団体、NPO法人、企業など地域のまちづくりに関する多様な団体が幅広く参画し、民主的で開かれた運営組織と会計の透明性を確保しながら、防犯・防災、子ども・青少年、福祉、健康、環境、文化・スポーツなどさまざまな分野で、地域課題に対応するとともに地域のまちづくりを推進することを目的に形成された連合組織に相当する[3]。小学校区程度のエリアで地域振興会をはじめとする地縁組織とともに、市民活動団体も参加する協議会を立ち上げ、双方の水平的な連携関係の促進を意図していることがわかる。実際に、大阪市の説明資料も、多様な団体同士の連携の場としての地活協を活かした自律的な地域運営の実現、という点に協議会形成の意義を求めている[4]。

　そもそも地活協の大枠は、平松邦夫・元大阪市長の時代の構想であった。平松市政で『(仮称)新しい大阪市をつくる市政改革基本方針 Ver.1.0(素案)』(2010年10月)を公表し、「市民による地域運営の仕組みづくりへの支援」のための新たな事業として素案を示した経緯がある。その後、2011年12月に橋下徹氏が大阪市長に就任し、平松市政における市政改革基本方針を修正する『市政改革プラン――新しい住民自治の実現に向けて――』(2012年7月)を策定しつつ、地活協の構想自体を継承した。

　大阪市の説明資料によると、地活協が本格的な活動をはじめるまでには、4つのステップを踏むことを想定していた[5]。すなわち、「地活協についての勉強会の開催」(第1段階)、「地活協の設立に向けた協議の場の設置」(第2段階)、「地活協の設立および活動」(第3段階)、「市の補助金等を受けるための区長認定」(第4段階)、であった。

　ちなみに、地活協の設立から活動にいたるまでの一連の過程において、区役所やまちづくりセンター (24行政区ごとに置かれる協議会形成・運営の支援団

体)、さらには中間支援組織(大阪市から委託を受けた銀行、コンサルタント、社会福祉協議会など)がさまざまな支援を施してきた。その内容は、協議会の立ち上げサポート、地域内の状況把握、個々の団体間の連携促進、地域情報の蓄積と発信、協議会委員を対象とした講習会の開催など多岐にわたる。実際に、設立後の地活協のなかには、こうした支援を受けてホームページの立ち上げや広報誌の発行を進めたところもあった。

2-2　大阪市における地域活動協議会の推移

　このようなステップを経て設立にいたった地活協は、はたしていかなる推移をたどったのか。すでに大阪市では2011年から、市岡(港区)、大江(天王寺区)、聖和(同)、五条(同)、今里(東成区)、深江(同)、榎本(鶴見区)の7地域をモデルに位置づけ、先行して協議会運営を試みてきている。これらモデル地域も含め、2019年7月時点では、合計326地域で地活協が発足している[6]。ここで設立時期を時系列的に整理してみると、**図5-1**にあるように、先行するモデル地域や一部の地域を除き、大半が2013年の2月から3月にかけて設立されたことがわかる。

　この時期に地活協の設立が一気に進んだ背景には、大阪市の協議会づくりに関する路線転換があった。上述のとおり、地活協の構想自体は平松市政からはじまった。その後、橋下市政に移行して市政改革にかかる諸前提を見直したものの、地活協の設立それ自体は引き継ぎ、準備・検討が進んだ。ここで留意を要するのは、一連の過程で協議会の設立に関する時間的制約を大幅に修正した点である。

　平松市政では、地活協はあくまでも地域ごとのニーズに応じ、地域の側から自主的・主体的に立ち上げるものであり、区役所としては設立にむけた支援を行なうという内容であった。ところが、橋下市政では、大阪市内全域での地活協づくりを進めることとし、その期限を原則2012年度中と設定したのである。結果として、きわめて短期間のうちに協議会の設立が進んだ。こうした背景には橋下市政でスピード感が求められた事情があるとの見方もあ

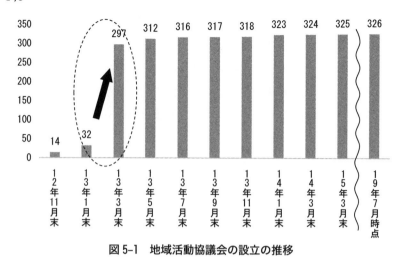

図 5-1　地域活動協議会の設立の推移

大阪市会市政改革特別委員会（2013 年 7 月 26 日）での配布資料、および筆者の独自調査に基づい
　て筆者作成

る[7]。通常、協議会づくりを進めるにあたっては、地域で何度も説明会を繰
り返し、住民理解を得ていくことになる。地域事情にもよるが、きわめて短
期間のうちに協議会設立が達成されるのは稀有な例ととらえて差支えない。

　大阪市の場合には、事業ごとに地縁組織や市民活動団体に交付してきた従
来の補助金の一括化を推し進め[8]、これを誘導手段に用いて協議会設立を促
していった。具体的には、大阪市は 2012 年 11 月に突如、各地域で一括補助
金の受け皿としての地活協を設立しなければ、2013 年度からは市の補助金
を受けられないかたちへと修正したのである。そのため、地域の側からする
と、たとえば盆踊りに代表される催事を従来どおりに市の補助金を用いて開
催するならば、地活協を設立せざるをえなくなった。さらにいうと、たとえ
地活協を設立しても活動費の補助率が 100 パーセント継続するのは 2013 年
度までで、2014 年度以降は補助率が 50 パーセントに引き下がることになっ
た。背景には、大阪市が抱える財政状況の悪化ゆえに、こうした補助金も市
政改革の対象となった事情がある。

　整理すると、大阪市として市政改革の一環で歳出削減を進めざるをえない

状況下で、従来の個別補助金を一括化し、新たに一括補助金を受給したいのであれば地活協を立ち上げなければならない状況を作った。地域の側としては、これまでどおり盆踊りなどの活動を継続したいがゆえに、早急に地活協を立ち上げたのだった。橋下市政で全市的に地活協の設立が一気に進んだ背景には、このような一括補助金を用いた誘導があった。

2-3　地域活動協議会に対する反応

　ともあれ重要なのは、このような路線転換の結果、大阪市内の地域社会の現場はどのような状況になっているかである。地活協をめぐっては、地活協の設立直後の時期に、各区役所がシンポジウムやフォーラムを催してそのあり方を考える機会を設けてきた。それ以外にも、民間団体が地活協について議論する場を開催してきた。筆者はこのような場に参加してきたが、当時、協議会活動に携わっている委員からそこでしばしば聞かれたのは、大阪市行政の一方的な都合で協議会づくりを推し進め、住民の側はそのうごきに追いつくことができていない、という声であった。

　たとえば、2013 年 7 月に開催されたシンポジウム「地域運営の新たな仕組み――『地活協』形成の成果と課題」(主催：大阪市立大学大学院創造都市研究科)では、実際に地活協の委員として活動に携わる者から以下のような声が聞かれた。「これまで地域活動を担ってきた地域振興会がすでに存在しているのに、なぜ今この時期に地活協という新しい枠組みを構築する必要があるのか。しかも、地域で認識が深まっていない状態のなかで、どうして早急に協議会づくりを進めてしまったのか」と。

　もちろん、すべての協議会委員がこのような立場であるわけではない。ただ、筆者が参加したシンポジウムやフォーラムにおいて、協議会設立のスピードに違和感を持つ委員の声は少なくなかった。一括補助金をインセンティブとし、地域の側で十分に地活協に対する認識の共有が進まないまま協議会づくりを進めてきた推移が、このような現実に影響している。同時に、大阪市内の地域社会の現場では、設立から 7 年近く経過した今日でも試行錯誤を繰

150

り返している場合もみられる。

　こうしたなかで、本章で扱う緑地活協と南市岡地活協のうごきは、注目に値するものといえる。続いて、緑地活協の活動をみていこう。

3　緑地域活動協議会（鶴見区）の実践

3-1　緑地域と地域活動協議会の設立

　大阪市鶴見区の北西部に位置する緑地域は、2015年度の国勢調査で、人口が約6,400人、世帯数が約2,500世帯となっている。人口は年々増加し、特に数年前に地域内に270世帯ほどが入居する大型マンションが完成し、人口増加に拍車をかけた。このうごきにより、緑地域にあるみどり小学校の児童数も1.5倍ほどに急増している。

　このような緑地域では元来、町会（自治会・町内会に相当）を基盤とする各種の地縁組織の活動が盛んで、住民同士が相互に連携・協働関係を構築し、広範な地域活動を展開してきた経緯がある。活動拠点は「緑ふれあいの家」であり、ここで長年にわたり高齢者を対象とした食事サービス（緑ふれあいの家での食事提供、歩行困難な高齢者には宅配）、子ども・地域の見守り隊や青色防犯パトロール隊による各種の防犯活動、乳幼児を抱える親向けの子育てサロンといった活動を展開し、広く緑地域の住民福祉の向上につとめてきた。

　こうした活動の一方で、緑地域ではしだいに多様な地域課題が顕在化しはじめてきたのも事実だった。具体的には、高齢者の増加にともなう生活支援、あるいは出生率の高さゆえの子育て支援や子どもの見守りなどがあげられる。また、地域活動を支える町会に関していうと、人口流動が激しいゆえに、加入者の減少が進行しつつある。そこで、2010年8月には緑地域で「地域問題検討会」を設置し、将来にわたって持続可能な地域づくりを推し進めるためにはどのような取り組みが必要かを議論してきた。この検討会に参加していたのは町会をはじめとする地縁組織の関係者であり、およそ1年にわたり協議を重ねた。

　その後、大阪市から地活協の外郭が提示され、また 7 つのモデル地域に関する動向をふまえ、緑地域では 2011 年 8 月に「地域活動協議会設立準備委員会」を立ち上げる。この設立準備委員会は約 1 年にわたり、年間事業計画の策定、各種団体との関係の整理、NPO 法人への移行に関する協議などを進めた。同時に、地活協の構想を地域全体で共有できるように、単位町会をとおして認識の共有につとめた。こうした経過ののちに協議会設立の決定を行ない、2012 年 8 月に緑地活協を設立した。

　ここで注目したいのは、緑地活協の設立過程ですでに NPO 法人への移行が前提となっていた点である。背景には、任意団体としての活動経過をふまえると、緑地域のさらなる発展には地域社会を支える安定かつ透明な組織体制を整え、活動の継続性を担保する枠組みが必要である、との認識があった。その先では、認定 NPO 法人として税制優遇措置を受けることも展望していた。結果として、協議会設立から約 3 カ月後の 2012 年 12 月に「NPO 法人　緑・ふれあいの家」がスタートし、2013 年 4 月には第 1 回総会も開催している[9]。

3-2　緑地域活動協議会の概要

　現在の緑地活協の会員の中心は個々の単位町会であるが、賛助会員として寺院、教習所、警備会社なども参加している。NPO 法人の設立から現在まで会費徴収は行なわず、会員から寄付を募っている。たとえば町会からは敬老のつどいや成人式の開催にかかり、寄付を受けている。また、盆踊り大会や桜まつりといった催事の際にも、地元企業などから寄付を集めている。この点に関していうと、将来的には自主事業を今以上に幅広く展開することで収入予算に占める町会からの寄付の割合も少なくし、その先では町会費の金額自体も少なくしていくことをめざしている。

　さて、NPO 法人としての緑・ふれあいの家には、組織全体の会計事務を担当する「経理部」、有償ボランティアに関する事務全般を担当する「有償ボランティア部」、新規事業の立ち上げにむけて検討を担う「新規事業研究部」、児童いきいき放課後事業の事務全般を担う「いきいき事業部」、自主事業を

担当する「有償第一事業部」、非営利の地域活動を担う「非営利第二事業部」から構成される。同時に、会計監査を担当する「監査部」、インターネットや紙媒体での広報活動を担う「広報部」を独立組織として置いている。

　また、2019年度の収支予算は、**表5-2**のとおりである。予算規模はおよそ1億2,572万円となっており、後述する「児童いきいき放課後事業」が多くの割合を占めている。

3-3　緑地域活動協議会の活動展開

　上記の事業計画のとおり、現在の緑地活協は多面的な活動を展開している。ここでは3つの主要な活動を取り上げ、その概要を把握したい。第一は地域の親睦活動として、協議会の発足後にはじまった「緑・いどばたクラブ」である。これは偶数月に1回、第2土曜日を基本とし、緑ふれあいの家で開催している住民同士の親睦会である。協議会関係者や地域住民はもちろん、学校教員や区役所職員も参加し、緑地域の動向を報告したのちには食事を交えながら緑地域のあり方を語り合う機会となっている。毎回のこの企画では、地域活動に関するさまざまなアイディアも生まれ、たとえば2016年5月から実施している健康づくり教室（特別養護老人ホームからスペースを借りて「緑ふれあいトレーニングハウス」という名称で開催）は、ここでの話し合いから派生した内容であった。また、現在は緑地域内での高齢者の移動手段の確保が課題となっており、現状に照らすとどのようなかたちで有償移送サービスが展開可能か、などについて意見交換している。

　ちなみに、2013年度から2015年度までは、毎月1回、第2日曜日を基本とし、「みどりのふれあい市」という農産品の産地直送市を緑ふれあいの家で開催していた。このときには、和歌山県や徳島県の農家から規格外の野菜や果物を安値で仕入れ、販売することをつうじて緑地域における住民同士の交流を促した経緯がある。仕入れ先は協議会関係者の伝手によって開拓し、当日には緑地域内に位置する鶴見商業高校の生徒の協力を得ながら販売して、収益は青色防犯パトロールなどの活動に役立てていた。もっとも、今後は高齢者

表 5-2　2019 年度の緑地域活動協議会の事業収支

収　入

項目	予算額
地活協に対する補助金	2,596,377
緑ふれあいトレーニングハウス利用料	24,000
緑コミュニティランチサービスと宅配売上	877,500
緑コミュニティサロン	562,500
緑・納涼盆おどり大会	3,700,000
緑いどばたクラブ	270,000
第 22 回緑・大運動会	500,000
緑・桜まつり	360,000
敬老のつどい町会寄付金	400,000
新年互礼会参加者会費	810,000
成人式町会寄付金	40,000
コミュニティ回収	1,080,000
生涯学習ルーム事業	44,999
児童いきいき放課後事業	100,846,625
児童いきいき延長保育料	850,000
大阪市緑区みどり小学校体育施設開放事業	130,000
自己資金	7,449,523
前年度繰越金	4,965,440
雑収入	0
受取利息	100
合　計	125,723,064

支　出

項目	予算額	うち補助金額
青色防犯パトロール	247,500	96,787
緑・ふれあいトレーニングハウス事業	545,000	272,500
緑・コミュニティランチと宅配サービス事業	750,000	0
はぐくみ事業	20,000	0
緑・クリーン事業	50,000	0
緑・コミュニティサロン	500,000	0
緑・大運動会	502,500	207,500
緑・納涼盆おどり大会	3,723,700	993,100
新春もちつき大会	156,000	78,000
地域広報活動	101,000	75,750
緑・地震そなえ隊 2019	65,600	49,200
緑・桜まつり	260,200	0
緑・いどばたクラブ	200,000	0
緑・敬老のつどい	514,940	42,470
新年互礼会	810,000	
緑たすけあいネットワーク委員会	20,500	0
成人式	45,000	0
コミュニティ回収	640,000	0
生涯学習ルーム事業	44,999	0
子育てサロン	69,500	52,125
Jr. 防災リーダー養成講座防災訓練事業	279,560	209,670
児童いきいき放課後事業（消費税含む）	100,846,625	0
児童いきいき放課後事業延長保育人件費	1,800,000	0
大阪市鶴見区みどり小学校体育施設開放事業	130,000	0
次年度繰越	5,139,640	0
租税公課	6,725,800	0
事業費計	124,188,064	2,077,102
運営経費	1,535,000	519,275
合　計	125,723,064	2,596,377

NPO 法人緑・ふれあいの家 2019：1 を参照して筆者作成

の健康づくりの取り組みを重点的に進めるとの判断から、現在は実施していない。

　第二は、地域福祉活動であり、具体的には「緑ふれあいランチサービス」にあたる。これは緑地活協が設立される以前から手がけていた取り組みであり、もともとは女性会が中心となって担当していた。その後、地活協がサービス運営を担当するようになり、以前から関わっていた女性会のメンバーも継続して携わっている。現在は毎週木曜日に緑ふれあいの家において、緑地域に居住する高齢者が参加する食事会を開催している。毎週の食事会では、1食あたり400円で高齢者の健康を配慮したメニューを提供し、多いときで50名ほどが参加する。他方で、体調などの事情から会場に通うのが困難な高齢者に対しては別途宅配サービスも行なっており、こちらの利用者は多いときで30名ほどである。かつては住民有志がこれらの活動を無償で担っていたが、現在は各種事業が軌道に乗って安定した収入も見込める状態となったために、有償ボランティアとして事業を担当している。

　第三は、受託事業の運営であり、「児童いきいき放課後事業」があげられる。この事業は大阪市が1992年から独自にはじめたもので、学期中の放課後や夏休み・冬休みなどに小学校の空き教室などを利用して児童の健全育成を図る内容である。平日は午後6時までこの事業を利用できるため、実質的には児童や保護者にとっての学童保育の機能も果たしている。この事業は長年、一般財団法人大阪市教育振興公社が受託・運営してきたが、現在では民間企業や社会福祉協議会も受託・運営するかたちとなっている。緑地活協は「地域と学校はより緊密に連携し、児童を育てていく必要がある」との考えのもと、事業公募に応募した結果、2013年度から2カ年にわたり3つの小学校（みどり小学校、鶴見小学校、焼野小学校）における事業の運営・管理団体となった[10]。その後、2015年度からは5つの小学校（みどり小学校、鶴見小学校、焼野小学校、横堤小学校、茨田西小学校）を、2018年度からは7つの小学校（みどり小学校、鶴見小学校、焼野小学校、横堤小学校、茨田西小学校、茨田東小学校、鶴見南小学校）を、それぞれ担当している。現在は月曜日から金曜日は授

業終了後から夕方まで、土曜日は午前 8 時半から夕方まで、昔の遊び教室を
はじめとする豊富なメニューを用意して運営している。事業収入の予算額も
表 5-2 のとおり、2019 年度で 1 億 84 万 6,625 円にのぼり、NPO 法人として
の主要事業となっている。この点に関していうと、事業受託には法人格が求
められるため、任意団体のままでは公募に応じることができない。上述のと
おり、緑地活協は自主事業の展開を当初からめざしており、このような動向
に地活協として NPO 法人格を取得する意義の一端を垣間見ることができる。
　なお、一連の活動においては、まちづくり支援に取り組む地域外の NPO
法人との連携も看取される。具体的には、中間支援組織としてのプロボノチー
ムの活用があげられる [11]。上記のとおり、大阪市内には協議会活動を支援す
るねらいから、中間支援組織が配置されている。緑地活協が位置する鶴見区
の中間支援組織に関しては、プロボノチームによる事業提案というかたちで
活動支援を進めている。緑地活協も鶴見区のまちづくりセンターからの紹介
を通じ、プロボノチームを活用した経緯がある。一連の取り組みでは、あら
かじめ半年間の活動と期限を定め、緑地域の側の課題とニーズを明確に伝え、
直接向き合いながら協議を進めた。緑地域が提示した課題は「地域における
子育て支援のしくみづくり」であった。活動開始後には、プロボノチームの
メンバーは地活協関係者とワークショップを行なって認識の共有を図り、ヒ
アリングを繰り返していった。最終的には半年のうちに提案書をとりまとめ、
その内容は地活協関係者によると「綿密な調査に基づく具体的な内容で、緑
地域の課題解決にとって示唆に富んだもの」であったという [12]。

3-4　本書の分析視点からの検証

　大阪市内の地活協が現在もなお試行錯誤を繰り返している場合が少なくな
いなかで、ここまでみてきた緑地活協は、多岐にわたる活動を展開して成
果を上げている。上述した内容以外にも、たとえば協議会設立を契機とし、
2012 年 10 月には緑地域の運動会（緑・大運動会）を 17 年ぶりに開催している。
その際、緑地域の住民に開かれた協議会づくりを進めるという緑地活協の方

針に則り、町会未加入者に対しても積極的に参加を促したという。久方ぶり
の運動会には、若者から高齢者まで世代を超えた地域住民がのべ 1,200 人ほ
ど参加し、なかでもみどり小学校の児童は、当時の約 8 割にあたる 260 名ほ
どが参加した。この運動会は緑地域の住民にとって、同じ地域に住む者同士
で交流できるひとつの機会になった。

　こうした緑地活協の一連の動向をもとに、ここで本書の 3 つの分析視点に
照らし、運営と活動について検証しよう。まず、マネジメントに関しては、
この地域では協議会設立以前から食事サービスや各種の防犯活動などを住民
主導で展開し、彼らが現在の協議会活動の中心となっている。緑地活協の設
立過程では早期から自主財源の確保を視野に入れ、NPO 法人格も取得した。
その後、大阪市の「児童いきいき放課後事業」の運営も受託するなど、自主
財源の確保につとめてきた。運営面でも適宜、事業のあり方を見直しながら
「持続可能な地域づくり」をめざし、防犯、防災、教育、福祉、環境などあ
らゆる領域で地域住民の生活に寄与する取り組みを展開してきた。

　また、パートナーシップについては、プロボノチームと連携し、「児童い
きいき放課後事業」への応募につながる提案を受けるなどの姿勢が看取され
た。一連の過程では連携が必要な活動領域を見定め、期限をあらかじめ設定
して、相手先に求める役割を明確にすることで成果を上げていた。緑地活協
の関係者も「恒常的に連携するよりも、解決が求められる課題が明らかになっ
た段階で課題解決のためにあらかじめ期限を定めて連携するほうが、地域に
とってのメリットは大きい」[13] と言及する。もちろん、これ以外にも、現在
は休止しているが、「緑・ふれあい市」の運営では関係者の人脈によって和
歌山県や徳島県の農協から野菜を仕入れ、鶴見商業高校の生徒たちと販売し
た経緯がある。

　エンパワーメントに関しては、大阪市として「児童いきいき放課後事業」
を民間企業や社会福祉協議会、さらには NPO 法人が受託・運営できるよう
に対応した点に、その一端を見出すことができる。大阪市では長年、一般財
団法人大阪市教育振興公社が受託・運営する状況が続いてきた。しかし、こ

の公社から「児童いきいき放課後事業」の現場に派遣されるスタッフ（教員の OB）は、必ずしも当該地域に関する知識を持ち合わせているわけではなかった。それゆえに、地域住民からは「学校と地域との距離がますます拡大してしまう」という懸念を生んでいった事実もある。こうしたなかで、地域に根差した NPO 法人が事業の運営主体となれば、学校と地域との新たな接点が生まれ、新たな地域教育の機会が開かれることになる。実際に、緑地活協は 2013 年度からは 3 つの小学校、2015 年度からは 5 つの小学校、2018 年度からは 7 つの小学校と、応募のたびに担当する小学校の数を増やしてきた。同時に、運営面でも昔の遊びを取り入れる、自然観察を実施するなど、教育面で児童に寄与するように工夫を重ね続けている。

　もっとも、緑地活協の現在の活動のなかで、まったく課題がないわけではない。それは、相対的に若者世代の地域活動への参加が依然として多くない点である。たしかに、なかには緑地域の運動会への参加を契機に、地域活動に携わるようになった 30 歳代から 40 歳代の住民もあらわれはじめている。ただ、そうした新しい変化ははじまったばかりであり、継続して若者世代の地域活動参加の促進を進めるしかけづくりが求められている。そこで、緑地活協では上記のとおり協議会内に広報部会を設け、SNS など各種インターネットツールを活用して若者世代への情報発信を進めている状況にある。

4　南市岡地域活動協議会（港区）の実践

4-1　南市岡地域と地域活動協議会の設立

　南市岡地域は大阪市港区の東部に位置し、2015 年度の国勢調査で、人口が約 3,200 人、世帯数が約 1,700 世帯となっている。高齢化率はおよそ 27 パーセントで、大阪市の平均的な水準だが、今後は高まっていく見通しである。地理的には JR 大阪環状線の弁天町駅から徒歩 10 分ほどの場所に位置し、大阪市内の中心部からも比較的近い。他方で、この地域は尻無川に面しており、防災上の不安がまったくないわけではない。また、地域内にはスーパーやコン

ビニエンスストアもなく、特に高齢者にとっては買い物に不便なエリアである。

　こうした南市岡地域では、大阪湾に近いという地理的事情もあり、これまで連合振興町会が中心となって防災訓練に力を入れてきた。また、連合振興町会と地区の社会福祉協議会が連携し、40年近くにわたって現在まで古紙回収にも取り組んできている。古紙回収では毎月1回、古新聞や古雑誌の回収を住民に呼びかけ、かつては年間で100万円ほどの収益を得ることもあった。こうした資金を活かし、南市岡地域での運動会や地蔵盆の開催を進めてきた歴史がある。一連の取り組みの過程では、町会（自治会・町内会に相当する）や地区社会福祉協議会など南市岡地域で活動する各種団体は、「定例会」と呼ばれる合同会議を毎月1回の頻度で、長年にわたり開催し続けてきた。

　このような蓄積がある南市岡地域において、地活協の検討が始まったのは、2012年秋からであった。地活協の設立にいたる過程では、まず2012年11月に南市岡地域の関係者が集う定例会において、区役所が地活協に関する説明を行なっている。もっとも、このときには上記のような各種団体の取り組みもあったゆえに、「地活協のような取り組みは、すでに南市岡地域では長年にわたって展開してきているではないか」という反応をする関係者も少なくなかった。他方で、「説明資料にはNPO法人化によるコミュニティ・ビジネスの展開との記載もあり、運営のやり方によっては協議会を活用して自主財源を確保し、それを基盤に自立度の高い地域活動も展開できそうだ」という印象を持った関係者も存在していた[14]。

　その後、同年12月には地活協の設立にむけた準備会を立ち上げ、港区役所や港区まちづくりセンターの支援も受けながら検討を重ねた。このときには、設立総会の開催までに必要な作業とスケジュール、南市岡地活協の規約案などが議論された。一連の過程では、地活協そのものの内容に関する質問は出たものの、地活協への移行に対する反対意見もなく、準備はスムーズに進んでいった。こうした経緯ののち、2013年2月に南市岡地活協の設立総会の開催にいたっている。

4-2　南市岡地域活動協議会の概要

　設立総会の開催後、2013年4月には南市岡地活協のSNSのページを立ち上げ、情報発信を開始した。同年5月には地域の運動会が催され、また地活協運営委員会（総会に相当する）も開いている。設立後の南市岡地活協は、こうして着実に活動を軌道に乗せていった。

　このような南市岡地活協について、ここでは協議会の組織と活動、および予算と決算を把握しておこう。このうち、協議会の組織については上記のとおりNPO法人格を取得しており、南市岡地活協は運営委員会のもとに「総務広報」「地域福祉」「防犯防災環境」「こども青少年」「居住支援事業」の5部会を置いている。全体統括や財務管理は8名からなる役員会議で担当し、また各部会には会計担当者を置くことで、会計の透明性を図りつつ部会ごとの自立的な活動を展開している。事務局体制としては、専従の事務スタッフを配置することなく、8名の役員が率先して事務作業をこなす。

　ちなみに、NPO法人の設立は2014年11月であり、法人格の取得にむけてはさかのぼること約10か月前の同年1月に、発起人が参集して検討を開始した。その後も、4月には法人化にむけた勉強会を開催し、5月には南市岡地活協の運営委員会の場ですべての運営委員から賛同を得て、NPO法人の設立を確認している。こうした背景には、役員のあいだに「地域活性化に真剣に取り組むためには、地活協として一定の収益を上げる必要があり、そのためにはNPO法人格を取得して自主事業を展開するのが望ましい」という認識があった点を指摘することができる。実際にNPO法人格を取得したことで、後述する「すき屋根んふれあい広場『朝市』」の開催や「児童いきいき放課後事業」の受託が可能となった。

　南市岡地活協の活動について、**表5-3**は主な年間・月間の活動予定表である。ここにあるように、南市岡運動会や敬老のつどいの開催、避難訓練の実施などに取り組んでいることがわかる。これらは南市岡地活協が設立される以前から、連合振興町会が中心となって担ってきたものであった。他方で、「すき屋根んふれあい広場『朝市』」のように、南市岡地活協が発足してから新た

160

表5-3 南市岡地活協の主な活動

年間の行事予定		月間の行事予定	
5月	南市岡運動会	毎月第一日曜日	古紙等回収
8月	南市岡すき屋根ん盆踊り大会	毎月第一木曜日	子育てサロン
9月	南市岡敬老お祝い大会	毎月第一、第三水曜日	ひったくり防犯パトロール
10月	港区民まつり	毎月第二火曜日	いきいきサロン
11月	秋のハイキングみかん狩り	毎月第三日曜日	南市岡ふれあい広場「朝市」
12月	ふれあいまつり、歳末夜警	毎月第三土曜日	ふれあい喫茶
1月	新年互礼会、防災体験学習	毎月第四金曜日	高齢者食事サービス
3月	南市岡地域避難訓練	毎月第四土曜日	地域食堂

南市岡地域活動協議会 2014、同 2018a を参照して筆者作成

表5-4 地域活動協議会補助金事業にかかる南市岡地活協の予算・決算

科目		2017年度決算		2018年度予算	
		収入額	支出額	収入額	支出額
活動費補助金		1,615,000		1,609,000	
運営費補助金		500,000		500,000	
地域福祉	高齢者食事サービス事業	161,350	313,717	176,400	333,900
	高齢者見守り事業		64,802		103,200
	ふれあい栽培事業		66,953		45,500
	地域ふれあい食堂		0	102,000	175,000
	部会合計	161,350	445,472	278,400	657,600
防犯防災環境	地域避難訓練事業		377,016		10,000
	交通指導員活動事業		17,500		21,000
	こども見守り活動事業		25,000		2,500
	地域歳末警戒夜警事業		41,358		23,000
	防犯カメラ維持管理事業		15,000		15,000
	ひったくり防犯パトロール事業		61,400		48,200
	夏季地域全域巡視事業		17,100		12,300
	環境美化事業		0	2018年度から廃止	
	部会合計	0	554,374	0	132,000

小学校教育関係	生涯学習ルーム事業		81,348		102,900
	はぐくみネット事業		101,179		86,000
	広報紙発行事業		120,440		152,480
	部会合計	0	302,967	0	341,380
青少年	夏休みラジオ体操事業		24,674		60,000
	学校体育施設開放事業		145,365		151,000
	秋のハイキングみかん狩り事業	17,200	106,500	50,000	152,400
	部会合計	17,200	276,539	50,000	363,400
総務広報	地域敬老大会事業	390,000	154,902	189,380	400,800
	広報事業		46,587		37,200
	すき屋根ん盆踊り大会事業	182,300	337,779	200,000	414,300
	港区民まつり事業	98,492	92,867	120,000	100,100
	部会合計	670,792	632,135	509,380	952,400
運営費	給料等		257,200		56,000
	消耗品費		17,280		180,000
	通信費・保険料・手数料		108,450		72,000
	委託料				72,000
	使用料及び賃借料		126,759		120,000
	運営費合計		509,689	0	500,000
総合計		2,964,342	2,721,176	2,946,780	2,946,780

南市岡地域活動協議会 2018b を参照して筆者作成

に始まった活動も看取される。これについては、南市岡地活協の特色ある活動として位置づけられるので、後述したい。

　こうした活動にとって重要となる予算と決算について、地域活動協議会補助金事業（上述した一括補助金に相当）に関連した、2017 年度の決算と 2018 年度の予算は、**表 5-4** のとおりとなる。もっとも、これら以外には NPO 法人の自主事業として、「南市岡ふれあい広場『朝市』事業」（2017 年度で 208 万 7,277 円の収入）がある。また、「地域課題解決型『広報みなと』配布事業」（2017 年度で 278 万 5,200 円の収入）なども担当している。

　ちなみに、2015 年度から 2017 年度にかけては「児童いきいき放課後事業」

（2017 年度で 1,184 万 1,920 円の収入）を担当していた。そのため、当時は現在よりも予算規模が大きい状況にあり、NPO 法人としての予算規模は 1,800 万円ほどであった。

4-3　南市岡地域活動協議会の活動展開

　このような南市岡地活協について、ここでは南市岡地域に大きな波及効果を与えている 3 つの活動を取り上げ、それぞれの動向をみていく。第一は、毎月 1 回、第三日曜日の午前中に、NPO 法人として南市岡公園で開催している「南市岡ふれあい広場『朝市』事業（すき屋根んふれあい広場『朝市』）」である。この朝市は、法人格を取得した南市岡地活協が最初に取り組んだ活動で、2015 年 1 月に第 1 回を開催している。運営では、NPO 法人化を進めるなかで、港区まちづくりセンターの紹介により交流が始まった、上記の緑地活協（鶴見区）の取り組みを参考にした。すなわち、緑地活協が先行して取り組んでいた「緑のふれあい市」から多くを学んだという [15]。先述のとおり、南市岡地域はスーパーやコンビニエンスストアがないために、毎回の朝市に足を運ぶ地域住民も少なくない。また、このときには軽食も提供し、住民同士が交流する機会にもなっている。なお、この朝市の収益は防災活動に役立て、備蓄倉庫の非常食の確保に充てている。

　第二は、「児童いきいき放課後事業」の運営であった。この事業はすでに上述したとおり、学期中の放課後や夏休み・冬休みなどに小学校の空き教室などを利用し、児童や保護者にとっての実質的な学童保育の機能も担っている。南市岡地活協は「地域の子どもは地域が育み、支えていく」という考えから、すでに先行して運営していた緑地活協の助言も受けながら事業に応募した。その結果、2015 年 4 月から 3 カ年は南市岡小学校での事業の運営・管理団体となっている。このときは月曜日から金曜日は放課後から午後 6 時まで、土曜日や長期休業日は午前 8 時 30 分から午後 6 時まで、ヒップホップダンスや囲碁将棋の練習、戦争体験者から話を聞く平和学習の開催、夏休み中の相撲教室の開催など、特色を出して事業を運営した。上記の通り、事

業収入は 2017 年度で 1,184 万 1,920 円にのぼっている。この事業の運営主体となるための要件としては法人格が求められており、地活協として NPO 法人格の取得は、こうした面で有効といえる。

　もっとも、2018 年度からは、南市岡地活協は南市岡小学校での「児童いきいき放課後事業」の管理・運営団体からは外れている点には留意を要する。というのも、事業に応募したものの、公募型企画競争方式による選定で次点の結果となったからであった。ただ、現在の運営・管理団体もヒップホップダンスや囲碁将棋を継続しており、また南市岡地活協として平和学習の開催支援も継続して取り組んでいる。

　第三は、国土交通省の「重層的住宅セーフティネット構築支援補助事業」の枠組みで、大阪府から「住宅確保要配慮者居住支援法人」の指定を受け、NPO 法人として取り組んでいる「居住支援事業」の実施である。大阪府の住宅確保要配慮者居住支援法人とは、高齢者や障がい者の民間賃貸住宅への円滑な入居を促進するために、各種相談や見守りなどの生活支援を実施することが主な役割となっている。南市岡地活協は大阪府から法人指定を受け、現在は住まい探しに困難を抱える高齢者、障がい者、被災者、外国籍世帯などを対象に、入居前から生活全般についての相談を受け付け、対応している。あわせて、入居後にも家のなかに閉じこもりがちな状況の改善を意図して、すでに南市岡地域で豊富に行なわれているふれあい喫茶やこども食堂、各種の健康講座や体操教室などへの参加も呼び掛けている。2018 年度からは南市岡地活協として医療法人とも連携し、気軽に特別健康診断を受けられる機会も設けた。さらに、2019 年 3 月からは、障がい者の生活を支援する新たな試みとして、「住み慣れたまちで、これからも暮らしていきたい」という思いを実現させる目的で、大阪市と連携して「グリーンハート南市岡」というグループホームも開設した。このように、さまざまな困難を抱える人々であっても安心して住宅に入居し、生活していけるように、南市岡地活協として既存の活動と連動させながら、生活全般のサポートというかたちである種のセーフティネット機能を発揮しているといえよう。管見の限りでは、他に

はみられない試みであり、南市岡地活協のひとつの特徴として位置づけることができる。

4-4　本書の分析視点からの検証

　ここまでの南市岡地活協の状況をふまえると、緑地活協と同様に、南市岡地活協も豊富な活動を展開している状況がうかがえる。先行事例である緑地活協から協議会運営のノウハウを学びつつ、独自にセーフティネット機能を発揮するなど、住宅確保要配慮者にとって大きな支えとなっている。

　ここで本書の3つの分析視点から、運営と活動についてあらためて整理しておこう。このうち、マネジメントに関しては、南市岡地活協ではもともと連合振興町会や地区社会福祉協議会をはじめとする各種団体が集うプラットフォームとしての「定例会」が存在し、おおよそ地活協に類似する地域活動が営まれてきた歴史があった。こうしたなかで地活協に移行し、NPO法人という体制のもとで「南市岡ふれあい広場『朝市』事業」「地域課題解決型『広報みなと』配布事業」「児童いきいき放課後事業」「居住支援事業」を展開し、自主財源の確保につとめていた。同時に、これらの収益を有効活用し、地域福祉の充実や親睦の機会の提供、さらには地域防災力の向上を図っていた。こうした寄付や会費に頼らないで、自前で稼ぎ運営していく動向には、南市岡地活協としてのコミュニティ・ビジネスを志向する姿勢を垣間見ることができる。

　また、パートナーシップについては、南市岡地活協の設立過程で港区役所や港区まちづくりセンターの支援を受けながら準備を進めた。設立後は区を超えて緑地活協と交流を重ね、NPO法人格の取得の意義を学び、また「南市岡ふれあい広場『朝市』事業」や「児童いきいき放課後事業」の運営ノウハウを吸収していった。緑地活協を参考にしたこれらの事業は、「児童いきいき放課後事業」の運営からは外れたものの、「南市岡ふれあい広場『朝市』事業」は今でもNPO法人としての主要事業であり続けている。さらに、現在は居住支援法人として居住支援事業を展開するなかで住宅確保要配慮者の支援に

取り組み、特別健康診断では医療法人、グループホームの開設では大阪市などとの連携・協働も進みつつある。

　エンパワーメントに関しては、すでに緑地活協の箇所で言及したのと同様に、「児童いきいき放課後事業」を民間企業や社会福祉協議会、さらにはNPO 法人が受託・運営できるように対応した点に、エンパワーメントの一端を見出すことができるのではないか。もっとも、南市岡地活協に関しては 2015 年 4 月からの 3 年間で事業の管理・運営を終えており、継続性をいかに担保するかが一方では問われるといえよう。このようにみてみると、大阪市として今後にどのような手法を用いて地活協をエンパワーメントしていくかが課題となる。とはいえ、南市岡地活協の場合は、「地域課題解決型『広報みなと』配布事業」を担当し、このなかでは特に高齢者を中心とする住民一人ひとりへの見守りも兼ねており、こうした内容もエンパワーメントの文脈でとらえることができる。

5　比較と考察

5-1　2 事例の比較

　ここまでの内容をふまえ、ふたつの地活協について整理したのが、**表 5-5** である。この表にあるとおり、双方とも小学校区を活動範囲の基本としているが、人口規模は大きく異なる。地域特性に関しても、緑地域は勤労世代の転入が続いて児童数も増加しているが、南市岡地域は少しずつ高齢化も進み、買い物弱者が発生しつつある。

　協議会の活動や組織のマネジメントに関しては、双方とも早期から NPO法人格の取得を志向し、自主財源の確保を意識していた。実際に、現在の活動に関していうと、緑地活協では「児童いきいき放課後事業」が自主財源を確保するうえでの主要事業となり、これは NPO 法人格を有しているゆえに受託できる。南市岡地活協でも住宅確保要配慮者居住支援法人という他に例のない試みは、NPO 法人格を有しているからこそ指定が受けられる。ここ

表 5-5 ふたつの協議会の比較

	緑地域活動協議会 (鶴見区)	南市岡地域活動協議会 (港区)
人口・世帯数	・人口が約 6,400 人 ・世帯数が約 2,500 世帯	・人口が約 3,200 人 ・世帯数が約 1,700 世帯
地域特性	・鶴見区の北西部に位置 ・人口は年々増加し、みどり小学校の児童数も 1.5 倍ほどに急増	・JR 大阪環状線の弁天町駅から徒歩 10 分ほどの場所に位置 ・尻無川に面し、防災上の不安あり ・スーパーやコンビニがなく、高齢者には買い物が不便
協議会の発足	2012 年 8 月	2013 年 2 月
NPO 法人格	取得 (2012 年 12 月)	取得 (2014 年 11 月)
予算規模	およそ 1 億 2,572 万円	およそ 800 万円
主な活動	・緑・いどばたクラブ (偶数月に 1 回、緑ふれあいの家で開催) ・緑ふれあいランチサービス (毎週木曜日、緑ふれあいの家で開催) ・児童いきいき放課後事業 (2018 年度からは 7 つの小学校を担当)	・すき屋根んふれあい広場「朝市」(毎月 1 回、南市岡公園で開催) ・児童いきいき放課後事業 (現在は担当していない) ・住宅確保要配慮者居住支援法人としての居住支援事業
マネジメント	・もともと食事サービスや防犯活動などを住民主導で展開 ・協議会の設立段階から自主財源の確保を視野に入れ、NPO 法人格を取得 ・「児童いきいき放課後事業」の運営も受託するなど、自主財源を確保	・もともとプラットフォームとしての「定例会」が存在 ・コミュニティ・ビジネスを志向 (上記の 3 事業で自主財源を確保し、その収益を有効活用して地域福祉の充実や親睦の機会の提供、地域防災力の向上)
パートナーシップ	・プロボノチームと連携し、「児童いきいき放課後事業」への応募につながる提案を受ける ・「緑・ふれあい市」の運営では関係者の人脈によって和歌山や徳島の農協から野菜を仕入れ、緑商業高校の生徒たちと販売 (現在は休止中)	・設立過程で港区役所や港区まちづくりセンターからの支援 ・区を越えて緑地活協 (鶴見区) と交流を重ね、NPO 法人格の取得、朝市、児童いきいき放課後事業の意義やノウハウを吸収 ・特別健康診断で医療機関と連携・協働
エンパワーメント	・大阪市として児童いきいき放課後事業を NPO 法人が受託・運営できるように対応	・同左

筆者作成

で重要なのは、ふたつの地活協はともにNPO法人化それ自体を目的とする
のではなく、法人格の取得はあくまでも手段ととらえている点であろう。組
織基盤を強固にすること、あるいは社会的信用を確保すること自体が目的化
してしまい、活動自体は休止状態にあるNPO法人も少なくない。こうした
なかで、緑地活協と南市岡地活協はともに、法人格の強みを活かした活動を
展開している状況がうかがえる。

　協議会として活動していくうえでのパートナーシップでは、緑地活協は早
期から創意工夫を重ね、鶴見区まちづくりセンターの仲介もあってプロボノ
チームと短期で協働型の事業検討を行なっている。この試みがのちに「児童
いきいき放課後事業」の受託へと発展していった。こうした経験を蓄積して
いった緑地活協の動向をふまえ、南市岡地活協は緑地活協から積極的に学ぶ
姿勢を持ち、組織運営や事業活動のノウハウを吸収していった。こうした過
程で、南市岡地活協は緑地活協との連携・協働関係を構築し、現在の広範な
活動の展開にいたっている。このほかにも、それぞれの区における区役所の
担当者やまちづくりセンターのスタッフが日ごろからの情報提供などで活動
を支え、さらには特別健康診断における医療機関との連携・協働が始まって
いる点にも、留意を要しよう。

　エンパワーメントに関しては、ふたつの協議会とも「児童いきいき放課後
事業」の受託団体となっていた。大阪市としてこの事業を民間企業やNPO
法人でも受託できるように門戸を拡張した点は、NPO型地活協へのエンパ
ワーメントにつながっているといえる。実際に、緑地活協では自主財源確保
の主要事業となり、かつての南市岡地活協も同様であった。ただし、現状で
は受託団体を継続する緑地活協と、受託団体から外れた南市岡地活協とで、
異なる状況となっている。実際に、「児童いきいき放課後事業」の担当小学
校数を拡充している緑地活協は予算規模が1億円を超え、ここが協議会全体
の予算規模の差を生んでいる。このようにみると、地活協にとっての自主財
源確保策として「児童いきいき放課後事業」は大きな意味を持つものの、受
託団体から外れると一気に地活協運営で苦慮する局面に立たされる可能性も

ある点には、留意を要しよう。もっとも、南市岡地活協は受託団体から外れたのちも、創意工夫を重ねて「南市岡ふれあい広場『朝市』事業」「地域課題解決型『広報みなと』配布事業」などで自主財源の確保につとめている点は注目に値する。

5-2 考　察

　大阪市内の地活協の大半が従来の連合振興町会の時代と大きく変化がない運営を継続しているなかで、これらふたつの地活協の活動と地域社会への影響は、決して小さくない。いずれも広範な活動を展開し、親睦、教育、福祉、環境、防災といった領域で数々の成果をあげている。こうした地活協の状況は、何に由来するのか。ひとつ共通するのは、協議会運営を支えるリーダーおよびフォロワーの存在であろう。

　緑地活協と南市岡地活協には、ともに企業経験と地域活動経験のふたつを豊富に有するリーダーが存在し、彼らが常に経営思考を持ちながら地活協の活動を牽引している。同時に、率先して行動するリーダーを支えるフォロワーが、ふたつの協議会には多数存在している。詳細な検討は今後に委ねざるをえないものの、こうしたリーダーとフォロワーの関係のあり方が、根源的には現在の地活協の前向きな姿勢と豊富な活動量につながっている。

　ちなみに、リーダーに関していうと、リーダーとなる人物のバックグラウンドが協議会活動に与える影響も少なくない。たとえば、南市岡地活協に関しては、居住支援事業の開始にはリーダーの判断があった。現在の南市岡地活協の代表は、もともと不動産業に長年にわたり従事し、さまざまな立場の人々の居住問題に明るい人物である。彼が大阪市から居住支援法人に関する地元ヒアリングの要請に応じた際、こうした新たな動向を把握し、地活協のメンバーや港区役所、港区まちづくりセンターに居住支援法人化をもちかけたのは、自らの経歴と無縁でない。結果として現在、南市岡地活協は大阪府から「住宅確保要配慮者居住支援法人」の指定を受け、本章でもみてきたような活動を展開し、南市岡地域の住民福祉の向上につとめてきた。このよう

にみると、運営に関わる人々の背景が積み重なったうえに、日ごろの活動があるといえる。

6　地域活動協議会の可能性

　本章ではここまで、地活協の概要および導入過程を概観したうえで、緑地活協と南市岡地活協というふたつの事例を検証してきた。それでは、大阪市の地活協には、はたしてどのような可能性を見出すことができるのか。本書の第 1 章で扱った論点のうち、「他の主体との関係」として、「協議会は代表機関としての議会、既存の自治会・町内会など地縁組織、地域内外の他の主体と、どのように関係を構築するのか」があった。ここにあるように、既存の自治会・町内会といった地縁組織と同様の機能・役割を果たすにとどまるのであれば、あえて地活協を設置する意義には乏しく、屋上屋を重ねるとの批判は免れない。

　ここで重要となるのは、既存の地縁組織とは異なる性格の地活協をいかにして形成していくか、という視点・発想である。換言するならば、地活協だからこそ可能な活動を展開するのでなければ、地活協に存在価値は見出されないだろう。この点に関し、ひとつの参考となるのが、本章が注目してきたNPO 型地活協の動向である。大阪市内に 326 ある地活協のうち、現在までに 4 つの地活協が NPO 法人格を取得し、特色のある活動を展開している。

　地活協が NPO 法人となることで、大きく 3 つの可能性が生まれている。それは、「小学校区に限定されない活動が可能になる」「地域に関連する事業の受託が可能になる」「行政との協働事業の実施が可能となる」である。このうち、小学校区に限定されない活動に関しては、たとえば NPO 法人としての南市岡地活協における動向が観察される。ここでは地域の高齢者を対象に、定期的に開催している体操教室で、他の小学校区に住む高齢者も受け入れている。従来のように小学校区という範域にとらわれてしまうと、どうしても他の地域の住民を受け入れることは容易でない。しかし、必ずしも範域に制

約がないNPO法人型の地活協であれば、範域に縛られず柔軟な対応が可能
となる。実際に、定員多寡という理由ゆえに、自らが居住する小学校区の体
操教室に参加できない高齢者を受け入れている状況がある。

　また、地域に関連する事業の受託に関しては、「児童いきいき放課後事
業」の動向があげられる。現在では少しずつ民間企業や社会福祉協議会も受
託・運営するかたちとなってきた。もちろん、NPO法人型の地活協も実施
団体への応募は可能であり、実際に鶴見区ではNPO法人としての緑地活協
が中心となって、他の地活協とも連携しながら区内の7校で事業実施団体と
なっていた。地域に根差したNPO法人型の地活協が事業の運営主体となれ
ば、学校と地域との新たな接点が生まれ、新たな地域教育の機会が開かれう
る。その先では、「学校と地域との距離がますます拡大してしまう」という
懸念の解消につながる。

　行政との協働事業の実施に関しては、たとえば南市岡地活協では、国土交
通省の「重層的住宅セーフティネット構築支援補助事業」の枠組みで、大阪
府から「住宅確保要配慮者居住支援法人」の指定を受け、現在はNPO法人と
して居住支援事業の実施に取り組んでいる。さまざまな困難を抱える人々で
あっても安心して住宅に入居し、地域で生活していけるように、南市岡地活
協として既存の活動と連動させながら、生活全般のサポートというかたちで
ある種のセーフティネット機能を発揮しているといえよう。こうした活動は、
法人格を有しているからこそ可能となる。

　他方で、かねてより地活協の課題といわれ続けているものの、依然として
解消されていない内容も存在する。そのひとつが、会計処理の複雑さである。
従来の補助金の一括化に合わせて、地活協に配分される補助金の適切な執行
を促すために、詳細な会計処理が要請されるようになった。たしかに、原資
は公金という性格ゆえに、補助金のあいまいな会計処理は避けなければなら
ない。とはいうものの、たとえば地域行事で使う食材を買うにしても、食材
あたり一個一個の領収書が必要となるなどの場合もあり、会計処理には煩雑
な事務作業がともなう。結果として、地活協としてはまちづくりセンターの

協力を欠くことができない状況が続いている。まちづくりセンターは本来、地域運営の助言や支援のために設置された経緯がある。しかしながら、現在も依然として事務処理をサポートする状況が続いているところもある。このあたりの事情に関しては、複数の地活協が合同で会計事務所に会計処理を依頼できる体制を整えるなど、何らかの改善が必要であろう。

注

1　指定都市市長会ホームページ「指定都市の住民自治の取組」を参照。2020 年 3 月閲覧。http://www.siteitosi.jp/link/jichi.html

2　澤井 2013：15

3　大阪市ホームページ「地域活動協議会とは」を参照。2020 年 3 月閲覧。http://www.city.osaka.lg.jp/shimin/page/0000190407.html

4　大阪市 2012b：4

5　同上：7-8

6　大阪市ホームページ「地域活動協議会とは」を参照。2020 年 3 月閲覧。https://www.city.osaka.lg.jp/shimin/page/0000190407.html

7　吉岡 2016：188

8　ここでいう一括補助金とは、「一括交付金」などと呼ばれる場合もあるが、その内容は「一定の配分基準によって地域自治組織へ交付される財政支援制度で、定められた事業目的に応じて補助される財政支援とは異なり、交付金の使途が限定されていないもの」（財団法人地域活性化センター 2011：52）に相当する。

9　緑地域では協議会名よりも「NPO 法人　緑・ふれあいの家」という名称を用いて、日ごろの地域活動を展開している。ただ、本章は大阪市の地活協に焦点を当てているため、引き続き「緑地活協」という名称を用いていく。

10　事業への応募にあたり、鶴見地域と焼野地域の住民から「地域と学校の連携を深めたいものの地域活動協議会として法人格を取得していないため、事業公募に応じることができない。そのため、NPO 法人格を取得してみどり小学校での事業の受託をめざしている緑地域活動協議会として鶴見小学校と焼野小学校での事業も受託し、鶴見地域と焼野地域の住民も巻き込むかたちの事業展開ができないだろうか」との申し出があり、これを受け入れたために 3 小学校の担当となった。

11　プロボノとは、「社会的・公共的な目的のために、自らの職業を通じて培った

　スキルや知識を提供するボランティア活動」(嵯峨 2011：24) を意味する。まちづくり活動の支援においても見受けられるようになってきた新しいボランティア活動のかたちといえる。

12　緑地域活動協議会の関係者へのヒアリング調査による (2014 年 2 月、於・緑ふれあいの家)。

13　同上。

14　南市岡地域活動協議会の関係者へのヒアリング調査による (2018 年 9 月、於・南市岡会館老人憩の家)。

15　同上。

第6章　海外の自治体内分権
——イタリア・トリノ市を例に

　本章では、全国の政令市が行政区単位での協議会型住民自治組織を置き、区政運営のあり方などを検討するうごきをふまえ、まずはこうした協議会の動向を概観する。そののちに、すでに長年にわたり実践を重ねてきた海外の事例に目をむける。なかでも、イタリア・トリノ市の地区住民評議会を取り上げ、海外の大都市の地区単位の協議会型住民自治組織の機能や役割を把握する。そのうえで、海外の事例から得られるいくつかの示唆を提示したい。

1　政令市における行政区単位の協議会型住民自治組織

1-1　行政区単位の協議会型住民自治組織への注目

　わが国の政令市では近年、行政区における住民自治の拡充をねらいとして、区政に関する審議・提案機能を持つ会議を、行政区ごとに設置するうごきが広がっている。その件数はここ15年ほどのあいだに増加し、名称も「区民会議」「区政会議」「区民協議会」などさまざまである。

　こうした行政区単位の協議会型住民自治組織が設置される背景には、政令市の多くで人口増加が続き、ますます住民と行政との距離が遠くなり、状況改善が求められてきた事情がある。同時に、区役所への権限移譲・財源移譲という行政組織内分権と同時並行して、区民による区政参加を促すことで、双方から区政改革を進めていくという潮流もある。

　たとえば、大阪市では平松市政期の2011年7月から、24行政区すべてに

区政会議を設置してきた経緯がある[1]。この区政会議は橋下市政でも継承され、吉村市政、松井市政と推移するなかで、現在まで区民目線で区政への参加と評価に取り組んでいる。もっとも、一部の市民からは「区政会議は何をしているのかが見えにくい」との声も聞かれ、広く浸透しているとはいいがたい。大阪市側の自己評価でも、区政会議に関する項目は「取組は実施できたが、成果目標は達成できなかった」という結果もみられた[2]。

同様に、名古屋市でも2016年度より16行政区すべてで「区民会議」を設置している[3]。行政区ごとの住民自治の拡充という近年の潮流をふまえ、全区で区民会議を立ち上げ、各区の特性を活かしながら区民参加のさらなる推進を意図していることがわかる。現状では、区民会議の運営方法を各区の判断に委ねており、区政運営方針（各区で毎年策定）や区の将来ビジョンについて、区民意見を聴取する場に位置づけている場合が多い。そのため、大半の区民会議は区レベルの審議会という性格となっている。

行政区ごとに区民参加の受け皿として協議会型住民自治組織を設置し、区民から多様な意見を把握して、区民視点で区政評価に取り組んでいく方向性は、時宜にかなっている部分もある。他方で、その権限は大きくなく、扱う領域も広くないとの指摘もみられる[4]。

そもそも、政令市の住民自治をいかに保障するかについては、わが国で長年にわたり議論され、さまざまな研究成果も蓄積されてきた[5]。同時に、各政令市で多様な実践が試みられてきた経緯もある。こうした蓄積のうえに立ちつつ、近年でもこの論点に関する検討が各方面でなされている。たとえば、第30次地方制度調査会の答申には「指定都市においては、住民に身近な行政サービスを住民により近い組織において提供することや住民がより積極的に行政に参画しやすい仕組みを検討することが必要である。少なくとも、指定都市のうち特に人口規模が大きい都市については、住民に身近な行政区の役割を強化し、明確にすることについて検討することが必要である」[6]との指摘が確認される。多くの政令市が設置を進める行政区単位の協議会型住民自治組織は、こうした指摘と親和的なものといえよう。

1-2　行政区単位の協議会型住民自治組織の広がり

　さて、本章では、当該行政区に関わりを持つさまざまな立場の人々の参加を基盤とし、区政全般に関する事項について審議や評価、答申・意見具申や自主提案に取り組む会議体、として行政区単位の協議会型住民自治組織をとらえておきたい。ここでいうさまざまな立場の人々には、居住者としての区民に加えて、通勤・通学者、外部有識者なども含むことが多い。

　このような行政区単位の協議会型住民自治組織は、わが国ではいかなる現況にあるのか。各種調査[7]および筆者の独自調査によると、現在 20 ある政令市のうち 14 市で何らかの協議会の存在が確認される[8]。その大半が 2000 年代以降に設置を進めてきたことがわかる。他方で、すでに横浜市のように 1970 年代に区民会議を設置し、40 年近くにわたる実践を積み重ねてきたケースもある[9]。もっとも横浜市では、一時期は大半の行政区での設置が進んだものの、区民会議の運営を重ねていくうちに委員同士の意見相違が生じたなどの理由で、休止・解散となった場合もあるという。行政区単位の協議会型住民自治組織を設置したのちに、どのように運営し、どのような役割を果たしていくかが重要となる点を示唆している。

　それでは、こうした行政区単位の協議会型住民自治組織に通じるような会議も含め、海外の自治体内分権はいかなる状況にあるのか。諸外国においても、行政区単位の協議会型住民自治組織はわが国のように審議会としての性格が強いのか。そこで、本章では海外に目をむけ、イタリアの大都市のひとつであるトリノ市を取り上げてみたい。

　イタリアでは、1970 年代から大都市の「地区」（circoscrizione、おおよそわが国でいう行政区に相当）に対して、行財政権限の一部を委譲してきた経緯がある。詳しくは後述するが、大都市の地区には地区住民評議会と地区センターが置かれ、双方が連携しながら地区運営を担っている。もちろん、わが国とイタリアの地方自治制度のあいだには、大きなちがいがある点には留意を要する[10]。ただ、わが国の政令市の行政区における協議会型住民自治組織の運

営面では、イタリアの大都市の実践から得られる示唆も少なくない。そこで、トリノ市を例に、海外の協議会型住民自治組織の動向をみていこう。

なお、本書ではここまで、章ごとに協議会型住民自治組織の 2 事例を取り上げ、比較を試みてきた。ただ、序章でも触れたように、本章では単一事例の検証となることを、ここであらためて述べておきたい。

2　トリノ市における地区

2-1　イタリア地方自治制度と地区

イタリア地方自治制度における地区に関しては、イタリア地方自治法のなかに規定がみられる。コムーネ（わが国の市町村に相当する）内で権限委譲を進めるために、細分化した行政単位としての地区 (circoscrizione) を設定し、ここにコムーネの事務の一部を委ねることが可能となっている（イタリア地方自治法第 13 条、第 17 条）。こうした地区の設置は、人口 10 万人以上のコムーネでは必置となっている一方、人口 3 万人以上 10 万人未満のところでは任意に設置することができる。

このような基準は、1990 年代に進展したイタリア地方分権改革のながれのなかで設けられた。もともとイタリア国内では、1963 年にボローニャ市で地区住民評議会が創設され、それ以降は時々の温度差があったものの、ボローニャ市やフィレンツェ市では長年にわたり熱心な評議会活動が展開されてきた経緯がある[11]。その後は 1970 年代の地方分権改革と並行しつつ、1976 年には「市行政の分権および市民参加に関する法律」(1976 年法律第 278 号)が成立し、地区住民評議会がイタリア地方自治制度における普遍的なしくみとして位置づけられた。また、1990 年には新地方自治法 (1990 年法律第 142 号)が成立し、結果として 1990 年代に再び地方分権改革が進展した。この過程でも地区への権限委譲に関する改革が進み、上記のとおり地区の設置基準が明確化されている。

大都市の地区ではたいてい、地区議員（地区住民による選挙で選出）から構成

される地区住民評議会とともに、地区行政機関としての地区センター（わが国の区役所に相当）が置かれる。双方の関係は、地区住民評議会が審議・議決した内容に基づき、地区センターが業務を執行するというかたちが基本である。また、地区住民評議会にはテーマごとに委員会が置かれ、その運営は地区住民評議会議員と地区センター職員との連携によってなされる。トリノ市での実情はのちに触れるが、一般的にこの委員会は地区住民にとって、地区住民評議会の活動に参加する機会となる。

　もっとも、地区のあり方に関する細かな規定は、コムーネごとの憲章で定められている。いいかえると、イタリア地方自治法では地区の設置に関する大枠のみを定めており、地区に委ねる行財政権限の細かな内容までは画一的に規定していない。そのため、詳細な規定はコムーネごとで異なり、結果として地区の取り組みもコムーネごとで多様性を帯びる。さらに、設置された地区レベルでも地区運営に関する独自のルールがあり、同じコムーネ内の地区であっても、地区センターの対応や地区住民評議会の活動にはちがいが見受けられる。ともあれ、地区住民の代表者から構成される地区住民評議会と、住民生活の最前線でサービス供給を担当する地区センターとの連携・協働によって、地区住民にとって身近な範域における生活環境の維持・改善・向上をめざす点に、地区の設置意義を求めることができる。

　ちなみに、わが国の先行研究には、こうした地区住民評議会は必ずしも機能していないとの指摘もみられる[12]。その理由は、「地区住民評議会が独自の経済的資源を持たなかったこと」「住民参加が促進されなかったこと」「選挙によって国レベルの政党対立が地区で再生産されたこと」の 3 点に集約される。本章で扱うトリノ市の地区住民評議会は、はたしてどのような実態なのだろうか。

2-2　トリノ市と都市再生

　トリノ市はイタリア北西部に位置する、ピエモンテ州の州都およびトリノ県の県都である。近世にはサヴォイア公国・サルディーア王国の首都として

栄え、長年にわたり歴史・芸術・文化の拠点となってきた。1861年にイタリア王国が統一されたときには最初の首都となり、首都が移転してからは工業都市として今日まで歩んできた。

　現在のトリノ市は2019年12月時点で人口は87万2,316人、面積は130.2km²となっている。市内にはドーラ川とポー川が流れ、17世紀から18世紀にかけて建設が進んだバロック建築の町並みは今日でも整然と残されている。イタリア北部ではミラノ市に次ぐ大都市であり、しばしば「イタリア第二の工業都市」と呼ばれる。主要産業は製造業であり、特に自動車に関しては大手メーカー・フィアット社の本拠地でもある。フィアット社は1899年にトリノ市で創業して以来、常にまちの政治経済に大きな影響力を有してきた歴史があり、トリノ市は企業城下町といわれる[13]。

　もっとも、1970年代半ばには石油危機による世界的な不況のあおりを受けてフィアット社が経営不振に陥るなかで、その影響がトリノ市経済にも及び、大量の失業者が溢れてしまうという危機的状況を経験している。1970年代半ばには120万人を超えていた人口は、その後90万人を割り込むまでに減少したのは、フィアット社の経営不振と無縁でない。

　ただ、その後はイタリア国内の地方分権のうごきを受け、1993年にはトリノ市でも最初の直接公選制によるV.カステラーニ市長を誕生させた。1990年代からは彼の主導のもと、一連の都市再生に取り組み、多彩な取り組みを実践してきた[14]。現在のトリノ市は、ヨーロッパにおける都市再生の先進事例のひとつにまで位置づけられている。

2-3　トリノ市の地区の位相

　トリノ市の地区に関する規定は、主にトリノ市憲章の第5章（第54条～第68条）にみられる。この規定によると、都市内分権・住民参加・住民相談・住民サービスを運営していく場所として地区が位置づけられていることがわかる[15]。なお、2016年5月までは市内が10地区に区分されていたが、6月からは8地区となり、このあたりの事情は後述したい。

　さて、トリノ市では現在、地区にはそれぞれ地区センターと地区住民評議会を置いている（**図6-1**）。このうち地区センターに関しては、地区行政運営の最高責任者としてマネジメントにあたるのは、市職員のセンター長（Direttore）である。センター長が担当する基本的な業務は、地区センターが所管する業務の全体調整、および地区行政運営における進行管理である。地区行政運営にあたってはトリノ市の都市内分権規定（Regolamento del

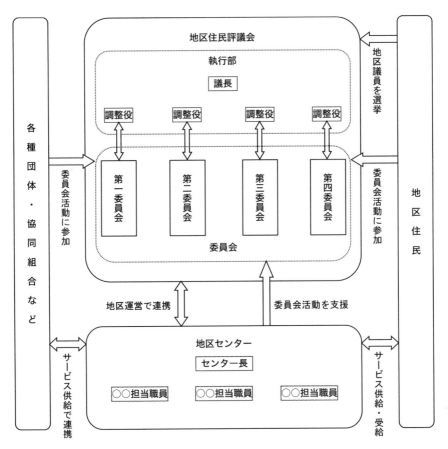

図6-1　トリノ市各地区の地区センターと地区住民評議会

筆者作成

Decentramento) にしたがうが、地区ごとでも個別事情に即してさまざまな規定を設けており、センター長としては市行政と地区行政のあいだに立って、行政運営における双方の折り合いをつけていく。また、センター長は立場上、地区住民評議会の議長（後述）とは頻繁に会合を持ち、地区内の状況に関する情報共有につとめる。評議会議長から地区センターに対して特段の方針や要望の提示があれば、センター長として地区センター職員にその内容を伝達する役割も果たす。

　地区センターでは、このようなセンター長のもとに地区財政や雇用・労働など領域ごとに責任者としての担当職員を配置し、地区行政運営を担っている。さらに、彼らのもとに複数のスタッフを配置し、地区センター全体としての業務を担当している。たとえば、住民票の発行や保育所への入所手続きといった窓口業務はもちろん、住民生活の向上にむけた多様なプロジェクトを運営している。

　トリノ市の地区住民評議会に関しては、他のコムーネと同様に、地区予算の配分や地区事業の実施に関する審議を担当することが活動の基本である。評議会は各地区とも 25 名の地区議員から構成され、議員任期は 5 年である。うち 1 人は議長 (Presidente) として地区を代表し、各種行政文書への署名、地区内の会議（全体会議、執行部会、委員会）の招集、コムーネレベルの会議（各地区の地区住民評議会議長が参加する週 1 回の定例会議など）への参加といった役割を果たす。また、評議会には議長および 4 名の地区議員（各委員会の調整役 (Coodinatore) を兼務）から構成される執行部 (Giunta) が置かれ、地区年次計画の策定や委員会活動の全体調整に取り組む。

　ほかにも、評議会の内部には委員会を置き、ここに地区住民が参加するかたちで地区議員との意見交換・連携を進める。市内各地区の評議会では、コムーネ議会における委員会編成に対応して、第 1 委員会（地区予算、地区資源、産業振興を担当）、第 2 委員会（文化教育、スポーツ、余暇活動を担当）、第 3 委員会（健康福祉、社会サービス、近隣の生活問題全般を担当）、第 4 委員会（地区計画、労働問題、環境問題、公共交通を担当）を置いている。各委員会ではその時々の

テーマについて参加者が意見を出し合い、その結果は評議会での意思決定の際にも住民意見として重視する。

3　旧第二地区における地区住民評議会

3-1　旧第二地区の概要

　ここでは、筆者がこれまで現地調査してきた内容をもとに、旧第二地区における地区住民評議会の実態をみていきたい。なお、「旧第二地区」と表記してあるのは、地区再編以前の状況を中心に扱うからであり、地区再編後の動向は後述したい。

　さて、サンタ・リータ地区とミラフィオーリ・ノード地区のふたつからなる旧第二地区は、トリノ市の南西部に位置し、地区内には集合住宅を中心に数多くの住宅が立ち並んでいる。この地区は 2013 年 2 月時点で、人口は 10 万 2,297 人、面積は 7.3 k㎡、高齢化率は 29.2 パーセントであった。とりわけ際立っているのは高齢化率の高さであり、市全体の平均からは 5 パーセント近くも高く、全地区のなかでもっとも高齢化が進んでいた。

　この旧第二地区の東部に位置するサンタ・リータ地区は、1960 年代から1970 年代にかけては移民が多く居住していたが、現在では第三次産業従事者が数多く居住している。この地区内には以前から大規模なスポーツスタジアムがあり、冬季オリンピックの際には新たに屋内競技場やイベント会場が整備された。また、スタジアム付近の青空市場は活況を呈しており、地区内のところどころに商店も点在している。他方、旧第二地区の西部に位置するミラフィオーリ・ノード地区は、歴史的に工場労働者が多数居住してきた。もっとも、EU の構造基金を活用して近隣再生に取り組んだ結果、現在では生活環境が大幅に改善されて新たな住宅街へと生まれ変わっている[16]。このように、元来は異なる地域特性を有してきたふたつの地区であったが、しだいに双方のちがいは希薄化してきた。

　さて、ここで旧第二地区に着目するのは、この地区がフィアット社の主力

工場（ミラフィオーリ工場）に近接しており、その影響を大きく受けてきた歴史を有するからである。かつては田園地帯であった旧第二地区は、本社工場の拡張とともにその姿を大きく変貌させてきた。結果として、広大な面積を有するにいたった本社工場は多数の従業員を抱え、彼らのなかにはこの地区に居住する者も多かった。そのため、フィアット社の業績に連動して地区人口も変動し続け、地区内の商業も好況・不況のあおりを幾度となく受けてきた。そればかりでなく、住居・保育・学校といった地区内の公共サービスの供給さえも、フィアット社の状況しだいで変化を繰り返さざるをえなかったのである。

　ところで、トリノ市全体にも共通するが、近年の旧第二地区では人口減少が進行していた。その背景のひとつには、1970年代に国内・海外から多くの工場労働者が旧第二地区に押し寄せたが、彼らは退職後に出身地へ戻っていったという事情がある。また、それ以外の工場労働者は退職後も旧第二地区に住み続けるケースもあり、このような地域特性が高齢化の進行傾向に関係している。先に触れたとおり、旧第二地区は市内でもっとも高齢化率が高いが、その背景にはこうした地区事情があるといえよう。

3-2　地区住民評議会の概要

　このような旧第二地区にも、他地区と同様に、地区住民評議会と地区センターが存在していた。このうち、地区住民評議会に関しては、地区内の問題について広く審議し、またトリノ市からの諮問に応じるなどの役割を担っている。地区議員の定数は25名であり、5年に一度の選挙（比例代表制）で地区住民が選出する。旧第二地区の評議会は多くの場合、商店主や学校教員などが地区議員をつとめ（いずれも政党に所属する関係者）、その年齢層は幅広い。ただ、相対的にみると、20歳代や30歳代よりも上の世代が地区議員の多くを占める。彼らが地区議員になる動機はさまざまで、純粋に地区が抱えるさまざまな問題の解決に取り組みたいという思いを持つ者もみられる。他方で、地区での政治経験をひとつのステップにして、ゆくゆくは市議会議員、県議

会議員、州議会議員をめざす者もいる。

　すでに触れたが、25名のうち1人は議長として評議会を代表し、各種行政文書への署名や評議会の会議(全体会議・執行部会・委員会)の招集といった役割を果たす。議長は専任で、地区センターの職員(特にセンター長)と頻繁に会議を開いて評議会としての方針を伝えるなど、責任と役割は大きい。毎週1回、全地区の議長が集う定例会議への出席もある。

　また、地区住民評議会のなかには、議長に加えて地区議員(委員会の調整役を兼務)によって構成される執行部があり、地区運営のイニシアティブをとる。具体的には、地区予算の配分や地区年次計画の審議を担当し、また委員会ごとの活動の全体調整も行なう。メンバーは議長からの相談に応じ、彼の業務執行を適宜支援する役割も果たす。なお、基本的に議長と同じ党派の地区議員が執行部のメンバーに就いており、評議会が地区政治のアリーナである状況をうかがわせる。選挙の結果しだいでは執行部の入れ替えがあり、それによって地区運営の方針も大きく変更になる。

　こうした地区住民評議会の活動を支えるのが、地区行政機関としての地区センターである。同時に、地区センターは地区住民へのさまざまなサービス供給を担っている。地区住民評議会の執行部が担当する地区年次計画づくりや地区予算編成は、こうしたサービスのあり様を規定し、地区の住民生活にも大きく影響を与える。それゆえに、地区政治の動向は住民にとって重要な問題であり、地区住民一人ひとりが評議会とどう向き合うかが問われる。

3-3　地区住民評議会の活動

　地区住民評議会の運営にあたっては、執行部が中心的な役割を果たすが、そのひとつに地区予算の編成がある。地区予算とは、トリノ市が毎年、各地区に配分する地区運営費であり、主に事業実施に充てる。その金額は人口規模や地区ごとの問題状況などを基準として決まるため、各地区で開きが生じる。その総額自体も、トリノ市の予算状況に応じて変動する。

　このような地区予算について、旧第二地区では執行部のメンバーが地区セ

ンターの職員と意見交換を繰り返し、地区の問題状況や課題をふまえたうえ
で、毎年度の大枠を決定していく。たとえば2015年度では、地区予算の内訳
は**表6-1**のとおり、約78万4,000ユーロであった。ただ、トリノ市からの地
区予算の配分額が毎年縮減している。この背景には、イタリア国内の不況の
影響を受け、市全体の予算規模が年々縮小している事情がある。実際、2013
年度の地区予算は約87万5,000ユーロで、2年で約9.1万ユーロも削減された。

　こうした状況は地区住民評議会にとって、地区予算編成における執行部の
裁量幅を狭めることを意味する。旧第二地区の執行部は前年度ベースで地区
予算を編成しているが、「施設の維持管理」に関する費用が多くの割合を占
める。これらは地区内に点在するスポーツ施設や福祉施設の補修・修繕に充
てるものであり、施設維持のためには一定額を毎年計上し続けなければなら
ない固定費用にあたる。結果として、裁量幅が利く領域から予算を削らざる
をえず、どのように対応していくかが課題となる。たとえば「雇用対策」では、
30名の参加枠で実施してきた職業開発トレーニングプログラムを15名の枠
に減らしたという。

　このような困難の一方で、地区住民評議会における委員会の存在は、住民
参加の重要なアリーナになっている実態も確認される。旧第二地区には評議
会に6つの委員会があり（現在は上述した4委員会に改変されている）、それぞれ
に担当分野を割り振っていた。この委員会はトリノ市政や地区運営に関する
さまざまな内容について協議する場であり、興味・関心を持つ地区住民や団
体関係者（協同組合、財団、基金など）が参加している。いずれの委員会とも基
本的には週1回のペースで開催されるが、その時々のテーマによって参加人
数は大きく変動する。たとえば、過去にごみ焼却工場の建設計画が持ち上がっ
た際に、地区住民との意見交換を行なったこともあった。このときには、200
人以上が委員会に参加し、大半が建設に対して反対意見を表明したという。

　あるいは、実際に筆者が第一委員会の様子を見学したときには、ホームレ
ス支援に取り組むボランティア団体が「活動資材を保管するために、地区セ
ンターが所有する空きスペースを利用させてほしい」と申し出、参加住民を

表6-1　旧第二地区の2015年度地区予算

使途	金額	割合	使途	金額	割合
行政管理	€ 15,242	1.9%	子ども事業	€ 3,000	0.4%
施設の維持管理	€ 227,034	29.0%	余暇事業	€ 59,020	7.5%
雇用対策	€ 30,989	4.0%	非行青少年対策	€ 43,329	5.5%
障がい者福祉	€ 105,878	13.5%	青少年事業	€ 16,210	2.1%
子ども福祉	€ 54,666	7.0%	障がい者スポーツ	€ 3,000	0.4%
高齢者福祉	€ 23,700	3.0%	スポーツ施設維持補修	€ 190,029	24.2%
エコミュージアム	€ 1,400	0.2%	スポーツ事業	€ 320	0.0%
福祉管理	€ 6,397	0.8%	その他	€ 4,000	0.5%
			総額	€ 784,214	100%

旧第二地区センターの提供資料に基づき、筆者作成

交えてその対応を協議していた。委員会の司会は調整役（地区議員）が担当し、地区センター担当職員とともに会議を運営しつつ、参加住民からの意見聴取につとめていた。発言が許された住民は「あなたたちの活動には共感できるが、これまで週に何回活動し、どのような成果を上げてきたのか」と質問し、ボランティア団体のスタッフが経緯を返答していた。

　ともあれ、このように住民が誰でも参加できる委員会を地区住民評議会として開催し、積極的に住民の意見やニーズの把握につとめている実態がある。しかも、委員会における住民意見は、その後に評議会の全体会議で報告され、そこでの意思決定の際にも尊重されるという[17]。住民が地区議員を選出し、また委員会を通じて住民と地区議員が対話する動向は、住民自治を重んじているあらわれといえよう。

4　地区住民評議会とプロジェクトの関わり

4-1　地区住民評議会との接点

　ここで、地区住民評議会の具体的な役割、およびそれらが地区住民にどのような影響を与えるのかについて、より具体的にイメージするために、地区

内で展開されるプロジェクトへの評議会の関わりを概観しておこう。

　トリノ市では各地区センターで、地区が抱える問題状況を改善するねらいで、独自にプロジェクトを立ち上げ、対応にあたっている。旧第二地区センターも例外ではなく、これまでに多様な領域にわたるプロジェクトを立ち上げて実践してきた。プロジェクトの内容はその時々の地区事情にも左右されるが、とりわけ旧第二地区では高齢化が進んでいるゆえに、高齢者福祉や社会サービスに関する内容が多かった。

　旧第二地区センターのなかで、プロジェクトの運営を担当する責任者は、地区住民評議会の委員会事務を担っている職員である。彼らは同じ地区センター職員とともにプロジェクト運営を任され、地区内の活動団体や施設関係者から意見聴取を行ない、また彼らとともにワークショップを重ねて、プロジェクトの中身を具体化させていく。

　その後、プロジェクトの素案ができあがると、担当職員たちによってこの素案が地区住民評議会の執行部へと提案される。提案を受けた執行部メンバーは、担当職員たちと意見交換しつつ提案内容を吟味していく。その結果、当該プロジェクトが地区にとって必要であると判断されれば、審議は地区住民評議会の委員会の場に移る。この委員会は上記のとおり誰でも参加可能であり、プロジェクト内容に興味・関心を持つ地区住民や地区議員が参加する。委員会では担当職員が当該プロジェクトへの協力者と一緒に趣旨・ねらい・内容などをひととおり説明し、地区住民も交えた意見交換が行なわれることになる。その結果として参加者から一定の理解が得られれば、当該プロジェクトは地区住民評議会の全体会議での採決に回される。最終的には、全体会議で過半数の支持が得られると、当該プロジェクトの採択が決定することになる。

　それでは、具体的にどのようなプロジェクトがあり、進行しているのか。続いて、さまざまなプロジェクトのなかでも、今日まで継続しているエコミュージアムプロジェクトについてみていこう。

4-2　旧第二地区におけるエコミュージアムプロジェクト

　エコミュージアムに関しては、提唱者であるアンリ・リヴィエールは「地域社会の人々の生活と、そこの自然環境・社会環境の発展過程を史的に探究し、自然遺産および文化遺産を現地において保存し、育成し、展示することを通して当該地域の発展に寄与することを目的とする博物館」[18] と、エコミュージアムを位置づけていたといわれる。自然遺産・文化遺産・産業遺産といった地域資源を活かし、地域振興を進めていくところにエコミュージアムづくりの特徴がある。同時に、一連の取り組みにおいては、地域住民の主体的な参加を基盤とすることが原則である。当該地域そのものを博物館に見立て、住民参加による地域活性化をめざす点で、一般的な博物館とは大きく性格が異なる。

　こうしたエコミュージアムについて、トリノ市では 2006 年の冬季オリンピックの開催にむけて、トリノ市民の郷土意識を育み、大会運営を支える市民ボランティアを確保するねらいで、2004 年に全市レベルのエコミュージアムを開設した。冬季オリンピックの終了後には、庁内でエコミュージアムの今後について協議が重ねられ、地区における住民活動の拠点として各地区にエコミュージアムを整備し、地区特性を活かしたエコミュージアムプロジェクトを推進することが決まった。その際、特に重視したのが、地区住民の主体的な参加を基盤とするというエコミュージアムの原則であった。

　こうして旧第二地区では、2007 年にエコミュージアムの中核拠点が開設された。その後、地区内の地域資源の掘り起こしを住民参加で進めながらエコミュージアムプロジェクトを展開してきた。エコミュージアムの構成要素には、「境界領域」「中核拠点」「衛星施設」の 3 点がある [19]。旧第二地区では、地区そのものを境界領域とし、「カッシーナ・ロッカフランカ」という地区住民の活動拠点に中核施設としてのエコミュージアム本部を置いている [20]。衛星施設としては、元来この地区が田園地帯だったゆえに産業遺産としての農場跡地が多く、かつて実際に使用していた農耕具とともに保存しており、当時の様子を伝えている。

188

このように旧第二地区のエコミュージアムプロジェクトは、さまざまな地区資源を活用することで、これまで数々の成果をあげてきた。たとえば、18世紀に建設され、老朽化して長年放置されてきた教会 (Cappella Anselmetti) を地区の歴史的・文化的な資源としてみつめなおし、その修復に取り組んできた経緯がある。田園地帯だった当時、この地区で農業を営んで生計を立てていた農民が共同で建設し、精神的な拠り所としてきたのがこの教会である。そこで、エコミュージアムプロジェクトを通じて住民自身の手で外壁や内装の修繕に取り組み、再び使用できるまでに再生させた。

そのほかにも、地区内の多数の地区資源を地図に落とし込み、それらをまとめた「地区資源マップ」の作成にも取り組んできた。文化遺産としての教会や古民家、産業遺産としての農場跡地や工場跡地、自然遺産としての木々や草花などテーマごとにマップを編集し、広く配布してきた。一連の過程では、住民自身が地区そのものを見つめ直す契機となり、反響も大きいという。エコミュージアムの原則である地域住民の主体的な参加は、プロジェクトの実践において貫かれていることがわかる。

5 地区再編とその影響

5-1 地区再編問題の台頭

ところで、上記で触れたようにトリノ市は 2016 年 6 月に、市内の 10 地区を 8 地区へと再編している。背景には、長引くイタリア国内の不況のあおりを受けて税収減が続くなかで、トリノ市行政として地区再編を通じた歳出削減を断行せざるをえないという事情があった。はたして、一連の再編過程はどのように進行したのだろうか。地区再編のうごきは、住民生活や住民活動に対して、どのような影響を与えつつあるのだろうか。

もともとのトリノ市の 10 地区という数に対しては、以前よりさまざまな意見があり、トリノ市行政の内部で地区再編に関する検討も重ねてきた[21]。地区再編の検討が始まったのち、トリノ市行政から 10 地区それぞれの評議

会に地区再編に関する意見照会があり、その回答を基にさらなる議論を重ねていった。そのうえで、トリノ市議会の委員会で審議され、10地区から8地区へと再編する決議がなされている。

その結果、2015年12月には、旧第二地区（サンタ・リータ地区、ミラフィオーリ・ノード地区）と旧第十地区（ミラフィオーリ・スッド地区）、旧第八地区（サン・サルバリオ地区、カヴォレット地区、ボルゴ・ポー地区）と旧第九地区（ニッツァ・ミレフォンティ地区、リンゴット地区、フィラデルフィア地区）、の統合が決まった。そのため、2016年6月からは新第二地区、新第八地区という体制となっている（図6-2）。

ここで、4つの旧地区が統合対象となったのは、いずれもトリノ市内の郊外に位置しており、将来的な人口減少に備えてほかの地区との人口バランスが保たれるようになる、という事情があった。なお、こうした地区再編に関しては、2021年には8地区から5地区へとさらなる再編を行なうことがトリノ市議会で決まっている。換言すると、2016年に10地区から5地区へと一気に再編するのではなく、10地区から8地区へ、8地区から5地区へと二段階を経るのである。この点に関しては、段階的な再編を踏むことにより、先行して地区統合した事例から問題状況を把握し、それへの改善策を検討したうえで全市的な地区再編を進めるのが合理的との判断がなされたことに由来する[22]。

ちなみに、地区再編のうごきに合わせ、全8地区でこれまで設置されていた6つの委員会も4つに再編されている（表6-2）。そのため、各委員会の調整役は6名から4名となり、執行部の人数も議長＋調整役の7名から5名へと移行した。

5-2　再編の推移と再編後の新第二地区

上記のとおり、地区再編の第一段階として、2016年6月に旧第二地区は旧第十地区と統合した。ここでは統合以前の旧第二地区に焦点を当て、一連の地区再編の推移をみておこう。旧第二地区では、トリノ市行政の側から地

190

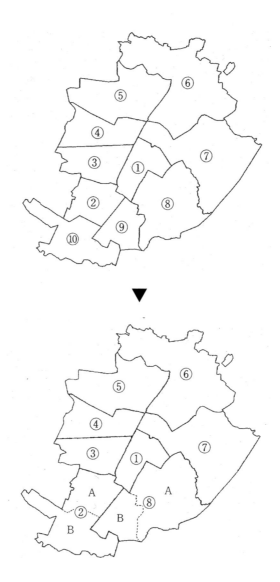

図6-2　10地区から8地区への再編

※トリノ市ホームページ「Circoscrizioni」を参照。2018年6月現在。http://www.comune.torino.it/
decentr/

表 6-2　委員会の再編

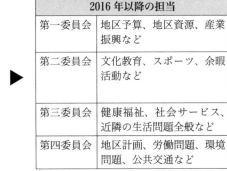

これまでの担当	
第一委員会	地区予算、地区資源など
第二委員会	地区計画、公共交通など
第三委員会	労働問題、産業振興など
第四委員会	健康福祉、社会サービスなど
第五委員会	文化教育、スポーツ、余暇活動など
第六委員会	環境問題、地区公園など

2016 年以降の担当	
第一委員会	地区予算、地区資源、産業振興など
第二委員会	文化教育、スポーツ、余暇活動など
第三委員会	健康福祉、社会サービス、近隣の生活問題全般など
第四委員会	地区計画、労働問題、環境問題、公共交通など

トリノ市提供資料を基に筆者作成

　区住民評議会に対して地区再編に関する意見の照会があり、執行部や第一委員会、評議会全体で検討を重ねることになった。当初は地区再編に関する詳細が示されず、何をどのように議論すればよいのか試行錯誤してしまう。

　その後、議論が進むなかで議員からは賛否両論が出て、評議会の執行部 7 人のあいだでも意見が分かれた。なかには、「相対的にみると、地区再編によって地区住民評議会の議員のポストが減るから、受け入れられない」と本音を漏らす議員もみられた。もっとも、議論を重ねるにつれ、しだいに「トリノ市全体の財政状況を考慮すると、どうしても合区による歳出削減は避けられない」という認識が広まり、賛成に回る議員もあらわれていった。

　最終的には議論の末、地区住民評議会として「地区特性が類似する地区との統合であれば、地区再編の話を受け入れる」という条件付きの回答を行なっている。なお、旧第二地区の住民のなかには、地区統合の問題に関心を寄せる者は必ずしも多くなかった。地区住民評議会の第一委員会で検討された際に、会議に参加した住民は限られており、その住民も「地区統合により歳出削減につながるのであれば、望ましいだろう」という感想が聞かれた程度であった。このような背景としては、トリノ市行政の側より「地区統合が進んだとしても、日常生活を送るうえでの住民サービスの水準が低下することは

ない」という説明がなされたことに由来するという見方もある[23]。

　ともあれ、旧第二地区と旧第十地区が統合され、2016 年 6 月からは新第
二地区（サンタ・リータ地区、ミラフィオーリ・ノード地区、ミラフィオーリ・スッ
ド地区）へと移行した。統合以前の旧第十地区（ミラフィオーリ・スッド地区）に
関しては、フィアット社の広大なミラフィオーリ工場が位置し、また住宅街
や広大な墓地も抱えていた。そのため、工場労働者や移民が多く居住してき
た歴史は、旧第二地区と共通していたといえる。同時に、地区内に居住する
高齢者の割合が高い点も、双方に共通する。

　もっとも、ここで留意すべきは、以下の 2 点である。第一は、旧第二地区
と旧第十地区とは、地理的には近接しているものの、住民生活の面では必ず
しも往来が頻繁に行なわれていたわけではなく、むしろ旧第十地区の住民は
旧第九地区との交流が多かった点である。というのも、旧第二地区と旧第十
地区とのあいだにはフィアット社の主力工場であるミラフィオーリ工場が位
置し、実質的にふたつの地区を分断していたからである[24]。第二は、トリノ
市はこれまで、市内をいくつかの地区に区分してきたが[25]、旧第十地区に関
しては、これまで長きにわたり単一地区としての歴史を歩み続けてきた点で
ある。そのため、ミラフィオーリ・スッド地区の住民にとっては、今回の地
区統合が初めての経験であり、地区の将来を不安視する者も少なくなかった。

　さて、統合後の新第二地区は 2018 年 3 月時点で、人口は約 14 万 1,000 人、
面積は 18.7 ㎢ となっている。特に人口に関しては、今回の統合によってト
リノ市内 8 地区のなかで最も人口規模が大きな地区となった。地区センター
に関しては、主要な機能が旧第二地区センターに集約されつつあるものの、
上記のとおり物理的な問題もあり、旧第十地区センターでも住民は各種手続
きが受けられる体制が続いている。

　地区住民評議会に関しては、地区統合を前提として 2016 年 6 月に議員選
挙が実施され、新たに 25 名の議員が選出された。現在の評議会における与
党は、以前と同様に PD（Partito Democratico）を中心とする勢力となっている。
他方で、現在の評議会では旧第二地区よりも旧第十地区を地盤とする議員の

割合が多い状況で、単純に旧地区の有権者数が選挙結果に影響するわけではないことがわかる。

　評議会の委員会についていうと、上記のとおり委員会数は 6 から 4 となったため、執行部は議長および各委員会の調整役の計 5 名からなっている。実態としては、これまで 6 人で分担していた役割を 4 人で分担せざるをえなくなり、調整役が担う業務量が増加している。評議会の議長は専任であるが、調整役は兼業でそれぞれの本業を持つ。こうした動向からは、再編から現在まで、執行部も依然として試行錯誤している状況がうかがえよう。他方で、今回の地区再編後には、評議会のなかにサンタ・リータ地区、ミラフィオーリ・ノード地区、ミラフィオーリ・スッド地区それぞれを対象とする委員会も設置された。この委員会は毎年、地区に関するレポートづくりを進めており、トリノ市内では独自の試みとなっている。

5-3　住民生活への影響

　地区再編後の現時点では、経過措置として旧第十地区センターの窓口機能が継続するなど、トリノ市行政としては地区再編による住民生活への影響に一定の配慮をしている。もっとも、今後は地区再編の本来のねらいであるトリノ市行政の効率化を実現させるために、第二地区センターへの機能集約が進むことになる。そうなると、現在の第二地区センターから遠い位置にあるミラフィオーリ・スッド地区の住民には、いよいよ不便さが生じてくる。こうした状況に対して、トリノ市行政としていかに向き合うかが問われる。

　他方で、たとえば、長年にわたり旧第二地区で展開されてきた住民参加の活動は、地区再編後にはどのような実態にあるのだろうか。ここで、旧第二地区の地区センター担当者と住民有志が参加し、これまで進めてきたエコミュージアムプロジェクトを取り上げ、新第二地区へと移行してからの動向を把握しておこう。先のとおり、このプロジェクトを通じ、18 世紀に建設され、老朽化した教会を地区の歴史的・文化的な資源としてとらえなおし、住民自身で修復するなど、数々の成果を上げてきた。

194

　これまで多面的な取り組みを進めてきた旧第二地区のエコミュージアムプロジェクトであったが、近年ではしだいに運営が困難になりつつあった。背景には、地区センターからプロジェクトに配分される資金が年々減少し、従来のような活動量を維持できなくなった事情がある。同時に、プロジェクトに参加する住民も、日々の生活に追われて活動に参加する時間的余裕も少なくなり、参加者もしだいに減っていった。こうした変化に連動して、エコミュージアムの場所の移転や開館日の見直しも余儀なくされた。それでも、大半の地区ではエコミュージアムが閉館していくなかで、旧第二地区ではプロジェクトの活動によってエコミュージアムを維持してきた。

　こうした住民の活動に対し、地区統合が何らかの影響を与えうるのは容易に想像できよう。ところが、地区統合が進んだ現在、新第二地区のエコミュージアムプロジェクトは旧第二地区時代からの参加者が主導し、旧第十地区のエコミュージアムも引き継いで、新第二地区エリアに合わせて活動している。むしろ、地区統合を契機に、新たな活動も展望している。現在は市内唯一のエコミュージアムとして、小学校や高校との連携事業、さらには大学生の実習受け入れなどを担っている。今後は、かつて旧第十地区でプロジェクトに参加していた住民との交流機会を設定し、残存する旧第十地区の歴史資料を活用しながら、独自にエコミュージアムプロジェクトを展開するという。

　このような一連の動向からは、トリノ市行政の事情で地区再編という大きな変化が生じても、エコミュージアムプロジェクトは変化に翻弄されず、むしろ新たな契機ととらえなおそうとする姿勢が把握される。背景には、地区の歴史資料の保存と展示、住民ガイドによる地区案内、地区歩きを通じた地区資源マップ作りなど、長年のエコミュージアムプロジェクトの実践と経験の蓄積が影響しているのではないだろうか。

6　海外の自治体内分権から何を学ぶか

　本章ではここまで、イタリア大都市のトリノ市に焦点を当て、「地区」に

ついて概観したうえで、地区住民評議会がどのような制度設計となっており、どのような役割を果たしているかをみてきた。あわせて、「地区」でのプロジェクト活動の動向、さらには近年の地区再編のうごきも把握してきた。こうした内容をふまえ、以下の3点を指摘しておきたい。

　第一に、先行研究における指摘、すなわち「地区住民評議会が独自の経済的資源を持たなかったこと」「住民参加が促進されなかったこと」「選挙によって国レベルの政党対立が地区で再生産されたこと」の3点について、トリノ市ではやや異なる実態がみられる点である。トリノ市の場合、地区住民評議会は経済的資源として地区予算を有し、地区内の事業運営に関して独自に使途が決定できるが、現在はその金額が減り続けている。他方で、評議会の内部に置いている委員会を住民参加の場として位置づけ、地区住民に対して積極的に委員会活動への参加を促している。地区政治に関しては、選挙結果しだいで執行部の入れ替えが生じ、地区運営の方針は変わることもありうる。ただ、近年ではむしろ地区予算の縮減による影響の方が大きい。そのため、こうした状況にどう向き合うかが課題となっている。

　こうした内容に関連して、第二に、地区住民評議会として地区住民に委員会活動への参加を促すうごきは、わが国にとっても今後の課題となる点である。わが国の行政区単位の協議会型住民自治組織は、それ自体が住民参加のひとつの機会といえる。現在のところ、審議会としての役割が強いが、今後においてトリノ市の地区住民評議会のように、行政区内の事項に関する一定の権限・財源を有し、いわゆる「ミニ議会」として位置づけていくならば、行政区単位の協議会型住民自治組織として住民意見を受け入れ、行政区に根ざした存在となる必要がある。わが国では、自治体議会への住民参加もまだ緒に就いたばかりであるが、今後の制度設計しだいでは、将来的に行政区単位の協議会型住民自治組織への住民参加をどのように促していくかが課題となろう。この点で、トリノ市の地区住民評議会が、積極的に住民意見を聴取し、意思決定に活かそうとする姿勢は、示唆に富む。

　第三に、とはいうものの、トリノ市では現在、地区そのもののプレゼンス

196

が揺らぎはじめている点である。トリノ市では年々、地区予算の減少が進み、アウトソーシングの進行によって地区が果たす機能も縮減している。こうしたなかで、2016年6月のトリノ市長選挙の結果、C. アッペンディーノ氏が新市長に就任した。新興政党の五つ星運動に所属するアッペンディーノ氏は、直接的なトリノ市民との対話を重視し、過去のトリノ市長に比べると地区住民評議会の意向を重視しなくなったといわれる。その結果、地区自体の位相がしだいに低下し、これまで以上に地区の存在意義が問われている。地区住民評議会の議員からは、常に「住民に身近な地区の位置づけを見直し、行財政権限の委譲を進めるべき」という声が以前から聞かれるが、現在のトリノ市政はむしろ反対の方向に進行している。

　地区民主主義の強化という方向性と、効率的な市政運営という方向性とが錯綜するなかで、少なくともトリノ市の今日の動向からは、後者を優先する姿勢が把握される。たとえ地区同士の住民生活のつながりが希薄であっても、本章の後半でみてきた地区再編のうごきのように、近接性や人口バランスが優先され、統合の組み合わせが決まってしまう。このようにみると、トリノ市政においては今後、いっそう地区は存在感を失っていくのか。それとも、エコミュージアムプロジェクトのような実践の積み重ねによって、地区の復権が生じるのか。トリノ市の地区は今、ひとつの正念場を迎えている。

注

1　三浦 2015：36-40
2　大阪市 2015：107-121
3　ただし、千種区は 2009 年に、名東区は 2010 年に、先行して設置していた。
4　森 2015：52
5　たとえば、伊藤 2015：74-79 があげられる。このなかで伊藤正次は、「地域協働」「区政参加」「区民代表」という 3 機能に着目して、政令市の住民自治を拡充するうえでの論点提示と課題明示を行なっている。
6　第 30 次地方制度調査会 2013：6
7　柏原・西村・自治体問題研究所編 2012：66-77、総務省ホームページ「第 30 次地

方制度調査会第 15 回専門小委員会　指定都市の区・住民自治等関連資料」を参照。
2020 年 3 月閲覧。http://www.soumu.go.jp/main_content/000165664.pdf

8　札幌市の区民協議会 (2004 年〜)、さいたま市の区民会議 (2003 年〜)、川崎市
の区民会議 (2006 年〜)、横浜市の区民会議 (1974 年〜、泉区では 2009 年から地
域協議会が活動)、相模原市の区民会議 (2010 年〜)、新潟市の区自治協議会 (2007
年〜)、静岡市の区民懇話会 (2005 年〜)、浜松市の区協議会 (2007 年〜)、名古
屋市の区民会議 (2016 年〜)、京都市の区基本計画推進組織 (名称や設置時期は
区ごとに異なる)、大阪市の区政会議 (2011 年〜)、堺市の区民評議会 (2015 年〜、
2014 年度までは区民まちづくり会議)、神戸市の区民まちづくり会議 (1994 年〜)、
熊本市のまちづくり懇話会 (2013 年〜)、のそれぞれである。

9　横浜市の区民会議に関しては、谷本 2016：233-261 を参照。

10　イタリアの地方自治制度の全体像は、主に財団法人自治体国際化協会 2004 を
参照。

11　埼玉自治体問題研究所イタリア CdQ 研究会 1982

12　工藤 1999：227-229　他方で、工藤裕子は今後の展開しだいでは市民と行政・
政治との対話のチャンネルとしてより大きな可能性を持っている、という期待
も示している。

13　Rosso 2004：6-7

14　たとえば、Urban Masterplan (土地利用における規制とゾーニングの計画)、
Strategic Plan (多様な主体の協働による都市経済の再生戦略)、Neighbourhood
regeneration project (住民参加を基盤にした条件不利地区の再生事業) の実施があ
げられる。これらは、トリノ市の都市再生における 'three key projects' といわれる。
同時に、ブックフェアや映画祭といったイベント開催にも力を入れ、2006 年 2
月の冬季オリンピック開催はひとつの到達点であった (Winkler 2007：23-41)。

15　トリノ市ホームページ「STATUTO DELLA CITTÀ DI TORINO」を参照。2020
年 3 月閲覧。http://www.comune.torino.it/amm_com/statuto/statuto.html

16　EU による構造基金などの結束政策に関しては、諸富 2010：85-136 を参照。

17　旧第二地区住民評議会の議員へのヒアリング調査による (2013 年 2 月、於・旧
第二地区センター会議室)。

18　新井編著 1995：11

19　同上：13-17

20　トリノ市は 1990 年代の都市再生過程において、EU の構造基金の枠組みにお
ける Urban II を用い、近隣住区の再生を進めてきた経緯がある。これは住民にとっ

て魅力的な地域づくり、商的・社会的・文化的機会の創造、質の高い公共サービス供給を通じた市と近隣住区との結合、の3つをめざし（Rubbo 2009：3）、旧第二地区内のミラフィオーリ・ノード地区も対象エリアだった。地区住民の活動拠点である「カッシーナ・ロッカフランカ」は、この過程で整備されている。

21　S. キャンパリーノ氏がトリノ市長であった時期（2001 〜 2011 年）から、すでに5地区への移行が打ち出されていたという（トリノ市第二地区住民評議会の議員へのヒアリング調査による（2018 年 3 月、於・トリノ市第二地区センター会議室））。

22　トリノ市旧第二地区の地区住民評議会議員（当時）へのヒアリング調査による（2016 年 2 月、於・トリノ市旧第二地区センター会議室）。

23　同上。

24　この点に関して、旧第二地区住民評議会の議員のなかには、「単に地区の位置という地理的事情や人口バランスという数値的事情のみならず、地区特性という事情もふまえて地区再編を検討する必要があった」と言及する者もいる（トリノ市第二地区住民評議会の議員へのヒアリング調査による（2018 年 3 月、於・トリノ市第二地区センター会議室））。

25　トリノ市では戦後、市民運動に準拠してインフォーマルな 23 の生活住区が市民のあいだで形成された歴史がある。この背景には、1960 年代後半にフランス各都市で活発化した地区レベルでの社会運動の影響があった。その後、1984 年から 2016 年までは 10 地区を設定し、このときには市内を貫く幹線道路の位置などを基準に区割りを行なっており、23 の生活住区とは特段の関係はないという。

終　章　自治体内分権の展望

　ここまでの検討をとおして、本書ははたして何をどこまで明らかにできた
のだろうか。序章で明示した研究の問いに対応させるかたちで、本書が明ら
かにした内容を整理したい。あわせて、残された研究課題をみていくことに
する。

1　何をどこまで明らかにしたのか

そもそも、各自治体における自治体内分権のしくみはどのようなものか

　本書ではまず、「そもそも、各自治体における自治体内分権のしくみはど
のようなものか」という、制度設計を把握する現状確認型の問いを立てた。
これに関しては、第2章から第6章までの各章の前半部分において、それぞ
れの制度設計を概説している。

　第2章では、中野区の地・住構想の外郭を提示して住区協議会の位相を明
らかにした。第3章と第4章で取り上げた、地方自治法に基づく地域自治区
制度については、第3章の冒頭で制度の概説を試みた。あわせて、豊田市・
飯田市・新城市の3市に関しては、自治体独自の制度設計にも触れた。

　第5章では、大阪市の地域活動協議会について、その概要を把握している。
第6章では、イタリア・トリノ市の地区住民評議会について、どのような機
能と役割を担っているかをみてきた。同時に、これらそれぞれの制度がいか
なる推移をたどって制度設計・制度導入にいたったのかについても、各章に

200

おいて取り上げている。各事例の制度設計の詳細については、ここでは割愛するので、あらためて各章の内容を確認してみてほしい。

運用実態はどうなっており、運用の結果としてどのような成果があがっているのか

　こうした制度設計をふまえ、続いて「自治体内分権のしくみの運用実態はどうなっており、運用の結果としてどのような成果があがっているのか」という実態を把握する現状確認型の問いも立てた。この問いについては、第2章から第6章までの各章の中盤から後半にかけて、各自治体が設計した制度のなかで、協議会型住民自治組織がいかなる活動を展開し、いかなる成果を上げているのか（上げていないのか）を、個別の事例を検証することで明らかにしてきた。

　第2章では、中野区の地・住構想の枠組みにおける住区協議会を運用するなかで、協議会独自の取り組みを展開できないまま意見交換に終始した野方住区協議会と、リサイクル市やおしゃべり講座といった特色ある取り組みを展開し続けた江古田住区協議会という、まったく異なる成果となった実態を明らかにした。

　第3章では、地方自治法に基づく地域自治区制度を運用するなかで、甲州市の勝沼地域協議会は協議会活動のあり方を模索するなかで意見交換に終始し、際立った成果が上がらないまま制度が廃止となった推移を確認した。他方で、豊田市の足助地域会議はわくわく事業の審査および地域予算提案事業の提案、さらには「シャングリラ足助」の運営に取り組むなど、合併以前のまちづくり活動を彷彿とさせる状況の一端を垣間見ることができた。

　第4章では、同じく地方自治法に基づく地域自治区制度を運用した飯田市の千代地域協議会であったが、飯田市独自の制度設計であるまちづくり委員会の存在が大きく、地域協議会は存在するものの、その意義は常に模索している実態であった。実際に、パワーアップ地域交付金の審査という地域協議会の役割は、地域協議会の委員の大半がまちづくり委員会のメンバーを兼ねているため、地域協議会が独自に機能しているとはいいがたい。他方、新城

市の作手地域協議会に関しては、新城市独自のしくみである地域自治区予算の審議を担い、また地域活動交付金への申請に対して申請内容やプレゼンテーションの審査、質疑応答と採点の役割を担当している状況にあった。こうした作手地域協議会の取り組みの過程と並行して、自治振興事務所長の市民任用も始まり、協議会活動のさらなる展開が期待される。

　第5章では、大阪市の地域活動協議会の枠組みで活動する緑地活協と南市岡地活協のふたつを取り上げ、それぞれの活動実態の把握につとめた。いずれもNPO法人格を取得して自主財源確保につとめ、実際に緑地活協は「児童いきいき放課後事業」を受託して特色を活かした事業実施につとめていた。同様に、南市岡地活協は大阪府から居住支援法人の指定を受け、住宅確保要配慮者の包摂に取り組んでいる実態が把握された。これら以外にも、双方が親睦および地域課題の解決にむけた数多くの取り組みを企画・実行し、地活協の設立以前の時期にはみられなかったような成果を出していた。

　第6章では、イタリア・トリノ市の地区住民評議会の動向を取り上げ、なかでも旧第二地区の評議会の活動を中心に、その実態を検証してきた。トリノ市の地区住民評議会のなかにはテーマごとに複数の委員会が置かれ、そこに地区住民も参加して議論を重ね、内容を評議会の全体会議に反映する実態が観察された。もちろん、テーマによっても時期によっても、地区住民の参加者数に変動はあるが、地区住民にとって関心がある内容に関しては委員会でのやりとりを基に、トリノ市行政へと伝えられる。また、本書ではエコミュージアムプロジェクトを取り上げたが、こうした活動に対して予算配分を担うのも、地区住民評議会の役割であった。もっとも、近年では地区予算の縮減傾向は止まず、地区再編のうごきもあるなかで、地区住民評議会としての独自性を打ち出すのが困難となっている実態もある。

これからの自治体内分権には、いかなる視点や発想が必要なのか

　ここまでみてきた現状確認型のふたつの問いとその答えをふまえ、「これからの自治体内分権には、いかなる視点や発想が必要なのか」という自治体

内分権の要件について整理しておきたい。ここでは重要なポイントとして指摘できるのは、以下の3点である。

　第一は、自治体内分権のしくみを活用できるほどの基盤を、地域の側が整えていること、である。本書で扱ってきた各事例には、協議会型住民自治組織としての活動を続けた結果、当該地域に対してさまざまな波及効果を生んでいる動向も観察された。これらに共通しているのは、自治体内分権のしくみを導入した結果として、地域活動の不毛地域が180度転換して活動が隆盛したのではなく、もともとしくみを活用して成果をあげられるほどの基盤が当該地域に備わっていた、という点である。

　たとえば、足助地域会議に関しては、「シャングリラ足助」をはじめとする長年にわたるまちづくりの蓄積を有し、また合併以前の地域計画づくりの経験を備えていた。地域自治区に移行してからは、地域会議が「シャングリラ足助」の運営を引き継ぎ、また各種提案を取りまとめるなど、主体性を発揮していった。大阪市のふたつの地活協についても、協議会の設立以前から地域活動の蓄積があり、そうしたなかでの協議会設立の要請を受け入れ、柔軟に枠組みを使いこなす姿勢を保って多面的な成果を上げていった。

　もちろん、協議会活動を通じてさまざまな経験を蓄積し、それが基盤づくりにつながる面もあるだろう。たとえば、本書でみてきた江古田住区協議会に関しては、協議会の設立以前に小学校の建替問題等で議論を重ねる場が求められたのが、協議会活動のきっかけだった。その後、長年にわたる活動を積み重ねるなかで、しだいに基盤を形成していった側面はある。ただ、実際の協議会運営の段階では、メンバーの入れ替わりも生じうる。こうした点をふまえると、協議会設立以前の段階でどのような状況にあるのかは、やはりひとつのポイントとなろう。自治体内分権は制度の導入段階よりも、制度の運用段階において、次々と課題が生じる。この点に照らしても、制度の導入対象地域に基盤が備わっているかの見極めは、なおのこと重要になると指摘できる。

　第二は、地域内外の多様な主体と連携・協働関係を構築し、必要に応じて

協議会活動のなかで柔軟にネットワークを活かせられること、である。本書で扱ってきた事例をみると、協議会型住民自治組織の関係者のみでの活動にとどまることなく、地域内外の多様な主体との連携・協働関係を構築し、それらを活かしながら活動することによって波及効果を生んでいた事例もみられた。たとえば、豊田市の足助地域会議は、足助支所と連携しながら、現在まで「シャングリラ足助」の開催を継続しているし、日ごろのわくわく事業の審査および地域予算提案事業の検討においても、さまざまなかたちで足助支所との協働関係を垣間見ることができる。こうした状況は、豊田市と類似して地域活動交付金および地域自治区予算のふたつを有している新城市でも、作手地域協議会と作手自治振興事務所の関係で看取された。また、作手地域協議会に関していうと、『作手地域まちづくり計画』の策定ではまちづくりコンサルタントと連携し、また空き家実態調査に関する市長からの諮問を受けた際に、作手地域内の区長会とともに実態調査を進め、答申の作成に取り組んだ経緯があった。

　そのほかにも、大阪市の地域活動協議会の2事例のうち、緑地活協はプロボノワーカーとの協働を基盤に子育て環境の充実にむけた検討を重ね、これがのちに「児童いきいき放課後事業」の受託につながっている。この事業は現在、緑地活協にとって主要なものとなっているのは、すでに確認したとおりである。同様に、南市岡地活協は買い物弱者への対応の一環として朝市を定期開催しているが、ここでは既知の農家とのネットワークを活かして、米や野菜や果物といった食料品を仕入れている。ほかにも、居住支援法人として医療機関と連携しながら特別健康診断を実施し、また住宅確保要配慮者への包括的な支援に取り組んでいた。

　このようにみると、協議会型住民自治組織としての連携・協働とネットワーク構築の姿勢が望まれる。その際に、自治体行政としていかなる支援が可能であるか、が問われることになる。そこで関連して、第三は自治体行政として協議会活動を促す独自のしかけを設けられていること、である。本書でみてきた事例のうち、自治体行政として協議会の活動を支援ないし後押し

するしくみを設けている自治体の存在がいくつか確認された。たとえば、豊田市のわくわく事業や地域予算提案事業、飯田市のパワーアップ地域交付金、新城市の地域活動交付金や地域自治区予算、さらには自治振興事務所長の市民任用がこれに相当する。実際に豊田市の足助地域会議はわくわく事業の審査、および地域予算提案事業にむけた提案内容の検討は、主たる活動となっていた。同様に、新城市の作手地域協議会においても、地域活動交付金の審査、および地域自治区予算の審議のふたつが、協議会活動の中心であった。

　もっとも、ここで注意が要るのは、こうしたしくみを設けたからといって、協議会活動が自ずと進行していくわけではない、という点である。実際に、飯田市ではパワーアップ地域交付金という独自のしくみを設けてはいた。それでも、飯田市の場合には「参加」を担う地域協議会に並列して、「協働」を担うまちづくり委員会を設け、ここがパワーアップ地域交付金の検討を担い、地域協議会はこれに異論を出せず自動承認する実態となっていた。この点でいうと、自治体行政としてどのようにしかけ・しくみを整え、どのように協議会活動を支えていくのかが問われるといえよう。詳しい検討は今後に委ねざるをえないが、たとえば本書でも触れた新城市の自治振興事務所長の市民任用などは、何か新しい効果をもたらしうるものとして、今後もその動向を注視していきたい。

　このようにみてみると、本書の第1章で設定した分析視点、すなわち「マネジメント」「パートナーシップ」「エンパワーメント」のそれぞれがどのような状況にあるかが、協議会型住民自治組織の活動の成否にとって大きなポイントとしてとらえることができよう。

2　残された研究課題は何か

本書の成果

　以上の内容をまとめると、本書の成果は以下の2点にまとめられる。

　第一は、わが国の自治体内分権のながれのうち、特に地域分権に注目して、

複数の事例ごとに協議会型住民自治組織の動向を検証し、協議会活動にとって重要な要件を明らかにした点である。たしかに、わが国でも地域分権に注目して協議会型住民自治組織の動向をいくつか扱った研究、あるいは地域分権の国際比較研究は確認される。ただ、本書のように、複数の個別事例を扱い、それらの詳細を検証し、同じ制度の枠組みのなかで協議会活動に生じる共通項や差異を、比較を通じて明らかにした研究は、管見の限りは存在しない。このように、複数事例の検証、および協議会活動の比較・考察に取り組み、「自治体内分権のしくみを活用できるほどの基盤を、地域の側が整えていること」「地域内外の多様な主体と連携・協働関係を構築し、必要に応じて協議会活動のなかで柔軟にネットワークを活かせられること」「自治体行政として協議会活動を促す独自のしかけを設けられていること」という自治体内分権の要件を提示できた点に、本書の第一の成果を求めることができる。

　関連して、第二は、わが国の自治体内分権の研究の体系化を図った点である。わが国の自治体内分権の研究のうち、本書でも扱った日本都市センターの報告は、コミュニティ政策の展開という歴史的な経緯をふまえつつ、当時の都市自治体の動向を丹念に検証しており、体系的な先駆研究であった。その後は自治体内分権への関心が広まり、本書でも取り上げてきたように、さまざまな研究成果が蓄積されてきた。しかし、それらは個別の事例を扱う場合が多く、日本都市センターの報告に比類する体系性は持ちえなかった。こうしたなかで、本書はわが国の自治体内分権の時代変遷を意識しつつ、日本都市センターの報告では詳細を扱えていなかった合併自治体の協議会型住民自治組織の動向を取り上げ、さらには近年に注目される大都市の協議会型住民自治組織の動向も検証した。もっというと、将来的なうごきを見据え、イタリア・トリノ市の地区住民評議会の展開を手がかりにして、海外事例からの示唆の獲得もめざした。本書のねらいがどこまで達成できているかは読者の判断に委ねられるが、日本都市センターの報告から20年近くが経過するなかで、この報告の内容を常に意識しながら、わが国の自治体内分権研究の体系化をめざしたことには変わりない。実際に、日本都市センターの報告で

も海外事例がいくつか取り上げられており、それを意識してトリノ市の地区住民評議会を取り上げたし、さらには学術研究としての進化を意図して、各事例の比較・考察にも取り組んだつもりである。

残された研究課題

　他方で、本書の研究のなかで、検討が十分に及ばなかった内容も存在する。ここでは、ふたつの研究課題に触れておきたい。

　第一は、本書は自治体内分権のながれのなかで地域分権に焦点を当てたために、行政組織内分権の動向には、ほとんど検討が及んでいない点である。第1章でも扱ったように、わが国で自治体内分権というと、元来は行政組織内分権のながれが主眼であった。こうした状況は平成の大合併の潮流で地域自治組織への関心が高まるなかでしだいに変化してきたが、それでも行政組織内分権が不要になったわけではない。むしろ、地域分権を進めて地域社会の状況改善を進めようとすれば、当然ながら地域行政機関としての支所や出張所、区役所との関係が生じてくる。それゆえに、これも第1章で把握したように、行政組織内分権のながれと地域分権のながれとは、車の両輪のような相互補完の関係にあるといえる。そうであるならば、行政組織内分権の検討に正面から取り組む必要があり、かつこれは行政学としても重要な研究テーマであるのだが、筆者の力量不足もあってほとんど扱うことができなかった。近年では、政令市ごとに特色ある区役所づくりなども進行しており、今後は自治体内分権のもうひとつのながれである行政組織内分権の動向の研究を進めたい。

　第二は、各自治体における既存のコミュニティ政策が、地域分権の展開に対してどのような関わりを持ち、どのような影響を与えているかについては、詳細な検討ができていない点である。本書でもみてきたように、地域分権の受け皿としての協議会型住民自治組織は、地域コミュニティと深いかかわりを有しているし、もっというと地域コミュニティの性格によって協議会の活動や地域分権の成否が左右される。そうであるならば、コミュニティ政策と

自治体内分権との関わりが問われなければならないし、実際に本書でみてきた複数の事例においても、自治体行政としては地縁組織と協議会型住民自治組織との関係構築で悩みを抱える場合も見受けられた。自治体コミュニティ政策のなかで地域分権をどのように位置づけ、双方の関わりをどのように整理するかもまた、今後の研究に委ねることにしたい。

　筆者には大きくふたつの研究の柱がある。第一は本書が主眼としてきた自治体内分権の研究であり、第二は自治体コミュニティ政策の研究となる。今後においては、上記の行政組織内分権に関する検討も深めつつも、今日の時代状況に見合った、新たな自治体コミュニティ政策の動向について研究を進めていきたい。

参考文献・参考資料

参考文献

青木信行 (1996)「『経営』感覚のまちづくり」『造景』第 5 号。

青木信行 (2005)「足助のまちづくりと市町村合併」『コミュニティ政策研究』第 7 号。

鰺坂学・西村雄郎・丸山真央・徳田剛編 (2019)『さまよえる大都市・大阪——「都心回帰」とコミュニティ』東信堂。

足立忠夫 (1981)『地域市民自治の公共学——学際的かつ市民的規律としての地域主義』公務員職員研修協会。

阿部大輔・的場信敬編 (2013)『地域空間の包容力と社会的持続性』日本経済評論社。

阿部昌樹 (2006)「地域社会の活性化に向けて」橋本信之編『21 世紀の都市活力——大阪再生への多角的アプローチ』ぎょうせい。

阿部昌樹 (2009)「行政ボランティア」『都市問題研究』第 61 巻第 6 号。

阿部昌樹 (2017)「狭域の自治」阿部昌樹・田中孝男・嶋田暁文編『自治制度の抜本的改革——分権改革の成果を踏まえて』法律文化社。

天川晃 (2006)「指定都市制度の成立と展開」東京市政調査会編『大都市のあゆみ』東京市政調査会。

新井重三編著 (1995)『実践エコミュージアム入門』牧野出版。

荒木昭次郎 (1990)『参加と協働——新しい市民＝行政関係の創造』ぎょうせい。

石平春彦 (2010)『都市内分権の動態と展望——民主的正統性の視点から』公人の友社。

伊藤修一郎 (2002)『自治体政策過程の動態——政策イノベーションと波及』慶應義塾大学出版会。

伊藤修一郎 (2006)『自治体発の政策革新——景観条例から景観法へ』木鐸社。

伊藤正次 (2015)「大都市制度と住民自治——制度化に向けた論点と課題」『ジュリスト』第 1485 号。

井上繁 (2009)「合併後の地域を診る　山梨県甲州市」『地方財務』第 655 号。

今井照 (2008)『「平成大合併」の政治学』公人社。

今井照 (2017)『地方自治講義』筑摩書房。

今川晃 (1994)「まちづくりにおける自治会・企業・支所の役割——『四日市公害』地区の変遷と警鐘」日本地方自治学会編『都市計画と地方自治』敬文堂。

今川晃 (2003a)「自治体内分権のあり方」木佐茂男・五十嵐敬喜・保母武彦編著『分権の光　集権の影——続・地方分権の本流へ』日本評論社。

今川晃 (2003b)「ネクスト・ステップへのシナリオ　愛知県足助町」『月刊自治研』第530号。

今川晃 (2004a)「コミュニティの『自治と組織』の再構築──ローカル・ガバナンスへの実践的アプローチ」熊本県立大学総合管理学会編『新千年紀のパラダイム──アドミニストレーション（上巻）』九州大学出版会。

今川晃 (2004b)「地域自治とローカル・ガバナンス」『あいちの自治』第3号。

今川晃 (2006)「都市内分権の論理と住民自治」『都市問題研究』第58巻第8号。

今川晃 (2008)「『都市と農山村との共生』と『都市内分権』思想とのハーモニー──豊田市の場合」『合併自治体の生きる道』(地方自治職員研修臨時増刊号88) 公職研。

今川晃 (2009)「地域自治組織と一人ひとりの市民、NPO、行政」『地方自治職員研修』第588号。

今川晃 (2010a)「公共サービスへの市民のコントロール」『市政研究』第167号。

今川晃 (2010b)「住民自治と政策学」真山達志・今川晃・井口貢編著『地域力再生の政策学──京都モデルの構築に向けて』ミネルヴァ書房。

今川晃 (2011)「地域ガバナンスの変容──地域社会における公的ガバナンスの変化と動態」新川達郎編『公的ガバナンスの動態研究──政府の作動様式の変容』ミネルヴァ書房。

今川晃 (2012)「自治体の再編と地域自治──ローカル・ガバメントとローカル・ガバナンス」日本地方自治学会編『第一次分権改革後の10年の検証』敬文堂。

今川晃 (2014)「私たちと地方自治──これまでのあゆみと課題」今川晃編『地方自治を問いなおす──住民自治の実践がひらく新地平』法律文化社。

今里佳奈子 (2003)「地域社会のメンバー」森田朗・大西隆・植田和弘・神野直彦・苅谷剛彦・大沢真理編『分権と自治のデザイン──ガバナンスの公共空間』有斐閣。

岩城完之 (1996)「巨大都市における住民組織と住民自治──東京都中野区の住区協議会のあり方をめぐる問題」『関東学院大学人文科学研究所報』第20号。

岩崎恭典 (1998)「行政区制度改革の現状と課題」『都市問題研究』第50巻第4号。

岩崎恭典 (2003)「都市内分権の現在・過去・未来」『都市問題』第94巻第4号。

岩崎恭典 (2004)「今後の都市内分権・区政の展望」大阪市政調査会編『自治都市・大阪の創造』敬文堂。

岩崎恭典 (2008)「『基礎自治体』と自治体内分権」『ガバナンス』第88号。

岩崎恭典 (2009)「新たな大都市像と地域自治」『ガバナンス』第97号。

岩崎恭典・原田晃樹 (2003)「政令指定都市と行政区──都市内分権のめざすもの」『都市問題研究』第55巻第7号。

植田和弘 (2004)「持続可能な地域社会」植田和弘ほか編『持続可能な地域社会のデザイン』有斐閣。

牛山久仁彦 (2003)「市町村合併と都市内分権」『多摩地域の都市ガバナンス』(中央大学社会科学研究所研究報告第 22 号)。

牛山久仁彦 (2004)「自治体政府と都市内分権──分権時代に求められる参加・協働と都市行政」武智秀之編著『都市政府とガバナンス』中央大学出版会。

牛山久仁彦 (2009)「市町村合併と地域自治──地域自治区制度の現状と課題」『政経論叢』第 77 巻第 3・4 号。

牛山久仁彦 (2010)「都市内分権の動向と課題」『SRI』第 102 号。

後房雄 (2006)「多様化する市民活動と自治体の再設計──地域自治組織における決定の実施の混合」『市政研究』第 153 号。

梅原浩次郎 (2006)『イタリア社会と自治体の挑戦──ボローニャ再生に向けて』かもがわ出版。

江藤俊昭 (1996)「都市内分権化の意義と可能性──もう一つの地方分権を模索する」山梨学院大学行政研究センター編『地方分権と地域政治』第一法規。

江藤俊昭 (1998)「住民参加の条件整備としての都市内分権──中野区の地域センターと住区協議会をてがかりに」『山梨学院大学法学論集』第 39 号。

江藤俊昭 (2007)「山梨県における市町村合併と住民自治──直接請求・住民投票・選挙・議会の動向を中心に──」『自治総研』第 342 号。

江藤俊昭 (2014)「自治体内分権の現状と課題──住民自治の基層を飯田市の実践から考える」一般財団法人地方自治研究機構『政策形成過程における住民参加のあり方に関する調査研究』

大石田久宗 (2009)「変貌するコミュニティ──地域政策の新展開」『自治総研』第 363 号。

大内田鶴子 (2017)『都市近隣組織の発展過程──コミュニティ・ガバナンスの日米比較論』春風社。

大川武 (1992)「役所機能の都市内分散化──その実態と課題」本田弘・大久保皓生・大塚祚保『創生・地方自治──21 世紀への新しい手法』ぎょうせい。

大阪自治体問題研究所 (2014)「地域活動協議会アンケート調査分析の概要」『おおさかの住民と自治』第 426 号。

大杉覚 (2006)「地域機関の活性化と自治体内分権」『国際文化研修』第 51 号。

大杉覚 (2009)「大都市における都市内分権と地域機関──特別区における総合支所制度と自治・協働の推進」『都市社会研究』第 1 号。

大杉覚(2016)「都市内分権と大都市ガバナンスの構想」『季刊行政管理研究』第153号。

大西淳也(1994)「英・独・蘭の近隣行政3──オランダ・アムステルダム市におけ
　る都市内分権について」『地方自治』第557号。

大原一興(1999)『エコミュージアムへの旅』鹿島出版会。

大原一興(2006)「都市におけるエコミュージアムの展望」『CEL』第76号。

大原光憲(1976)「参加民主主義論」『月刊自治研』第200号。

大森彌(1983)「コミュニティ形成と住民自治」埼玉県県民部自治文化振興課編『埼玉
　県自治講演集──埼玉・未来への展望』埼玉県。

大森彌(1990)「住区協議会と住民自治」『建築とまちづくり』第158号。

大森彌(2003)「市町村の再編と基礎的自治体論」『自治研究』第958号。

大森彌(2008)『変化に挑戦する自治体──希望の自治体行政学』第一法規。

岡田一郎(2016)『革新自治体──熱狂と挫折に何を学ぶか』中央公論新社。

荻原宗(2008)「基礎的自治体が取り組むべき住民自治について──山梨県甲州市の
　合併と地域自治区の実際からの考察」『関東都市学会年報』第10号。

柏原誠(2014)「橋下・大阪市政のコミュニティ改革と住民自治」『おおさかの住民と
　自治』第426号。

柏原誠(2017)「大都市圏ガバナンスと住民自治」重森曉・柏原誠・桑原武志編『大都
　市圏ガバナンスの検証』ミネルヴァ書房。

柏原誠(2019)「大都市の地域ガバナンスの変容──大阪市『地域活動協議会』を事例
　に」『建築とまちづくり』第491号。

柏原誠・西村茂・自治体問題研究所編(2012)『指定都市の区役所と住民自治』自治
　体研究社。

金井利之(2007)『自治制度』東京大学出版会。

金井利之(2009)「自治体内分権と住民自治概念の矮小化」『ガバナンス』第101号。

金川幸司(2018)「公共ガバナンス論の展開」金川幸司編『公共ガバナンス論──サー
　ドセクター・住民自治・コミュニティ』晃洋書房。

兼子仁(2017)『地域自治の行政法──地域と住民でつくる自治体法』北樹出版。

北村亘(2013)『政令指定都市──百万都市から都構想へ』中央公論新社。

木下巨一(2012)「長野県公民館の動向から──分館調査と『あり方研究会』」『月刊社
　会教育』第56巻第2号。

工藤裕子(1994)「イタリアにおける地方行政改革の試み──90年142号法の意義」
　『年報行政研究』第29号。

工藤裕子(1997)「ヨーロッパ統合とイタリアの地方自治」『都市問題研究』第49巻第

4号。

工藤裕子 (1999)「政策形成過程における市民活動の機能——イタリア国政・地方における2つのチャネル」山梨学院大学行政研究センター編『市民活動の展開と行政』中央法規。

久木田純 (1998)「エンパワーメントとは何か」『現代のエスプリ』第376号。

栗本裕見 (2012)「地域住民による小規模社会サービスの供給へ——「コプロダクション」への模索」『公共政策研究』第12号。

栗本裕見 (2014)「課題解決型の地域活動の浸透とプラットフォーム化——大阪市鶴見区榎本地域活動協議会の試み」『大阪自治体問題研究所ワーキングペーパー』

栗本裕見 (2018)「協議会型地域組織の制度構想に関する考察——地域負担のコントロールの観点から」『国際公共経済研究』第29号。

幸田雅治 (2009a)「マルセイユ市の市議会と区議会について (1) 〜 (2)」『自治研究』第85巻第1号〜第2号。

幸田雅治 (2009b)「ハンブルク市の市議会と区議会について (1) 〜 (4)」『自治研究』第85巻第3号〜第6号。

小島聡 (2012)「持続可能な地域社会の多様性と地方自治——グローカルな時代の地域間連帯に向けて」小島聡・西城戸誠編著『フィールドから考える地域環境——持続可能な地域社会をめざして』ミネルヴァ書房。

後藤春彦監修 (2000)『まちづくり批評——愛知県足助町の地域遺伝子を読む』ビオシティ。

小林剛宏 (2002)「イタリアおよびスウェーデンにおける市町村の合併と近隣自治機構 (1)」『自治体国際化フォーラム』第154号。

コミュニティ政策学会地域自治区研究プロジェクト (2020)「『参加』と『協働』の地域自治区制度——長野県飯田市を事例に——」コミュニティ政策学会編『コミュニティ政策』第18巻。

埼玉自治体問題研究所イタリアCdQ研究会 (1982)『地区住民評議会——イタリアの分権・参加・自治体改革』自治体研究社。

嵯峨生馬 (2011)『プロボノ——新しい社会貢献　新しい働き方』勁草書房。

佐藤竺 (1972)「住民参加の一実験——武蔵野市の事例」『年報行政研究』第9巻。

佐藤竺 (1975)「住民参加と自治行政」佐藤竺・渡辺保男編著『住民参加の実践』学陽書房。

佐藤竺 (1990)『地方自治と民主主義』大蔵省印刷局。

佐藤一子 (2000)「イタリアの地方分権・参加と住民の学習——フィレンツェ市第4

区の社会文化活動」日本社会教育学会編『地方分権と自治体社会教育の展望』東洋館出版社。

里見親幸（2011）「地域を活かすエコミュージアム」『静岡県博物館協会研究紀要』第35号。

澤井勝（2005）「都市内分権とデモクラシー」『市政研究』第148号。

澤井勝（2013）「政令指定都市と住民自治」『市政研究』第181号。

信濃毎日新聞社編集局（編）（2007）『民が立つ——地域の未来をひらくために』信濃毎日新聞社。

篠原一（1977）『市民参加』岩波書店。

島田恵司（2003）「町内会・自治会——杉並区を題材として」『自治総研』第29巻第1号。

島田恵司（2013）「住民参加から住民間協議へ——都市内分権を題材として」日本地方自治学会編『参加・分権とガバナンス』敬文堂。

白石克孝（2005）「サステイナブル・シティ」植田和弘・神野直彦・西村幸夫・間宮陽介編『グローバル化時代の都市』岩波書店。

菅原純子（2007）「地域組織改革と住民意識——愛知県豊田市の地域会議運営と住民意識変化への可能性」『愛知淑徳大学論集』第13号。

図司直也（2013）「地域サポート人材の政策的背景と評価軸の検討」『農村計画学会誌』第32巻第3号。

鈴木常夫（2006）「愛知県旧足助町の地域づくりに関する研究——住民と行政の『協働』から住民『主体』の地域づくりへ」『愛知淑徳大学論集——現代社会学部現代社会研究科篇』第11号。

砂原庸介（2012）『大阪——大都市は国家を超えるか』中央公論新社。

曽我謙悟（2019）『日本の地方政府』中央公論新社。

田尾雅夫（1990）『行政サービスの組織と管理』木鐸社。

田尾雅夫（2011）『市民参加の行政学』法律文化社。

高木鉦作（2005）『町内会廃止と「新生活共同体の結成」』東京大学出版会。

高橋進（2004）「イタリアの地方自治制度改革とヨーロッパの統合」白石克孝編『分権社会の到来と新フレームワーク』日本評論社。

脱工業化都市研究会編著（2017）『トリノの奇跡——「縮小都市」の産業構造転換と再生』藤原書店。

立石芳夫（2008）「地域自治区設置自治体における合併過程（上）」『三重法経』第130号。

田中輝美（2017）『関係人口をつくる——定住でも交流でもないローカルイノベーション』木楽舎。

谷口功 (2009)「地域資源の共同管理の可能性——豊田市足助地域の地域性から考える」『コミュニティ政策研究』第 11 号。

谷口功・三村聡・床尾あかね・坂本竜児 (2010)「地域自治と市民活動——豊田市の都市内分権と共働の具体化」『コミュニティ政策』第 8 巻。

谷本有美子 (2016)「大都市行政区の『区民会議』と市民参加のアジェンダ——神奈川県内の指定都市を題材に」『横浜市立大学論叢　人文科学系列』第 67 巻第 1 号。

谷本有美子 (2019)「大都市行政区のまちづくりに市民は参加できるのか——神奈川の現状と憂慮」『地方自治職員研修』第 52 巻第 6 号。

玉野和志 (1993)『近代日本の都市化と町内会の成立』行人社。

千葉茂明 (2013)「『市民まちづくり集会』の開催、地域自治区を盛り込んだ自治基本条例を施行——愛知県新城市」『ガバナンス』第 145 号。

辻清明 (1976)『日本の地方自治』岩波書店。

辻山幸宣 (2009)「自治体コミュニティ政策の論点と課題」『市政研究』第 163 号。

土山希美枝 (2007)『高度成長期「都市政策」の政治過程』日本評論社。

寺沢孝臣 (2010)「飯田市自治基本条例制定と新たな地域自治組織の発足」『信州自治研』第 223 号。

土岐寛 (1999)「地方分権と自治体・都区制度——東京の都市内分権化」『東京研究』第 3 号。

徳久恭子 (2010)「都市内分権の現状とその課題——地域自治区における公民連携の可能性を手掛かりに」『立命館法学』第 333・334 号。

鳥越皓之 (1994)『地域自治会の研究——部落会・町内会・自治会の展開過程』ミネルヴァ書房。

中川幾郎編著 (2011)『コミュニティ再生のための地域自治のしくみと実践』学芸出版社。

中川剛 (1980)『町内会』中央公論社。

中島武津雄 (2007)「市民とともに自治のルールをつくる——足掛け 4 年の条例づくりでみえたこと」『月刊自治研』第 568 号。

中田晋自 (2015)『市民社会を鍛える政治の模索——フランスの「近隣民主主義」と住区評議会制』御茶の水書房。

中田實 (2017)『新版　地域分権時代の町内会・自治会』自治体研究社。

長野県飯田市公民館 (2008)「地域自治組織と公民館の課題」『月刊社会教育』第 52 巻第 2 号。

長野基・杉崎和久 (2011)「東京都区市自治体における住区協議会組織の制度設計と

運用に関する比較研究」『日本建築学会計画系論文集』第 660 号。

成瀬むつみ・土屋俊幸 (2015)「『地域住民自治組織』と公民館の関係性——長野県飯田市座光寺地区を事例に」『学輪 IIDA』第 2 号。

名和田是彦 (1998)『コミュニティの法理論』創文社。

名和田是彦 (2000)「自治体内分権と住民参加・協働」人見剛・辻山幸宣編著『協働型の制度づくりと政策形成』ぎょうせい。

名和田是彦 (2002)「近隣政府論——都市内分権のこれまでとこれから」『地方自治職員研修』第 35 巻第 10 号。

名和田是彦 (2004a)「都市内分権・近隣政府の今日的課題」西尾隆編著『自治体改革 9　住民・コミュニティとの協働』ぎょうせい。

名和田是彦 (2004b)「自治体内分権と地域社会」白藤博行・山田公平・加茂利男編著『地方自治制度改革論——自治体再編と自治権保障』自治体研究社。

名和田是彦 (2009a)「現代コミュニティ制度論の視角」名和田是彦編『コミュニティの自治——自治体内分権と協働の国際比較』日本評論社。

名和田是彦 (2009b)「近年の日本におけるコミュニティの制度化とその諸類型」名和田是彦編『コミュニティの自治——自治体内分権と協働の国際比較』日本評論社。

名和田是彦編 (2009)『コミュニティの自治——自治体内分権と協働の国際比較』日本評論社。

縄手雅守 (2002)「地域文化の創造と観光振興——三州足助に見るまちづくり観光への取り組み」井口貢編著『観光文化の振興と地域社会』ミネルヴァ書房。

新川達郎 (1989)「指定都市の区制度における集権化と分権化——行政区の研究」『東北学院大学論集法律学』第 35 号。

新川達郎 (2005)「ポスト分権・合併時代の地域住民組織と協働」今川晃・山口道昭・新川達郎編『地域力を高めるこれからの協働——ファシリテータ育成テキスト』第一法規。

西尾勝 (1975a)「行政過程における対抗運動——住民運動についての一考察」日本政治学会編『政治参加の理論と現実 (年報政治学 1974)』岩波書店。

西尾勝 (1975b)『権力と参加』東京大学出版会。

西尾勝 (1979)「過疎と過密の政治行政」日本政治学会編『55 年体制の形成と崩壊 (年報政治学 1977)』岩波書店。

西尾勝 (1986)「自治体と市民」西尾勝・大森彌編著『自治行政要論』第一法規。

西尾勝 (1990)『行政学の基礎概念』東京大学出版会。

西尾勝 (2005)「新しい『地域自治組織』制度の創設」西尾勝編著『自治体改革 5　自治

体デモクラシー改革——住民・首長・議会』ぎょうせい。

西尾勝 (2007)『地方分権改革』東京大学出版会。

西山邦一 (1984)「地域住民による地域自治を——東京・中野区の住区協議会」衣川　光正・渡辺泰弘編著『市民自治の実験』ぎょうせい。

昇秀樹 (1999)「参加民主主義の可能性と留意点——住民自治のあり方をめぐって」『年報行政研究 (行政と改革)』第 34 号。

葉上太郎 (2009)「カネに始まり、カネに終わるのか」『合併自治体の生きる道』(地方自治職員研修臨時増刊号 88) 公職研。

林久善 (2014)「地域コミュニティへの市民参加について——大阪市における地域活動協議会を事例に」『龍谷大学大学院政策学研究』第 3 号。

日高昭夫 (2003)『市町村と地域自治会——「第三層の政府」のガバナンス』山梨ふるさと文庫。

日高昭夫 (2018)『基礎的自治体と町内会自治会——「行政協力制度」の歴史・現状・行方』春風社。

平澤和人 (2003)「地域自治政府構想」『計画行政』第 26 巻第 4 号。

平澤和人 (2004)「地域自治組織をどう組み立て活用するか」『月刊自治研』第 539 号。

平澤和人 (2005)「地域自治組織と住民自治」『信州自治研』第 158 号。

古城利明 (1979)「現代イタリアの自治体革新——トリノ市の事例分析」『日伊文化研究』第 17 号。

細木博雄 (2002)「『自主・参加・連帯』参加の区政 30 年の経験とこれから」『地方自治職員研修』第 488 号。

穂積亮次 (2016)『自治する日本——地域起点の民主主義』萌書房。

牧野光朗編 (2015)『円卓の地域主義——共創の場づくりから生まれる善い地域とは』事業構想大学院大学出版部。

松下圭一 (1975)『市民自治の憲法理論』岩波書店。

松下啓一・穂積亮次編 (2017)『自治体若者政策・愛知県新城市の挑戦——どのように若者を集め、その力を引き出したのか』萌書房。

真山達志 (2002)「地方分権の展開とローカル・ガバナンス」『同志社法学』第 54 巻第 3 号。

真山達志 (2011)「地方分権時代におけるネットワークの設計と管理——現代の自治体行政に求められる能力」『法学新報』第 118 巻第 3・4 号。

丸山真央 (2015)『「平成の大合併」の政治社会学——国家のリスケーリングと地域社会』御茶の水書房。

丸山真央・岡本洋一 (2013)「『都心回帰』時代の大都市中心部の地域住民組織——大阪市北区済美地区の事例」『評論・社会科学』第 104 号。

三浦哲司 (2009)「自治体内分権を導入する際の留意点——甲州市の地域自治区制度廃止を事例として」『同志社政策科学研究』第 11 巻第 2 号。

三浦哲司 (2010)「大阪市の新たな市政改革のうごきにみる都市内分権の課題」『公共サービス研究』第 2 号。

三浦哲司 (2011)「大都市の地域自治組織廃止事例の検討——東京都中野区の地・住構想廃止を事例にして」『同志社政策科学研究』第 13 巻第 1 号。

三浦哲司 (2012a)「地・住構想 30 年における住区協議会の変容——東京都中野区の江古田住区協議会を例に」『龍谷政策学論集』第 1 巻第 2 号。

三浦哲司 (2012b)「大都市における都市内分権の可能性と留意点」『地域開発』第 576 号。

三浦哲司 (2012c)「トリノ市の地区住民評議会」『龍谷政策学論集』第 2 巻第 1 号。

三浦哲司 (2013a)「中野区地・住構想の一断面——野方住区協議会の活動を手がかりに」『龍谷政策学論集』第 2 巻第 2 号。

三浦哲司 (2013b)「合併前後の足助地域自治区」『同志社政策科学研究』第 14 巻第 2 号。

三浦哲司 (2013c)「合併後のまちづくりの新展開——旧足助町 (豊田市) のいま」阿部大輔・的場信敬編『地域空間の包容力と社会的持続性』日本経済評論社。

三浦哲司 (2013d)「トリノ市における地区住民評議会の実践」『市政研究』第 180 号。

三浦哲司 (2013e)「地域協議会が『協働活動の要』として機能する要因は何か？——勝沼地区 (甲州市) と足助地区 (豊田市) の比較から」コミュニティ政策学会編『コミュニティ政策』第 11 巻。

三浦哲司 (2013f)「イタリア大都市における地区行政の展開——トリノ市第 2 地区を手がかりに」『同志社政策科学研究』第 15 巻第 1 号。

三浦哲司 (2014a)「コミュニティ政策の概要と展開」山崎仁朗編『日本コミュニティ政策の検証』東信堂。

三浦哲司 (2014b)「大阪市における地域活動協議会の設立とその課題」『市政研究』第 182 号。

三浦哲司 (2014c)「大都市における地域住民協議会の運営とその展望——地・住構想 (中野区) における住区協議会の実践を例に」今川晃編『地方自治を問いなおす——住民自治の実践が拓く新地平』法律文化社。

三浦哲司 (2014d)「大阪市における地域活動協議会の実践——緑地域活動協議会 (鶴見区) を例に」『人間文化研究』第 21 号。

三浦哲司 (2014e)「都市縮小時代の大都市における地区運営と持続可能性——トリノ市第2地区のエコミュージアム・プロジェクトを手がかりに」矢作弘・阿部大輔編著『持続可能な都市再生のかたち』日本評論社。

三浦哲司 (2014f)「新たな地域自治区制度の導入過程——合併から7年半後に制度を導入した愛知県新城市を例に」『人間文化研究』第22号。

三浦哲司 (2015)「大阪市における区政会議の到達点と課題」『市政研究』第189号。

三浦哲司 (2017)「『参加と協働の二重構造』が制度設計されたのはなぜか——長野県飯田市の地域自治区制度を例に」『同志社政策科学研究』第19巻第1号。

三浦哲司 (2018)「イタリア大都市の地区再編とその影響——トリノ市の地区統合を例に」『市政研究』第200号。

三浦哲司 (2019a)「大阪市における地域活動協議会の現在——南市岡地域活動協議会 (港区) を例に」『市政研究』第202号。

三浦哲司 (2019b)「大阪市における地域活動協議会の可能性と課題」『市政研究』第203号。

三浦哲司 (2020a)「住民と行政の関係」入江容子・京俊介編著『地方自治入門』ミネルヴァ書房。

三浦哲司 (2020b)「都市のコミュニティ政策」伊藤恭彦・小林直三・三浦哲司編著『転換期・名古屋の都市公共政策』ミネルヴァ書房。

水口憲人 (1995)「市民運動と行政」西尾勝・村松岐夫編集『講座行政学　第6巻　市民と行政』有斐閣。

三田妃路佳 (2010)「ローカル・ガバナンスに向けた首長の取り組みと地域団体——名古屋市地域委員会を事例として」『社会とマネジメント』第8巻第1号。

宮入興一 (2005)「『平成の大合併』と地域内分権・自治への模索——上越市における『準公選制』の地域協議会と地域自治組織の再構築の試み」『年報　中部の経済と社会』2005年版。

宮入興一 (2008a)「『平成大合併』における『地域自治組織』の導入の特徴と意義——宮崎市合併を素材として」『経済論集』第177号。

宮入興一 (2008b)「平成大合併における都市内分権と住民自治の重層的展開——宮崎市1市3町合併を中心として」『経済論集』第178号。

宮崎正寿 (1999)「都市内分権と総合支所」『自治研究』第75巻第12号。

武藤博己 (2003)『入札改革——談合社会を変える』岩波書店。

宗野隆俊 (2008)「上越市の地域協議会」『合併自治体の生きる道』(地方自治職員研修臨時増刊号88) 公職研。

220

宗野隆俊 (2012)『近隣政府とコミュニティ開発法人──アメリカの住宅政策にみる自治の精神』ナカニシヤ出版。

村上順 (2001)「昭和の大合併と市町村の一体性 (上)」『自治総研』第 27 巻第 4 号。

本橋一夫 (1990)「中野区の地域自治を進める組織──地域センターと住区協議会」『月刊自治研』第 371 号。

森裕亮 (2012)「地域自治組織と自治体」真山達志編著『ローカル・ガバメント論──地方行政のルネサンス』ミネルヴァ書房。

森裕亮 (2018a)「自治体内分権と地域自治」金川幸司編『公共ガバナンス論──サードセクター・住民自治・コミュニティ』晃洋書房。

森裕亮 (2018b)「マルチレベル・ガバナンスの中の市民自治の方法──コミュニティ・ガバナンスとは」金川幸司編『公共ガバナンス論──サードセクター・住民自治・コミュニティ』晃洋書房。

森裕之 (2015)「大都市制度と住民自治──都市内分権の現状と課題」『自治と分権』第 58 号。

諸富徹 (2003)『環境』岩波書店。

諸富徹 (2010)『地域再生の新戦略』中央公論新社。

諸富徹 (2018)『人口減少時代の都市──成熟型のまちづくりへ』中央公論新社。

役重眞喜子 (2019)『自治体行政と地域コミュニティの関係性の変容と再構築──「平成大合併」は地域に何をもたらしたか』東信堂。

矢澤長介 (1991)「小さな小さな足助屋敷物語」『文部時報』第 1376 号。

矢澤長介 (2000)「山里の歴史と文化に根ざしたシャングリラ (理想郷) を目指して」『月刊観光』第 400 号。

八木信一・荻野亮吾・諸富徹 (2017)「関係性のなかで自治制度を捉える──長野県飯田市の地域自治組織を事例として」『地方自治』第 835 号。

矢作弘 (2009)『「都市縮小」の時代』角川書店。

矢作弘 (2014)『縮小都市の挑戦』岩波書店。

山崎仁朗・宗野隆俊 (2013)『地域自治の最前線──新潟県上越市の挑戦』ナカニシヤ出版。

山崎茂雄 (2008)「イタリアのまちづくりとエコミュージアム」『福井県立大学経済経営研究』第 20 号。

山崎丈夫 (2009)『地域コミュニティ論　3 訂版──地域分権への協働の構図』自治体研究社。

山田公平 (2008)「イタリア・ボローニャ市地区評議会 (CdQ) システムと市民参加の

現状」『コミュニティ政策』第 6 号。

山梨県地方政治研究会 (2007)「山梨県の市町村合併についての実証研究——住民にとっての市町村合併の意味——」『自治研やまなし』第 6 号。

吉岡昌浩 (2016)「大阪市における地域自治——地域活動協議会を事例として」初谷勇編『「地域分権」講義——導入から展開へ』大阪公立大学共同出版会。

吉田哲 (1984)「中野区の自治体運動と地域民主主義」加茂利男・自治体問題研究所編『地域と自治体 14——地域づくり運動・新時代』自治体研究社。

Burns, Danny, Robin Hambleton, and Paul Hoggett (1994) *The Politics of Decentralisation: Revitalising Local Democracy*, Hampshire: The Macmillan Press LTD.

Cimorelli, Dario et al. (2008) 'New Patrons : Contemporary Art, Society and Public Space'. Silvana Editoriale.

Lipsky, Michael (1980) *Street-Level Bureaucracy: Dilemmas of Individual in Public Services*, New York: Russell Sage Foundation (田尾雅夫・訳『行政サービスのディレンマ』木鐸社、1986 年).

Lowndes, Vivien (1992) "Decentralisation: The Potential and the Pitfalls," *Local Government Policy Making*, 18 (4).

Lowndes, Vivien (1994) "Decentralisation: The Continuing Debate," *Local Government Policy Making*, 20 (4).

Pallagst, Karina et al. (eds) (2009) *The Future of Shrinking Cities : Problems, Patters and Strategies of Urban Transformation in a Global Context'*. Center for Global Metropolitan Studies, University of California Berkeley.

Pateman, Carole (1970) *Participation and Democratic Theory*, Cambridge: Cambridge University Press (寄本勝美・訳『参加と民主主義理論』早稲田大学出版部、1977 年).

Rosso, Elisa (2004) 'Torino: Policies and actions at a metropolitan level'. Paper given at the conference *'La Gouvernance Métropolitaine: Recherche de cohérence dans la complexité'* Montréal.

Rubbo, Viviana (2009) 'Urban regeneration and integration in Turin: the example of Porta Palazzo/ The Gate project, Paper given at the forum *'Institute for Multicultural Affairs'* the Netherlands.

Skocpol, Theda (2003) *Diminished Democracy: From Membership to Management in American Civic Life*, Norman: University of Oklahoma Press (河田潤一・訳『失われた民主主義——メンバーシップからマネージメントへ』慶應義塾大学出版会、2007 年).

Winkler, Astrid (2007) *'Torino City Report'*. Center for Analysis of Social Exclusion.

参考資料

足助地域会議(2006)『やろまいか!　足助!』

足助地域会議(2008a)『あすけ住暮楽夢プラン』

足助地域会議(2008b)『平成 20 年度　第 9 回　豊田市足助地域会議議事録』

足助地域会議(2012)『平成 24 年度　第 5 回　豊田市足助地域会議議事録』

足助地域会議(2018)『足助地域ビジョン』

足助町(1996)『第三次足助町総合計画』

足助町(2004)『足助町地域づくり計画』

足助町(2005)『足助物語——昭和 30 年の合併から 50 年』

足助町まちづくり委員会(2004)『山里あすけに暮らす豊かさを求めて——あすけ振興計画』

新しいコミュニティのあり方に関する研究会(2009)『新しいコミュニティのあり方に関する研究会報告』

飯田市(2004)『地域自治組織検討庁内プロジェクト(中間報告)』

飯田市(2005)『地域自治組織検討庁内プロジェクト　研究報告』

飯田市・上村・南信濃村任意合併協議会(2004)『新しいまちづくり　飯田市・上村・南信濃村が合併したら』

伊賀市・名張市・朝来市・雲南市(2014)『小規模多機能自治組織の法人格取得方策に関する共同研究報告書』

江古田地域センター (1979 〜 2013)『江古田地域ニュース』第 1 号〜第 312 号。

NPO 法人緑・ふれあいの家(2013)『緑ふれあいの家通信』第 2 号。

NPO 法人緑・ふれあいの家(2019)『Verde 緑広報』第 34 号。

大阪市(2010)『(仮称)新しい大阪市をつくる市政改革基本方針 Ver.1.0 (素案)』

大阪市(2011)『なにわルネッサンス 2011——新しい大阪市をつくる市政改革基本方針』

大阪市(2012a)『市政改革プラン——新しい住民自治の実現に向けて——』

大阪市(2012b)『地域活動協議会　設立&運営ハンドブック(Ver.2.0)』

大阪市(2015)『「市政改革プラン——新しい住民自治の実現に向けて」の取組と成果——平成 24 〜 26 年度』

勝沼町(2003)『新市における自治システムの構想』

甲州市議会(2008)『平成 20 年甲州市市議会 3 月定例会会議録』

国民生活審議会調査部会 (1969)『コミュニティ──生活の場における人間性の回復』

財団法人自治体国際化協会 (2004)『イタリアの地方自治』

財団法人地域活性化センター (2011)『「地域自治組織」の現状と課題──住民主体のまちづくり』

自治体戦略 2040 構想研究会 (2018)『自治体戦略 2040 構想研究会　第二次報告──人口減少下において満足度の高い人生と人間を尊重する社会をどう構築するか』

新城市 (2008)『新城市・鳳来町・作手村　合併の記録』

新城市 (2009)『広報しんしろ　ほのか』2009 年 6 月号。

新城市 (2010)『しんしろ版　地域自治区制度の概要』

新城市 (2011)『H23.4 提案　地域自治区制度の概要』

新城市 (2013)『広報しんしろ　ほのか』2013 年特集号。

新城市 (2014)『住みよいまちへ！　地域自治区制度　平成 26 年度版』

新城市議会 (2011)『新城市議会会議録　平成 23 年 3 月定例会 (第 2 日)』

新城市・鳳来町・作手村合併協議会 (2004)『新城市・鳳来町・作手村　新市まちづくり計画 (新市建設計画)』

新城市・鳳来町・作手村合併協議会 (2005)『第 24 回会議録』

総務省自治行政局合併推進課 (2010)『「平成の合併」について』

総務省地域力創造グループ地域振興室 (2019)『平成 30 年度　地域運営組織の形成及び持続的な運営に関する調査研究事業　報告書』

第 27 次地方制度調査会 (2003a)『今後の地方自治制度のあり方についての中間報告』

第 27 次地方制度調査会 (2003b)『今後の地方自治制度のあり方に関する答申』

第 30 次地方制度調査会 (2013)『大都市制度の改革及び基礎自治体の行政サービス提供体制に関する答申』

第 30 次地方制度調査会専門小委員会 (2012)『大都市制度についての専門小委員会中間報告』

第 32 次地方制度調査会 (2019)『2040 年頃から逆算し顕在化する地方行政の諸課題とその対応方策についての中間報告』

千葉市・地方行政システム研究所 (1985)『大都市における地方行政と住民サービスのあり方に関する調査研究──行政区制度を中心として (本編)』

中央大学文学部社会学研究室 (1983)『地方自治と住民参加──中野区における住区協議会制度と住民参加』

千代公民館 (2018)『館報千代』第 298 号。

千代地区まちづくり委員会 (2018)『千代地区まちづくり委員会　平成 30 年度　通

224

　常総会』

千代地区まちづくり委員会、飯田市合併 50 周年記念誌刊行委員会 (2018)『千代・
　飯田市合併 50 周年記念誌』

作手地域協議会 (2013)『第 4 回　作手地域協議会　会議録』

作手地域協議会 (2013 〜 2020)『作手地域協議会だより』第 1 号〜第 28 号。

作手地域協議会 (2014)『空き家対策について (答申)』

作手村 (2001a)『第 5 次作手村総合計画』

作手村 (2001b)『広報つくで』2001 年 10 月号。

作手村 (2005)『広報つくで』2005 年 3 月号。

東京都中野区特別区制度調査会 (1974)『特別区の制度とその運営について』

豊田市 (2005)『豊田加茂 7 市町村の合併の記録』

中野区 (1983)『地域センター及び住区協議会構想推進委員会報告』

中野区 (1986)『住区協議会ってなあに？』

中野区 (1987)『地域センター及び住区協議会構想関係資料集』

中野区地域センター部 (1992)『住区協議会の発展をめざして』

日本都市センター (2001)『近隣自治とコミュニティ —— 自治体のコミュニティ政
　策と「自治的コミュニティ」の展望』

日本都市センター (2002)『自治的コミュニティの構築と近隣政府の選択』

日本都市センター (2003)『近隣政府の制度設計 —— 法律改正・条例制定に係る主
　な検討項目』

日本都市センター (2004)『近隣自治の仕組みと近隣政府 —— 多様で主体的なコミュ
　ニティの形成をめざして』

日本都市センター (2014)『地域コミュニティと行政の新しい関係づくり —— 全国
　812 都市自治体へのアンケート調査結果と取組事例から』

日本都市センター (2015)『都市自治体とコミュニティの協働による地域運営をめ
　ざして —— 協議会型住民自治組織による地域づくり』

日本都市センター (2016)『都市内分権の未来を創る —— 全国市区アンケート・事
　例調査を踏まえた多角的考察』

野方地域センター (1978 〜 2013)『野方地域ニュース』第 1 号〜第 325 号。

東山梨地域合併協議会 (2003a)『東山梨地域合併協議会会議録 (第 3 回)』(法定、6
　市町村)

東山梨地域合併協議会 (2003b)『東山梨地域合併協議会会議録 (第 4 回)』(法定、6
　市町村)

東山梨地域合併協議会 (2004a)『東山梨地域合併協議会会議録 (第 9 回)』(法定、6 市町村)

東山梨地域合併協議会 (2004b)『第 1 回東山梨地域合併協議会議事録』(法定、3 市町村)

東山梨地域合併検討・協議会 (2003)『東山梨地域合併検討・協議会会議録 (第 4 回)』(任意、6 市町村)

南市岡地域活動協議会 (2014)『南市岡すき屋根ん通信』第 13 号。

南市岡地域活動協議会 (2018a)『平成 29 年度事業報告書』

南市岡地域活動協議会 (2018b)『南市岡すき屋根ん通信』第 59 号。

南信州広域連合 (2002)『飯田・下伊那 1 郡 1 市の自治体運営——変革期における市町村の在り方研究会 (第 2 次) のまとめ』

謝　辞

　本書は、筆者が同志社大学大学院総合政策科学研究科に提出した博士学位請求論文『参加と自治の都市内分権論』（2011 年 3 月）を基にしつつ、その後に学術雑誌や大学紀要に投稿した内容を反映させ、とりまとめたものである。博士学位の取得後に執筆したものも多く、博士論文の原型はほとんどとどめていない。

　本書の執筆にあたっては、本当に多くの方々にお世話になった。本来であればお一人お一人に御礼を申し上げるべきではあるが、ここでは特にお世話になった方々に謝意を記すことをお許し願いたい。もちろん、本書の調査の過程では、各地の現場の方々からインタビュー協力やご指導・ご助言を賜ったのはいうまでもない。

　まず、御礼を申し上げなければならないのは、筆者にとって永遠の指導教授の故・今川晃先生である。筆者が自治体内分権や地域コミュニティの問題に関心を持つようになったのは、15 年近く前の今川先生との出会いにさかのぼる。今川先生は毎回、ご自身が参加される「地方自治の現場」の会議や研究会に、問題意識に乏しい筆者も同行できるように便宜を図って、現場から学び取る機会を数多く提供してくださった。今川先生は常々、住民自治に根ざした現場起点の研究の重要性を説かれていた。筆者の能力不足と怠慢さもあり、本書の出版が今川先生の生前に叶わなかったのは、一生の後悔となった。これからも今川先生からの学恩を決して忘れず、「地方自治は現場、行政学は努力、学者は謙虚」という今川先生の教えを忠実に堅持していきたい。

　次に御礼を申し上げなければならないのは、真山達志先生である。そもそも、筆者が大学時代に行政学や地方自治論に興味を抱くようになったのは、大学 2 年次に真山先生の政治学演習（ゼミ）に参加したことがきっかけであった。真山ゼミの活動を通じて、数多くの行政職員やまちづくりの担い手の

228

方々と関わりを持ち、経験を積んだことが、筆者の今の研究生活に活きている。真山先生は筆者が大学院に進学してからも、真山ゼミの出身者ということで、学部演習クラスや講義のティーチング・アシスタントに採用してくださり、数々の貴重な経験を積ませていただいた。

また、単著の出版を強く奨めてくださった山谷清志先生にも御礼の言葉をお伝えしたい。山谷先生は筆者が同じ北国の出身ということもあり、大学でお会いするたびにお声をかけてくださった。ときには、研究が思うように進捗せずに悩んでいる筆者に対して、ご自身の経験をお話くださることもあった。筆者にとって山谷先生のお話は、大いに励みになった。「一日でも早く単著の出版を」と発破をかけてくださっていたにもかかわらず、本書の出版が大幅に遅れてしまったことは、ただただお詫び申し上げるしかない。山谷先生のお言葉に素直にしたがっていれば、先の一生の後悔をすることはなかっただろう。

さらに、各種研究会への参加の機会を提供してくださった新川達郎先生、行政学の貴重な資料をご提供くださった今里滋先生、自治体職員との合同ゼミナールなどの機会を提供してくださった風間規男先生、各種のセミナーなどへの参加をお声がけくださった武蔵勝宏先生、の各先生方にも大いにお世話になった。同志社大学大学院総合政策科学研究科は、行政学・地方自治論を研究する筆者にとっては最高の学びの環境であった。優秀な先輩や後輩にも恵まれ、大いに刺激を受けたし、現在も同窓各位の活躍を拝見することがひとつの励みになっている。とりわけ、同じ今川ゼミ生として、ともに研究者の道を歩む増田知也（摂南大学）、藤井誠一郎（大東文化大学）、山谷清秀（青森中央学院大学）の3氏とは、今後も切磋琢磨していきたい。

ところで、筆者は縁あって2014年4月に、名古屋市立大学大学院人間文化研究科に、行政学・地方自治論の担当教員として赴任した。早いもので、それから7年近い月日が経った。この間には、名古屋市立大学都市政策研究センターの立ち上げ（2018年）、大学院人間文化研究科都市政策コースの開設（2020年）など、筆者にとっての好機が次々とスタートした。こうしたなかで

日々、筆者を温かく支えてくださっているのは、副学長の伊藤恭彦先生、都市政策研究センター長の三宅勝先生、大学院人間文化研究科都市政策コース長の小林直三先生をはじめとする同僚各位である。ここであらためて感謝申し上げたい。名古屋市立大学としての都市政策への挑戦という新しいうごきのなかで、筆者がどこまで貢献できているかは未明であるが、今後も都市政策の研究と教育に尽力していきたい。

　本書の出版にあたっては、東信堂の下田勝司社長のご理解とご協力がなければ、かなわなかった。以前から出版のお話をそれとなく頂戴してはいたものの、3年4年と月日が流れてしまった。そのようななかで急に電話先で「単著を出版したい」と告げられ、さぞ困惑したことだろう。それでも、筆者のわがままを快くお引き受けくださり、このようなかたちでの出版が実現できた。ただただ感謝の言葉しかない。

　最後に、私事にわたって恐縮であるが、筆者の両親にも感謝を伝えたいと思う。筆者の故郷・北海道夕張市は2006年に財政破綻した。いわゆる夕張ショックである。その結果、父は夕張市役所の早期退職を余儀なくされ、母も夕張市立総合病院を辞めることとなった。ちょうど、筆者が博士後期課程への進学の準備をはじめた時期だったと記憶している。夕張の実家に心配の電話をかけるたびに、自らの退職という非常事態にもかかわらず、両親は「夕張のことは心配しなくてもいいから、今までどおり研究を続けなさい。そのかわり、まずはスタートラインに立たなければ何も始まらないぞ」と励ましてくれた。幼少期から「勉強しろ」と言われることはなかったが、事あるごとに「スタートラインに立て」とは教えられてきた。自らの未熟さゆえに、今でも研究者としてのスタートラインにしっかりと立てているのか、心もとないところもある。ただ、当時の逆境をものともせず、身勝手な人生を送る筆者にエールを送り続けてくれた両親にも、心から感謝したい。

　2021年1月

　　　　　　　　　　　　　　　　　　　　　　　　　　　三浦　哲司

索　引

あ行

『あすけ振興計画』……………………… 94
『あすけ住暮楽夢プラン』……………… 95
足助地域会議……… 95, 96, 101, 200, 203
『足助地域ビジョン』…………………96, 97
足助町 ……………………………………… 93
『足助町地域づくり計画』……………94, 95
あすけ通信 ……………………………… 97
足立忠夫 ………………………………… 11
荒木昭次郎 ……………………………… 31
飯田市 …………………… 21, 111, 200, 204
飯田市屋外広告物条例……………………118
飯田市土地利用関係条例…………………118
委員会……………………… 177, 180, 184
意思決定 ………………………………… 30
一括補助金………………………………148
江古田住区 ……………………………… 62
江古田住区協議会 ……… 63, 69, 200, 202
江古田住区協議会準備会 ……………… 63
江古田住区協議会準備会設立のための
　世話人会 ……………………………… 63
江古田地域ニュース …………………… 66
エコミュージアム………………………187
エコミュージアムプロジェクト… 187, 194, 201
NPO型地域活動協議会 …………………144
エンパワーメント………iii, 48, 62, 67, 70, 91, 99,
　　102, 123, 133, 136, 140, 156, 165, 167
大阪市 …………………… 21, 201, 203
大阪都構想………………………………… i
大森彌 …………………………………… 45
おしゃべり講座……………………… 65, 200

か行

革新自治体………………………………52, 53
革新首長 ………………………………… 53
『(仮称)新しい大阪市をつくる市政改革
　基本方針 Ver.1.0(素案)』……………146
勝沼地域協議会 ……………… 88, 101, 200

勝沼町……………………………………… 86
合併特例区制度……………………… iii, 82
ガバナンス……………………………… 34
関係人口………………………………… 99
議長(Presidente) ………… 180, 183, 193
旧第二地区…………………………181, 201
協議会型住民自治組織………………… iii, 5
行政区単位の協議会型住民自治組織………175
行政組織内分権 ………… 8, 12, 14, 206
協働…………………………………16, 31
居住支援法人……………………201, 203
近隣政府………………………………… 15
区政会議…………………………………174
区民会議………………………… 174, 175
グリーンツーリズム……………………114
圏域マネジメント………………………109
公共サービス…………………………… 32
甲州市 …………………… 20, 85, 200
甲州市地域自治区設置条例……………… 86
甲州市地域自治区設置条例を廃止する
　条例案………………………………… 89
コミュニティ…………………………… i, 33
コミュニティガバナンス……………… 35
コミュニティ政策 ……………… 48, 206
コムーネ…………………………………176
『今後の地方自治制度のあり方に関する
　答申』………………………………… 80
『今後の地方自治制度のあり方についての
　中間報告』…………………………… 79

さ行

参加……………………………………16, 30
市域内分権……………………………… 7
『市政改革プラン』………………………146
自治…………………………………… 36
自治会・町内会 ………… i, 34, 144
自治振興事務所…………………………125
自治振興事務所長の市民任用…… 125, 201, 204
自治振興センター………………………112

232

自治体…………………………………… 7
自治体間連携……………………… i, 109
自治体戦略 2040 構想研究会 …………109
『自治体戦略 2040 構想研究会 第二次報告』
……………………………………… i, 109
自治体内分権…………… ii, iii, 7, 8, 10, 14, 29
執行部（Giunta）…………………180, 183
児童いきいき放課後事業…… 154, 156, 157, 162,
163, 201, 203
シャングリラ足助… 43, 94, 95, 97, 200, 202, 203
住区協議会…………………………… 54, 200
住区協議会事務取扱要領…………… 23, 39, 57
重層的住宅セーフティネット構築支援補助
事業…………………………………163
住宅確保要配慮者居住支援法人…………163
住民間協議…………………………………139
住民参加……………………………… 10, 30, 53
住民自治…………………………………… 35
小規模多機能自治推進ネットワーク会議…110
小規模多機能自治組織…………………109, 110
小区役所主義……………………………… 13
新城市…………………… 21, 123, 201, 203, 204
新第二地区…………………………189, 192
スーパーコミュニティ法人制度…………… 23
センター長（Direttore）………………179

た行

大区役所主義……………………………… 13
第 30 次地方制度調査会 …………………174
第二期地方分権改革……………………… i
第 27 次地方制度調査会 …………………79, 80
団体自治…………………………………… 35
地域 …………………………………… 36
地域委員会………………………………… 46
地域運営組織……………………………109
地域おこし協力隊…………………………120
地域会議………………………………… 92
地域課題解決型「広報みなと」配布事業
………………………………161, 165
地域活動応援事業………………………… 98
地域活動協議会…………… 146, 201, 203
地域活動協議会設立準備委員会…………151
地域活動交付金…… 125, 126, 129, 201, 204
地域協議会……………………………… 81

地域自治…………………………………35, 36
地域自治区制度……………… iii, 80, 82, 200
地域自治区予算…… 125, 126, 128, 201, 204
地域自治政府構想………………………138
地域自治組織……………………………… 79
地域自治組織構想………………………… 87
地域センター……………………………… 54
地域センター及び住区協議会構想（地・
住構想）………………………… 52, 54, 200
地域内分権………………………………… 7
地域分権………………… iii, 9, 12, 14, 206
地域問題検討会…………………………150
地域予算提案事業… 92, 93, 95, 97, 200, 203, 204
地区（circoscrizione）………………175, 176
地区議員…………………………………182
地区再編…………………………………188
地区住民評議会…… 176, 177, 180, 182, 192, 201
地区センター………… 177, 179, 182, 183
地区予算…………………………………183
地方自治の本旨………………………… 35
地方人口ビジョン………………………… i
地方創生…………………………………… i
地方版総合戦略…………………………… i
地方分権………………………………… 7
地方分権改革……………………………… i
調整役（Coodinatore）……………180, 193
千代地域協議会………… 116, 117, 134, 200
千代地区…………………………………113
千代地区基本構想………………………114
千代地区まちづくり委員会………………119
作手地域協議会………… 128, 130, 134, 201, 203
『作手地域まちづくり計画』………129, 203
作手村……………………………………127
定住自立圏………………………………109
定例会……………………………………158
都市内分権………………………………… 7
豊田市…………… 20, 91, 200, 203, 204
トリノ市…………… 21, 177, 178, 201

な行

中野区…………………… 20, 54, 200
中野区特別区制度調査会………………… 56
中野区補助金等検討協議会……………… 56
名古屋市…………………………… 46, 174

名和田是彦·····························8, 15, 39
日本都市センター······················15, 16, 205
ネットワーク管理·······················46, 73
野方住区···································58
野方住区協議会······················58, 69, 200
野方住区協議会準備会·····················58
野方地域センターを考える会················58
野方の福祉を考える会·····················59

は行

パートナーシップ·········iii, 47, 61, 67, 70, 91, 99,
　　　　　　　　　102, 122, 132, 136, 156, 164, 167
パワーアップ地域交付金···········112, 200, 204
東山梨地域合併研究会······················85
プロジェクト······························186
プロボノ·····························155, 203
分権　······································7
『「平成の合併」について』···········78, 109
平成の大合併························i, 14, 77

ま行

まちづくり委員会·········112, 116, 118, 200, 204
まちづくりセンター·····················146
マネジメント·········iii, 46, 61, 67, 69, 90, 98, 101,
　　　　　　　　　122, 132, 136, 156, 164, 165
緑・いどばたクラブ·····················152
緑地域···································150

緑地域活動協議会（緑地活協）···151, 166, 201,
　　　　　　　　　　　　　　　　　　　203
みどりのふれあい市·····················152
緑ふれあいランチサービス················154
南市岡地域·······························157
南市岡地域活動協議会（南市岡地活協）
　　　　　　　　　　159, 166, 201, 203
南市岡ふれあい広場「朝市」事業······161, 162
未来カルテ·································i
武蔵野市···································53
武蔵野方式·································53

や行

『やろまいか！　足助！』···················95
よこね田んぼ····························120
横浜市··································175

ら行

利害調整··································30
リサイクル市··························65, 200
連携中枢都市圏·······················i, 109

わ行

わくわく事業·········92, 93, 95, 96, 200, 203, 204

英数

V. ラウンズ·····························8, 41

著　者

三浦　哲司（みうら　さとし）

1983年生まれ。北海道夕張市出身。同志社大学法学部政治学科卒業後、同大学院総合政策科学研究科博士前期課程修了、同後期課程修了（博士：政策科学）。大阪公共サービス政策センター研究員、龍谷大学地域公共人材政策開発リサーチセンター（LORC）博士研究員、同志社大学高等研究教育機構助手を経て、2014年より名古屋市立大学大学院人間文化研究科准教授。専門は地方自治論、行政学。主な著書に『転換期・名古屋の都市公共政策——リニア到来と大都市の未来像』ミネルヴァ書房、2020年（共編著）など。

コミュニティ政策叢書 10

自治体内分権と協議会
──革新自治体・平成の大合併・コミュニティガバナンス

2021年3月30日　　初　版第1刷発行　　　　　　　　　　〔検印省略〕
　　　　　　　　　　　　　　　　　　　　　　　定価はカバーに表示してあります。

著者Ⓒ三浦哲司／発行者　下田勝司　　　　　　　　印刷・製本／中央精版印刷

東京都文京区向丘1-20-6　　郵便振替 00110-6-37828　　　　発　行　所
〒113-0023　TEL(03)3818-5521　FAX(03)3818-5514　　　株式会社 東 信 堂
Published by TOSHINDO PUBLISHING CO., LTD.
1-20-6, Mukougaoka, Bunkyo-ku, Tokyo, 113-0023, Japan
E-mail : tk203444@fsinet.or.jp　http://www.toshindo-pub.com

ISBN978-4-7989-1690-3 C3036　Ⓒ Miura Satoshi

コミュニティ政策叢書趣意書

　コミュニティ政策学会は、コミュニティ政策研究の成果を学界のみならず一般読書界にも問うべく、『コミュニティ政策叢書』をここに刊行します。

　どんな時代、どんな地域にも、人が「ともに住む」という営みがあれば、その地域を「共同管理」する営みもまた展開していきます。現代日本において「コミュニティ」とよばれる営みは人類史的普遍性をもつものです。

　だが戦後の日本では、かつての隣組制度への反発や強まる個人化志向、また核家族化の一般化と世代間断絶の影響から、コミュニティ拒否の風潮が支配的でした。

　一方、明治の大合併、昭和の大合併という二度の大きな合併を経て大規模化した市町村のもとで、経済の高度成長を経て本格的に工業化都市化した日本社会に、身近な地域社会を対象とした政策ニーズが生じ、コミュニティ政策は行政主導で始まりました。さらに住民間においても高齢化の著しい進展はじめ地域社会に破綻をもたらす要因が拡大しつつあります。

　まさにこの時、1995年と2011年、10年余の時を隔てて生じた二つの大震災は、日本の政治、経済、社会等々のあり方に大きな問題を投げかけました。コミュニティとコミュニティ政策についても同様です。震災は戦後の「無縁社会」化が孕む大きな陥穽をまざまざと露呈させたのです。

　今日コミュニティ政策は、様々に内容と形を変えながら、それぞれの地域の性格の違いとそれぞれの地域の創意工夫によって多様性を生み出しながら、続けられています。今日基底をなすのは、行政の下請化へ導く「上からの」施策、また住民を行政と対立させる「下からの」意向一辺倒でもない、自治体と住民の協働に基づく「新たな公共」としてのコミュニティ政策です。特に、今世紀の地方分権改革によって、自治体政府は充実するけれども身近な地域社会は置き去りになるという危機感から、制度的には様々な自治体内分権の仕組みが試みられ、また自治体と住民の双方によってコミュニティ振興の多様な試みが実践されていて、コミュニティ政策にはますます大きな関心が注がれています。近年は、いわゆる新自由主義的な政策傾向がコミュニティ政策研究にも新たな課題を提起しています。

　コミュニティ政策を学問的な観点から分析し、将来に向かって望ましい方向性を提言するような学会が必要であると私たちは考え、2002年にコミュニティ政策学会を設立しました。そしてこのたび東信堂のご助力を得て、コミュニティ政策研究の成果を逐次学界と実践世界に還元していく『コミュニティ政策叢書』を刊行することとなりました。この叢書が、学会の内外においてコミュニティ政策に関する実践的理論的論議をさらに活性化させる機縁となることを大いに望んでいます。

2013年9月　　　　　　　　　コミュニティ政策学会叢書刊行委員会
名和田是彦 (法政大学)、鯵坂学 (同志社大学)、乾亨 (立命館大学)、佐藤克廣 (北海学園大学)、鈴木誠 (愛知大学)、玉野和志 (首都大学東京)

コミュニティ政策叢書

【2021年3月刊行】⑩　自治体内分権と協議会
―革新自治体・平成の大合併・コミュニティガバナンス

三浦 哲司 著　　　　　　　　　　　　　　　　　　　本体 3200 円

少子高齢化や過疎化が問題視されて久しい今日、わが国の地方自治では自治体内分権を志向する様々な制度が設計・運用されてきた。そしてそれは、人口規模や環境といった地域ごとの文脈の中で、独自の仕組みが試行錯誤されてもいる。本書は、国内・外の各地域で行われている自治体内分権の具体事例の検証を通し、そこでいかなる成果・課題が生じているのかを明らかにする。自治会・町内会員、NPO、地域住民といった多様なステークホルダーの主体的参加を礎とした協議会型住民自治組織が分権化に果たす一般機能を明示した労作！

【2020年10月刊行】⑨　住民自治と地域共同管理

中田 実 著　　　　　　　　　　　　　　　　　　　本体 3400 円

住民主導によるボトムアップの自治をめざして―。少子高齢化、過疎化、都市一極集中、世帯規模の縮小―今日のわが国は、こうした相互的かつ複合的な地域課題を多く抱えている。その対策としてトップダウンに実施されてきた市町村合併が行政サービスの質・量を低下させ行き詰まりを見せている今、住民による主体的なボトムアップの自治整備が急務だ。国内外の事例を基に、各地域のもつ空間的多様性と歴史的な独自性を踏まえた「地域共同管理」の機能、およびそれを担う主体としての住民自治組織のあり方を明らかにした一冊。

【2020年8月刊行】⑧　米国地域社会の特別目的下位自治体
―生活基盤サービスの住民参加実際のガバナンス

前山総一郎 著　　　　　　　　　　　　　　　　　　本体 3600 円

行政と民間が連携して生活福祉事業を展開する、最先端の技術を紹介・研究！従来の自治体やNPOとも異なる、小規模な公共事業のために設置された「半官半民」の自治体―特別目的自治体―の数は、全米で38000団体以上にまで及んでいる。本書は、数年にわたる実地調査を通して、米国で特別目的自治体が誕生・普及していく過程、およびその中で行われた自己イノベーションの事例を分析することで、特別目的自治体が米国の社会サービスにおける官民連携の要として機能してきたことを明らかにする。「市民がささえるローカルガバメント」の具体的なあり様を示した気鋭の研究。日本への示唆も大きい。

【2020年5月刊行】⑦　地域自治の比較社会学―日本とドイツ

山崎仁朗 著　　　　　　　　　　　　　　　　　　　本体 5400 円

住民主体による地域自治を促す制度のあり方を追究した氏の不朽の遺稿集。故山崎仁朗氏の博士論文構想を基に、遺された膨大な業績が、氏の遺志を継ぐ研究者たちによって纏め上げられた。地域自治に関する緻密な理論構築および日本とドイツの各地域で実施した調査・比較分析を通じて、地域住民による自治と行政制度による統治の架橋を目指し、住民主体の地域自治を促す制度のあり方を追究。

⑥　地域のガバナンスと自治
―平等参加・伝統主義めぐる宝塚市民活動の葛藤

田中義岳 著　　　　　　　　　　　　　　　　　　　本体 3400 円

コミュニティ政策叢書

1990年代頃、宝塚市では市民と行政の協働した「まちづくり協議会」などを通じた、住民参加型の地域自治システムが確立・機能していた。しかし、2000年代半ばの市長交代を機に上意下達の命令系統を有する復古主義的な政策に転換したことで、市の政治運営は混乱に陥った。宝塚市政に37年にわたり携わった著者が、宝塚市(民)が直面した葛藤についての詳細なプロセス分析を通し、これからの地域自治に必要な、民主主義的な市民自治のあり方を指し示す。

⑤　さまよえる大都市・大阪―「都心回帰」とコミュニティ

鯵坂 学・西村 雄郎・丸山 真央・徳田 剛 編著　　　　　　　本価3800円

戦後の高度経済成長期にドーナツ化現象で人口を減らした大阪都心では、バブル崩壊によって生じた未利用地に大規模なマンションが建設され、21世紀には急激な人口の「都心回帰」が見られている。昨今の維新ブーム＝政治・社会の変容の背景には、「都心回帰」に伴う新しいアッパーミドル層の増加と地域コミュニティの大きな変化がある。大阪都心とその周縁部には外国人や貧困層、ホームレスなどのマイノリティに関する構造化された社会問題もある。大都市のマクロな変動と地域コミュニティの変化を視野に収めた重層的アプローチから、今日の「さまよえる」大阪の実像を捉えた都市社会学研究。

④　自治体行政と地域コミュニティの関係性の変容と再構築
―「平成の大合併」は地域に何をもたらしたか

役重眞喜子 著　　　　　　　　　　　　　　　　　　　　　定価4200円

平成の市町村合併に伴い、自治体行政と地域コミュニティの関係性が大きく変容し、地域活動や自治意識が停滞した。平成が終わり、わが国に来る新時代、地域社会はどこに向かうのだろうか？本書は、平成18年に花巻市と合併した岩手県東和町における事例分析を通し、自治体行政と地域コミュニティの政策役割分担のための「よりよい」対話・調整―領域マネジメント―の方途を明らかにする。霞が関の官庁勤務から東和町に移住し、東和町・花巻市の地域行政に15年以上携わった異色の経歴を持つ著者による渾身の労作。

③　原発災害と地元コミュニティ―福島県川内村奮闘記

鳥越皓之 編著　　　　　　　　　　　　　　　　　　　　　定価3600円

川内村住民による原発事故後の地元コミュニティをめぐるライフ・ヒストリー。

②　高齢者退職後生活の質的創造―アメリカ地域コミュニティの事例

加藤泰子 著　　　　　　　　　　　　　　　　　　　　　　定価3700円

「扶助」から「活動」へ―高齢者の新たな生活創造。

①　日本コミュニティ政策の検証―自治体内分権と地域自治へ向けて

山崎仁朗 編著　　　　　　　　　　　　　　　　　　　　　定価4600円

「無縁社会」を超えて自治体内分権と地域自治へ。

〒113-0023 東京都文京区向丘 1-20-6　TEL 03-3818-5521　FAX03-3818-5514　振替 00110-6-37828

Email tk203444@fsinet.or.jp　URL:http://www.toshindo-pub.com/

※定価：表示価格（本体）＋税

東信堂

東信堂

（シリーズ　社会学のアクチュアリティ：批判と創造　全12巻）

クリティークとしての社会学——現代を批判的に見る眼	宇都宮京子編	一八〇〇円
都市社会とリスク——豊かな生活をもとめて	西原宮和子編	一八〇〇円
言説分析の可能性——社会学の方法の迷宮から	佐藤俊樹編	二〇〇〇円
グローバル化とアジア社会——ポストコロニアルの地平	浦野正樹編	二〇〇〇円
公共政策の社会学——社会的現実との格闘	友枝敏雄編	二三〇〇円
社会学のアリーナ——21世紀社会を読み解く	三重野卓編	二三〇〇円
モダニティと空間の物語——社会学のフロンティア	武川正吾編	二二〇〇円
戦後日本社会学のリアリティ——せめぎあうパラダイム	吉原直樹編	二六〇〇円
	厚東洋輔編	二六〇〇円
	斉藤日出治編	二六〇〇円
	池岡義孝編	二六〇〇円
	西原和久編	二六〇〇円

【地域社会学講座　全3巻】

地域社会学の視座と方法	似田貝香門監修	二五〇〇円
グローバリゼーション／ポスト・モダンと地域社会	古城利明監修	二五〇〇円
地域社会の政策とガバナンス	矢澤澄子監修	二七〇〇円

〔シリーズ世界の社会学・日本の社会学〕

タルコット・パーソンズ——最後の近代主義者	中野秀一郎	一八〇〇円
ゲオルグ・ジンメル——現代分化社会における個人と社会	居安正	一八〇〇円
ジョージ・H・ミード——社会的自我論の展開	船津衛	一八〇〇円
アラン・トゥーレーヌ——現代社会のゆくえと新しい社会運動	杉山光信	一八〇〇円
アルフレッド・シュッツ——主観的時間と社会的空間	森元孝	一八〇〇円
エミール・デュルケム——社会の道徳的再建と社会学	中島道男	一八〇〇円
レイモン・アロン——危機の時代の批判的警世家	岩城完之	一八〇〇円
フェルディナンド・テンニエス——ゲマインシャフトとゲゼルシャフト	吉田浩	一八〇〇円
カール・マンハイム——時代を診断する亡命者	澤井敦	一八〇〇円
ロバート・リンド——アメリカ文化の内省的批判者	園部雅久	一八〇〇円
アントニオ・グラムシ——『獄中ノート』と批判社会学の生成	鈴木富久	一八〇〇円
費孝通——民族自省の社会学	佐々木衛	一八〇〇円
奥井復太郎——都市社会学と生活論の創始者	藤田弘夫	一八〇〇円
新明正道——綜合社会学の探究	山本鎭雄	一八〇〇円
米田庄太郎——新総合社会学の先駆者	中久郎	一八〇〇円
高田保馬——理論と政策の無媒介的統一	北島滋	一八〇〇円
戸田貞三——実証社会学の研究・家族研究・	川合隆男	一八〇〇円
福武直——民主化と社会学の軌跡・現実化を推進	蓮見音彦	一八〇〇円

〒 113-0023　東京都文京区向丘 1-20-6
TEL 03-3818-5521　FAX03-3818-5514　振替 00110-6-37828
Email tk203444@fsinet.or.jp　URL:http://www.toshindo-pub.com/

※定価：表示価格（本体）＋税

東信堂

「居住福祉資源」の思想——生活空間原論序説　早川和男　二九〇〇円

検証 公団居住60年——《居住は権利》公共住宅を守るたたかい　多和田栄治　二八〇〇円

〈居住福祉ブックレット〉

居住福祉資源発見の旅 ：新しい福祉空間、懐かしい癒しの場　早川和男　七〇〇円

どこへ行く住宅政策 ：進む市場化、なくなる居住のセーフティネット　本間義人　七〇〇円

漢字の語源にみる居住福祉の思想　李桓　七〇〇円

日本の居住政策と障害をもつ人　大本圭野　七〇〇円

障害者・高齢者と麦の郷のこころ ：住民、そして地域とともに　伊藤静美　七〇〇円

地場工務店とともに ：健康住宅普及への途　山本美見人　七〇〇円

子どもの道くさ　水月昭道　七〇〇円

居住福祉法学の構想　吉田邦彦　七〇〇円

奈良町の暮らしと福祉 ：市民主体のまちづくり　黒田睦子　七〇〇円

精神科医がめざす近隣力再建 ：進む「子育て」砂漠化、はびこる「付き合い拒否」症候群　中澤正夫　七〇〇円

住むことは生きること ：鳥取県西部地震と住宅再建支援　片山善博　七〇〇円

最下流ホームレス村から日本を見れば　ありむら潜　七〇〇円

世界の借家人運動 ：あなたはまいのセーフティネットを信じられますか？　髙島一夫　七〇〇円

「居住福祉学」の理論的構築　柳中権／張秀萃　七〇〇円

居住福祉資源発見の旅II ：地域の福祉力・教育力・防災力　早川和男　七〇〇円

居住福祉の世界 ：早川和男対談集　髙橋伸成　七〇〇円

医療・福祉の沢内と地域演劇の湯田 ：岩手県西和賀町のまちづくり　金持伸子　七〇〇円

「居住福祉資源」の経済学　神野武美　七〇〇円

長生きマンション・長生き団地　千代崎一雄／山下千佳美　七〇〇円

高齢社会の住まいづくり・まちづくり　後藤允三　八〇〇円

シックハウス病への挑戦 ：その予防・治療・撲滅のために　蔵田力武郎　七〇〇円

韓国・居住貧困とのたたかい ：居住福祉の実践を歩く　全泓奎　七〇〇円

精神障碍者の居住福祉 ：宇和島における実践（二〇〇六〜二〇一一）　財団法人正光会 編　七〇〇円

〒113-0023　東京都文京区向丘 1-20-6
TEL 03-3818-5521　FAX03-3818-5514　振替 00110-6-37828
Email tk203444@fsinet.or.jp　URL:http://www.toshindo-pub.com/

※定価：表示価格（本体）＋税

倫理学と法学の架橋―ファインバーグ論文選　J・ファインバーグ著／嶋津・飯田編監訳　六八〇〇円

責任という原理―科学技術文明のための倫理学の試み〔新装版〕　H・ヨーナス／加藤尚武監訳　四八〇〇円

主観性の復権―心身問題から『責任という原理』へ　H・ヨーナス／宇佐美・滝口・竜口・馬渕・山本訳　二〇〇〇円

ハンス・ヨナス「回想記」　H・ヨナス／盛永・木下・馬渕・山本訳　四八〇〇円

生命の神聖性説批判　H・クーゼ著／飯田・石川・小野谷・片桐・桐山訳　四六〇〇円

生命科学とバイオセキュリティ―デュアルユース・ジレンマとその対応　河原直人編著／四ノ宮成祥　二四〇〇円

医学の歴史　石渡隆司／今井道夫監訳　四六〇〇円

安楽死法‥ベネルクス3国の比較と資料　盛永審一郎監修　二七〇〇円

死の質―エンド・オブ・ライフケア世界ランキング　加奈恵・小野谷／丸祐一・飯田亘之訳　二一〇〇円

バイオエシックスの展望　坂井昭宏／松浦悦子編著　三二〇〇円

死生学入門―小さな死・性・ユマニチュード　大林雅之　一二〇〇円

生命の問い―生命倫理学と死生学の間で　大林雅之　二〇〇〇円

生命の淵―バイオシックスの歴史・哲学・課題　大林雅之　二〇〇〇円

今問い直す脳死と臓器移植〔第2版〕　澤田愛子　二〇〇〇円

キリスト教から見た生命と死の医療倫理　浜口吉隆　三三八一円

動物実験の生命倫理―個体倫理から分子倫理へ　大上泰弘　四〇〇〇円

医療・看護倫理の要点　水野俊誠　二〇〇〇円

テクノシステム時代の人間の責任と良心　H・レンク／山本・盛永訳　三五〇〇円

原子力と倫理―原子力時代の自己理解　Th・リット／山本道雄編　一八〇〇円

科学の公的責任―科学者と私たちに問われていること　小笠原・野平編訳　一八〇〇円

歴史と責任―科学者は歴史にどう責任をとるか　小笠原・野平訳　一八〇〇円

〈ジョルダーノ・ブルーノ著作集〉より

カンデライオ　加藤守通訳　三三〇〇円

原因・原理・一者について　加藤守通訳　三二〇〇円

傲れる野獣の追放　加藤守通訳　四八〇〇円

英雄的狂気　加藤守通訳　三六〇〇円

ロバのカバラ―ジョルダーノ・ブルーノにおける文学と哲学　N・オルディネ／加藤守通監訳　三六〇〇円

〒113-0023　東京都文京区向丘1-20-6　　TEL 03-3818-5521　　FAX03-3818-5514　振替 00110-6-37828
Email tk203444@fsinet.or.jp　URL:http://www.toshindo-pub.com/
※定価：表示価格（本体）＋税

東信堂

書名	著者・訳者	価格
オックスフォード キリスト教美術・建築事典	P&L.マレー著 中森義宗監訳	三〇〇〇〇円
イタリア・ルネサンス事典	J・R・ヘイル編 中森義宗他訳	七八〇〇円
美術史の辞典	P.デュロ他 中森義宗訳	三六〇〇円
涙と眼の文化史―中世ヨーロッパの	中森義宗・清水忠訳	三六〇〇円
青を着る人びと―標章と恋愛思想	徳井淑子訳	三六〇〇円
社会表象としての服飾 ―近代フランスにおける異性装の研究	伊藤亜紀	三五〇〇円
書に想い 時代を読む	新實五穂	三六〇〇円
日本人画工 牧野義雄―平治ロンドン日記	河田悌一	一八〇〇円
美を究め美に遊ぶ―芸術と社会のあわい	ますこ ひろしげ	五四〇〇円
バロックの魅力	江藤光紀 荻野厚志編著	二八〇〇円
新版 ジャクソン・ポロック	田中佳	二六〇〇円
西洋児童美術教育の思想 ―ドローイングは豊かな感性と創造性を育むか？	小穴晶子編	二六〇〇円
ロジャー・フライの批評理論―知性と感受	藤枝晃雄	二六〇〇円
レオノール・フィニ―境界を侵犯する新しい種	要真理子監訳 前田茂監訳	三六〇〇円
	要真理子	四二〇〇円
	尾形希和子	二八〇〇円

【世界美術双書】

バルビゾン派	井出洋一郎	二〇〇〇円
キリスト教シンボル図典	中森義宗	二三〇〇円
パルテノンとギリシア陶器	関隆志	二三〇〇円
中国の版画―唐代から清代まで	小林宏光	二三〇〇円
象徴主義―モダニズムへの警鐘	中村隆夫	二三〇〇円
中国の仏教美術―後漢代から元代まで	久野美樹	二三〇〇円
セザンヌとその時代	浅野春男	二三〇〇円
日本の南画	武田光一	二三〇〇円
画家とふるさと	小林忠	二三〇〇円
ドイツの国民記念碑―一八一三―	大原まゆみ	二三〇〇円
日本・アジア美術探索―一九一三年	永井信一	二三〇〇円
インド、チョーラ朝の美術	袋井由布子	二三〇〇円
古代ギリシアのブロンズ彫刻	羽田康一	二三〇〇円

〒113-0023　東京都文京区向丘1-20-6　　TEL 03-3818-5521　FAX03-3818-5514　振替 00110-6-37828
Email tk203444@fsinet.or.jp　URL:http://www.toshindo-pub.com/
※定価：表示価格（本体）＋税